조선의 서당에서 배우는 사회적 교육의 지혜

16세기 안동 지역 서당 분포와 변화 양상

국학자료
심층연구 총서
14

이병훈 김자운 정경주 이수환 정순우 이남옥

조선의 서당에서
배우는 사회적 교육의 지혜

16세기 안동 지역 서당 분포와 변화 양상

한국국학진흥원 연구부 기획

조선의 서당에서 배우는 사회적 교육의 지혜
16세기 안동 지역 서당 분포와 변화 양상

지은이　이병훈 김자운 정경주 이수환 정순우 이남옥
기획　　한국국학진흥원 연구부
펴낸이　조형준
펴낸곳　새물결 출판사
1판 1쇄　2018년 9월 30일
등록　서울 제15-52호(1989.11.9)
주소　서울특별시 마포구 포은로 5길 46 2층 121-822
전화　(편집부) 3141-8696 (영업부) 3141-8697 팩스 3141-1778
이메일　saemulgyul@gmail.com
ISBN　978-89-5559-421-8(03150)

ⓒ 한국국학진흥원 연구부, 문화체육관광부

이 책의 한국어판 저작권은 한국국학진흥원, 문화체육관광부와 새물결 출판사에 있습니다.
신저작권법에 의해 보호받는 저작물이므로 무단 전재와 복제를 금합니다.

책머리에 ___ 9

1장 16세기 안동 지역 재지사족의 성장과 서당 건립 활동 ___ 13
1. 머리말 ___ 15
2. 조선전기 교육 정책과 사학 운영 ___ 18
3. 16세기 안동 지역 재지사족의 성장 ___ 31
4. 16세기 안동 지역 서당 건립의 성격 ___ 51
5. 16세기 안동 지역 서당의 건립 사례 ___ 69
6. 맺음말 ___ 99

2장 16세기 안동 지역 서당의 강학 활동과 교육 내용 ___ 103
1. 서론: 퇴계의 도산서당 설립 의도와 도산서당의 성격 ___ 105
2. 도산서당의 교육 내용과 심학적 공부론의 확립 ___ 111
3. 「계산기선록」을 통해 본 도산서당의 강학 활동 ___ 139
4. 퇴계 문인들의 서당 교육과 심학적 공부론의 계승 ___ 152
5. 결론 ___ 161

3장 16세기 안동 지방의 서당의 강학 의식 ___ 165
1. 서설 ___ 167
2. 16세기, 안동 지방 서당의 강학 양상 ___ 169
3. 16세기 서당의 삭망강회朔望講會와 고강考講 ___ 180
4. 조선후기 안동 지방의 통독강회와 「통독회의會儀」 ___ 184
5. 16세기 서당 강학과 통독강회의 의의 ___ 191

4장 16세기 안동 지역 서당의 경제적 기반 ____ 197

1 머리말 ____ 199
2 16세기 퇴계학파의 서당과 서원 건립 ____ 200
3 서당의 경제적 기반 ____ 212
4 맺음말 ____ 224

5장 16세기의 안동 지역 서당의 설립 양태와 '서원'화 과정 ____ 229

1 16세기에 안동 지역 서당의 교육사적 의미 ____ 231
2 퇴계학파의 초기 성립 과정과 서당의 역할 ____ 246
3 16~17세기 초 안동 서당의 '서원'화 과정 ____ 252
4 결어 ____ 267

6장 퇴계학파의 서당 경영과 서당관 ____ 269

1 머리말 ____ 271
2 16세기에 안동 지역 서당의 현황과 이황의 서당 경영 ____ 273
3 조목, 김성일, 류성룡의 서당 경영과 그 특징 ____ 281
4 18세기 경상도 지역 서당 운영과 이상정의 서당관 ____ 295
5 맺음말 ____ 301

일러두기

1. 단행본이나 학술지, 잡지는 『 』로, 논문과 시, 단편 소설은 「 」로 표시했다.

책머리에

조선시대 공교육을 뒷받침하며 선비를 키워낸 서당은 어떤 맥락에서 설립되고 운영되었을까? 특히 지역 사회 유교 공동체의 사교육 기관으로서 갖는 의미는 무엇이었을까?

이러한 물음을 안고 2017년, 6명의 연구자가 한국국학진흥원에 모여 1년 동안 같이 공부하고 서로 질문을 던지면서 포럼을 수행했다. 이 책에서는 조선시대 안동 지역 서당의 분포, 설립 기반, 운영 양상, 가학 및 학맥과의 연계 양상, 변화 양상 등 다양한 주제를 다루고 있다. 이렇게 다양한 분야의 주제에 따라 전문 연구자들이 모여 함께 공부한 이유는 조선시대 서당과 관련된 고문서들이 기존 인식과 달리 학문, 사회, 교육, 문화 등 여러 영역에 걸쳐 새로운 면모를 보여줄 수 있는 깊이 있는 콘텐츠를 담고 있기 때문이다.

이 책은 한국국학진흥원 국학자료 심층연구 중 고문서포럼 결과물이다. 이병훈은 '16세기에 안동 지역 재지사족의 성장과 서당 건립 활동'을 주제로 안동이라는 특정 지역에 재지사족이 안착하면서 우선 교육 사업에 진력한 사림의 모습을 살피고 있고, 김자운은 '16세기 안동 지역 서당의 강학 활동과 교육 내용 — 도산서당의 교육 내용과 공부론을 중심으로'라는 주제로 안동 지역 교육과 학문의 산실이던 도산서당에서의 강학 활동과 교육 내용, 이를 체계화한 공부론에 이르는 과정과 함께 성과를 살펴보고 있다.

정경주는 '16세기 안동 지방 서당의 강학 의식 — 통독강회通讀講會를 중심으로'라는 주제로 공부 방법이 통독강회로부터 시작해 서당으로 안착하는 과정을 살펴보고 있고, 이수환은 '16세기 안동 지역 서당의 경제적 기반'을 주제로 유교 공동체로서 지역 유림이 어떻게 경제적 기반을 구축해 서당을 설립하게 되는지를 구체적인 고문서 자료를 통해 살펴보고 있다.

정순우는 '16세기 안동 지역 서당의 설립 양태와 "서원"화 과정'이라는 주제로 서당을 설립하고 운영하며 후학을 양성한 특정 현조를 서원에 모시게 되는 과정을 집중 조명하고 있으며, 이남옥은 '퇴계학파의 서당 경영과 서당관 — 이황, 조목, 김성일, 류성룡, 이상정을 중심으로'라는 주제로 퇴계학파의 중심인물들이 설립하고 운영해온 서당의 경영 양상을 통해 서당이라는 교육기관을 어떻게 인식하고 경영해왔는지를 구체적인 고문서 자료를 통해 밝히고 있다.

이 책이 발간되기까지 많은 분의 성원과 도움이 있었다. 먼저 이 자료를 한국국학진흥원에 공개하고 학계에서 이용할 수 있도록 허락해주신 국학자료 기탁 문중 여러분께 이 자리를 빌려 깊은 감사의 말씀을 올린다. 또한 이 연구가 가능했던 것은 무엇보다 참여한 연구자들의 노력 덕분이다. 자기 학문 영역에 갇히다 보면 눈에 보이지 않던 사안을 전문가 심층 포럼이라는 형식을 빌려 함께 모여 공부하고 토론하는 가운데 새로운 관점으로 조망하고 성과를 낼 수 있었다.

고문서에 대한 연구는 여전히 미미한 형편이며, 이를 활용한 심층 연구 역시 턱없이 부족한 상황이다. 2018년 올해에는 '분재기'를 대상으로 새로운 연구진이 구성되어 포럼을 수행했다. 한국국학진흥원에서는 앞으로도 고문서 텍스트에 대한 국역과 심층 연구를 통해 조선시대 사람들의 다양한 삶과 문화의 모습을 깊이 있는 내용으로 재구再構하여 전할 수 있도록 노력할 것이다.

2018년 9월, 한국국학진흥원 연구부

1장

16세기 안동 지역 재지사족의 성장과 서당 건립 활동

이병훈

1 머리말

서당은 교육 활동이란 측면에서 임진왜란 이후 향교나 서원이 부진했던 것과 대조적으로 한말까지 기능이 정체되지 않고 지속적으로 유지된 점에서 주목된다. 이유로는 국가 차원에서 서당을 획일적으로 규제하거나 성격을 규정하지 않은 점, 그로 인해 조선후기 향촌 사회의 변동에 대응해 다양한 변화를 모색할 수 있던 점 등을 지적할 수 있다. 그러나 서당이 조선사회에 정착하는 과정에 대해서는 아직 연구가 미흡한 실정이다. 그것은 자료 부족에서 기인한다.[1]

서당에 관한 본격적 연구는 1960년대 와타나베渡部學의 『근세조선교육사연구』가 시초였다. 그는 서당을 주로 초등교육을 베푸는 민간 사설의 촌숙村塾 형태를 취한 "사묘祠廟 없는 재사학당齋舍學堂"으로 규정하고, 서당이 고려말의 민간교육시설이 정리되는 과정에서 재향유사在鄕儒士에 의해 안거강학적安居講學的 성격을 띠고 사원정사寺院精舍, 서재, 서원, 가숙家塾, 사숙私塾, 향학당鄕學堂, 서당 등 다양한 명칭으로 설치되었다고 말

---

[1] 오경택, 「조선시대 서당 연구의 현황과 과제」, 『전북사학』 31, 전북사학회, 2007.

하고 있다.2)

　1970년대에 이병휴는 여러 명칭의 민간교육시설이 반드시 초보적, 동몽童蒙 교육적이며, 중계中繼 학교적이었다는 와타나베의 주장을 비판하면서 그중에는 설립자 개인의 학문 연마나 학덕이 높은 학자의 강론이 이루어진 조선후기의 고제서당高弟書堂에 비견될 만한 것도 있었다는 입장에서 논의를 출발하고 있다. 그에 따르면 여말선초에 사학私學의 주류는 일반 유사에 의해 설립된 서재로, 그것은 조선 초기에 사학, 향교가 부진했던 것과 달리 점차 향촌 사족의 교육 활동 장소로 주목되어 유향소留鄕所 등 향촌의 자치기구와 내밀한 연결을 가지면서 지방에 널리 보급되었다.

　국가 역시 운영 실태가 부진하던 향교와 사학에 반해 서재를 과업 교육의 주류로 인정하게 됨에 따라 '서재→생원과 진사→성균관→문과'로 이어지는 관학과 사학의 상호 보완적 과업 교육 체계를 갖추게 되었다. 이어 그는 서재의 교육 수준에 따라 유학의 기초 교육이나 도덕 교육을 주목표로 한 교화적 서재, 문과 합격을 목표로 하는 과업적 서재, 성리학 이론의 탐구까지 폭넓은 영역을 모두 감당할 수 있는 위학적爲學的 서재로 나눌 수 있지만 역시 과업 교육이 주류였다고 보고 있다.3)

　1980년대는 서당의 실상에 대해 가장 체계적인 서술을 시도한 정순우의 연구가 있었다.4) 그는 자료의 빈곤을 극복하기 위해 연대기 외에 개인문집, 일기 등을 최대한 활용했다. 또한 『추안급국안推案及鞫案』과 관찬

---

2) 渡部學, 『近世朝鮮教育史研究』, 雄山閣[東京], 1969; 교육사학회 옮김, 『와타나베의 한국교육사』, 문음사, 2010년에 번역되어 수록되었다. 와타나베의 서당 연구는 이성무에 의해 한계가 지적되기도 했다(이성무, 「서평 — 근세조선교육사연구」, 『한국사연구』 4, 한국사연구회, 1969.) 그는, 와타나베는 서당의 전개 과정만 갖고 조선시대 교육사 전체의 체계를 세우려고 하며 자기류의 용어를 남발하는 한계를 갖고 있으며, 당대의 사회적 배경과 서당 사이의 관계를 보다 유기적으로 살펴볼 필요가 있다고 지적했다.
3) 이병휴, 「여말선초의 과업 교육 — 서재를 중심으로」, 『역사학보』 67, 역사학회, 1975.
4) 정순우, 『18세기 서당연구』, 한국정신문화연구원 박사학위논문, 1985.

기록 등에 나타나는 서당 관계 기록도 함께 검토했다. 그는 서당을 향촌의 재지사족이 주도 세력이 되어 면, 동, 리를 기본 단위로 해서 설립된 초중등 단계의 사학 교육기관으로 규정하고, 그러한 범주에 들어가는 서당은 16세기 이전에는 찾아볼 수 없다고 주장했다. 서당은 16세기 이후부터 등장해 발전한다는 것이다.

1990년 이후 서당 연구는 양적, 질적으로 성장했다. 특히 조선후기 향촌 사회의 동향과 관련해 진행된 연구가 두드러졌다. 김무진은 조선전기 국가의 교육 정책 하에서 전개된 동몽 교육을 고찰하고, 아울러 조선후기 향촌 사회 구조의 변동 속에서 16세기 사족 주도의 서당 건립이 17세기 이후로는 수령과 재지사족의 상호 협조 속에서 면훈장제의 확산으로 나타난다고 보았다.5) 특히 정순우는 안동 지역에서의 초기 퇴계학파의 서당 건립을 추적해 그 주체가 유력한 재지사족이었으며 운영 양상 또한 향촌 공동체의 결집에 의한 것이었음을 확인했다. 또한 교육 수준도 17세기의 향촌 서당이나 문중 서당과는 격이 다른 도학적 서당이 주를 이루었음을 밝혀냈다.6) 나아가 그간의 연구 성과와 새로운 자료를 활용해 고려말 이후 19세기까지 서당의 역사와 문화에 대한 통시적 고찰을 진행했다.7)

본 연구는 기존의 연구 성과를 토대로 정치적·사회적·문화적 과도기인 16세기에 서당이 설립되고, 정착되는 과정을 안동[예안] 지역의 사례를 중심으로 살펴보고자 한다. 안동은 퇴계학의 본산으로 16세기 이래 영남에서 여러 분야에 걸쳐 큰 영향력을 행사한 곳이었다. 아울러 사족의 수적·질적 수준도 타 읍을 압도했다. 그러한 안동 지역 사족의 성장과 사족 사회의 형성은 서당과 서원을 모태로 했다. 특히 서당은 초기 안동

---

5) 김무진, 「조선후기 서당의 사회적 성격」, 『역사와 현실』 16, 한국역사연구회, 1995.
6) 정순우, 「초기 퇴계학파의 서당 운영」, 『정신문화연구』 24, 한국정신문화연구원, 2001.
7) 정순우, 『서당의 사회사』, 태학사, 2013.

지역 사족 사회 형성에 결정적 영향을 미쳤다.8) 또한 16세기 서당과 관련한 자료가 절대적으로 부족한 상황에서 안동 지역은 당시 서당의 현황을 개관할 수 있는『영가지永嘉誌』뿐만 아니라 해당 서당과 관련된 당대 인사들의 문집 등 자료가 상대적으로 많이 남아있다는 점에서 사례 연구에 적합하다.

이를 규명하기에 앞서 조선시대 교육 정책의 변화 과정을 살펴보기로 하자. 서당은 사학의 한 종류로, 그것의 발흥의 배경에는 국학 진흥책의 쇠퇴와 함께 정치적·사회적 변화에 따른 새로운 교육 체계의 필요라는 시대적 요구가 있었던 것으로 보인다. 따라서 조선전기 교육 정책과 아울러 15~16세기의 사학 제도의 성격을 규명하는 것은 16세기 안동 지역 서당의 성격을 이해하는 데 도움이 될 것이다.

2 조선전기 교육 정책과 사학 운영

1) 조선전기 교육 정책의 변화

고려시대 관학인 국자감과 향교는 국가의 흥학 정책에 힘입어 발전하기도 했지만 재정 문제로 침체되기를 반복했다. 관학의 침체 시 그것을 보완한 것이 사학이었다. 13세기에 민간이 운영하는 사학으로는 가숙家塾이 있었다. 가숙은 동몽을 대상으로 하는 초학初學 수준의 교육 과정이었다. 그런데 14세기 중엽 이후 폐쇄적이고 개별적인 강학 공간인 가숙이 사라지고9), 퇴관한 문인 계층이 설립한 개별적 수양 공간이자 다수 문인이 모여 강학하는 개방적 공간인 서재가 그 역할을 대신했다. 그러한 서재는 개

---

8) 정순우, 앞의 책, 91쪽.
9) 정순우,「여말선초 '사치학당'의 역할과 성격」,『정신문화연구』33-4, 한국정신문화연구원, 2010, 209~214쪽. 가숙의 폐지는 권문세가에서 개인적으로 운영하던 독서당讀書堂 성격의 교육이 폐지된 것으로 보기도 한다.

인의 강학 공간으로 활용하던 정사형精舍形 서재와 생도 교육을 위한 서재로 대별되었다.10)

　이외에도 사원도 사학으로 볼 수 있다. 사원은 본래 교육 기구로 설립된 것이 아니었지만 고려대부터 유자의 독서처로 이용되기도 했다.『고려사』에 의하면 "고려 풍속에 어린 아동은 승려에게 구두법句讀法을 배우기로 되어 있었다"11)고 하며, 최자崔滋(1188～1260년)의『보한집補閑集』에도 "십이도十二徒의 관동冠童이 매년 여름이면 산림에 모여 학업을 익히다가, 가을이 되면 파했는데 용흥사龍興寺와 귀법사歸法寺에 많이 머물렀다"12)고 하고 있다. 고려시대 엘리트 계층이던 승려들이 동몽의 기초 공부를 담당한 것이 일반적이었으며, 12공도 같이 일정한 수준의 인사들은 산사에 모여 일정기간 집중 교육을 실시했다. 이처럼 산사에서 학업을 진행하는 것은 조선에서도 이어졌다. 조선전기 회재 이언적이 정혜사에서 수학하고, 18세기 중반 옥산서원 유생들이 산사에서 일정기간 동안 거접居接을 시행한 것이 그러하다.

　이처럼 고려말 이래 사학은 국학의 기능을 대신하면서 성장했다. 그러나 새로운 국가인 조선이 건국되면서 국가 통치 이념의 확산과 교화라는 측면에서 국가 주도 교육이 필요했다. 그래서 조선의 교육 정책은 건국 이래 관학 부흥에 중점을 두고 있었다. 필연적으로 새로운 국가의 유교적 사회질서를 백성에게 전파하고, 그들을 교화하기 위한 학교 건립과 교육의 시행은 국가나 재지사족 모두에게 관심의 대상이었다. 그래서 태종은 지방에 1읍 1교의 원칙하에 향교를 완비하고, 중앙의 사학四學과 더불어 성균관에서 이를 통제할 것을 구상했다.

---

10)　이병휴,「여말선초의 과업 교육 ― 서재를 중심으로」,『역사학보』67, 역사학회, 1975, 57쪽.
11)　『고려사』열전, 민종유.
12)　최자,『보한집』권중.

그러나 증설된 향교에 파견되어 교생을 교육할 사유師儒의 선발과 처우 문제가 발생했다. 권근의 상서에 따르면 조선 개국과 더불어 고려시대 한량유신閑良儒臣이 각자의 고향을 근거지로 서재를 열고 후학을 교육시키던 관례를 허물고, 근거지가 없는 타지의 향교에 유신儒臣을 교수로 임명했다. 또한 생도도 강제로 향교에 편입시키면서 교육의 부실화가 초래된 사정을 이렇게 말하고 있다.

> 길창군吉昌君 권근權近이 상서上書했는데, 그 글에 이르기를 …… 삼가 권학사목勸學事目 한두 조건을 갖추어 기록해 아뢰오니, 성상聖上의 재가를 바랍니다. …… 전조前朝 때는 외방外方에 있는 한량유신이 사사로이 서재를 두어서 후진을 교훈해 스승과 생도가 각기 편안함을 얻어 학업을 이루었는데, 지금에는 사유가 간혹 다른 고을의 교수敎授가 되어 가족과 떨어지게 되고 생업을 폐하게 되므로 모두 구차히 면하려 하고, 생도는 강제로 향교에 나오게 해 편안히 공부하지 못하고, 수령이 혹은 서사書寫의 일로써 사역使役을 시키니, 이름은 권학이라 하나 실지는 폐이廢弛됨이 많습니다. 이제부터는 외방에 있는 유신이 사사로이 서재를 두고 교훈하는 자는 감히 다른 고을의 교수로 정하지 말도록 하고, 생도도 강제로 향학鄕學에 나오게 하지 말도록 하며, 감사와 수령이 권면을 가해, 각기 편안히 살면서 강학해 풍화風化를 돕게 하소서. …… 했는데, 그대로 따랐다.13)

이후에도 태종은 관학의 진흥을 위해 군현의 크기에 따라 주부州府에는 교수관을 파견하고, 군현에는 학장學長을 두었다. 하지만 학장은 종신토록 교체되지 못하므로 모두가 꺼리는 자리로 인식되었다. 이에 미급제자 중 삼경三經에 능통하고, 스승이 될 만한 인물을 6품 이상의 문관에게

---

13) 『태종실록』 권13(태종 7년[1407] 3월 24일).

추천받아 유학훈도儒學訓導(종9품)로 임명하자는 방안이 논의되기도 했지만 시행되지는 못했다.14)

결과적으로 조선 개국 이래 국학을 진흥하고 사학을 억제하기 위한 다양한 시도는 사유의 처우 같은 현실적 문제를 인정하고, 사학을 관학의 보조 기구로 인식하도록 만들었다. 실제로 세종이 즉위한 직후 유사 중에서 사사로이 서원을 운영해 생도를 가르치는 자가 있다면 포상하라는 등15) 사학을 국가 차원에서 장려했다. 그래서 지성균관사 허조許稠는 사학인 서재를 설치해 동몽 교육을 진행한 유사덕과 박호생에 대한 포상을 다음과 같이 건의했다.

…… "우리 성조에 와 더욱 문교를 닦아 서울에는 국학을 세우고 지방에는 향교를 설치했으니, 학교를 넓게 설치한 것이 이와 같았으나, 다만 가家에는 숙塾이 있고, 당黨에는 상庠이 있는 법은 시행되지 못했습니다. 그러므로 유사가 사사로이 서재를 설치하고 생도를 가르친 사람을 계문해 이를 상주게 하는 법은 『속전續典』에 기재되어 있습니다. 지금 유생 유사덕劉思德이 집을 서재 삼아 어린아이 수십 명을 모아 가르치기를 게을리 하지 않았으며, 또 경상도 용궁 사람 전감무 박호생朴好生은 사사로이 서재를 설치하고 어린아이들을 가르친 것이 대개 또한 10여년이나 되었습니다. 원컨대 『육전六典』에 의거해 특별히 포상을 시행해 그 근로를 정표旌表한다면 안으로는 국도로부터 밖으로는 주여州閭에 이르기까지 이를 보고 감동해 흥기興起할 것입니다"하니, 임금이 예조로 하여금 사실을 조사해 서용하고 뒷세상의 사람을 격려하게 했다.16)

14) 『태종실록』 권27(태종 14년[1414] 6월 2일).
15) 『세종실록』 권2(세종 원년[1418] 11월 3일).
16) 앞의 책, 권75(세종 18년[1436] 10월 8일).

이후 의정부에서는 유사덕과 박호생 등이 동몽을 교육한 것이 상을 줄 만하니 『속전』과 허조의 말에 의거해 이조로 하여금 서용하도록 건의해 실현되었다.17) 부실한 관학을 대신해 사학이 성행하는 것을 인정할 수밖에 없는 현실을 반영한 것이었다. 이후에도 사학을 개설해 제자가 과거에 합격할 경우 스승을 포상하는 사례는 계속 이어졌으며, 『경국대전經國大典』에는 그에 대한 포상을 보다 구체화해 성문화했다.

경기관찰사 이철견李鐵堅이 아뢰기를, "지난번[2월 15일]에 하서下書를 받들어 자세히 조사해 물어보았더니 광주인 유인달兪仁達이 지난 경진년[1460년(세조 6년)]에 서부령西部令을 그만두게 된 뒤 집 옆에 서당을 짓고 훈회訓誨를 시작했는데, 서생 최수담崔壽聃과 한문창韓門昌 등 34인이 와서 수업해 최수담은 과거에 합격하고, 한문창 등 10인은 생원, 진사에 합격했습니다" 하니 이조에 명해 서용해 장근獎勸하게 했다.18)

서울과 지방의 유생이 날마다 읽은 책의 행수와 가르침을 받은 스승의 관직과 성명을 장부에 기록해 본조本曹에 간직해 두었다가 매 과거 뒤에 가르친 유생 중 문과 급제 3인, 지방은 1인 혹은 생원, 진사 10인 지방은 5인 이상을 낸 자는 스승을 왕에게 보고해 품계를 올려 준다. 사사로이 동몽을 가르친 훈도는 부지런하고 게으른 것을 상고해 성과를 올린 자는 매 도목都目마다 왕에게 아뢰어 임용한다.19)

그러나 조정에서도 국학의 부진을 마냥 무시하고 있을 수만은 없었다.

---

17) 앞의 책 권77(세종 19년[1437] 4월 22일).
18) 『성종실록』 권7(성종 3년[1472] 4월 28일).
19) 『經國大典』, 禮典, 「獎勸」.

그래서 세종대에는 사학과 국학 진흥책을 동시에 추진했다. 1418년(세종 원년)에 예조판서 허조는 향학에 생원, 진사 중 사표師表가 될 만한 자를 교도教導로 임명해 월봉을 줄 것을 주장했다. 교육을 책임지는 사장師長 문제로 관학 교육이 부실한 것에 대한 보완책이었다.

> 예조판서 허조가 아뢰기를, "향학에 교수관教授官이 없는 곳에는 이미 관찰사로 하여금 학장을 정해 가르치게 했습니다. 그러나 학장은 이미 관인이 아니고 또한 봉급이 없으니, 양식을 싸갖고 부임하게 되어 수자리戍에 사는 일처럼 꺼려 하니, 이로 인해 교훈하는 데 게으르게 되오며, 또 배우는 사람들이 그들 벗과 같이 대하고 제자가 되기를 부끄러워하여, 학문하는 데 게을리하니, 실로 불편합니다. 우리 국가의 주, 군이 대개 3백여 개나 되는데, 문과 출신자로만 나누어 보낼 수는 없습니다. 원컨대 생원, 진사 중 사표가 될 만한 사람을 뽑아서 교도로 임명하고, 월봉月俸을 주어 교훈教訓의 길을 넓혀야 되겠습니다"하니, 임금이 말하기를 "그렇다. 5백호 이상 군, 현에는 교도를 두는 것이 좋을 것이다. 내가 장차 상왕[태종]께 아뢰겠다"고 했다.20)

이에 세종은 500호 이상의 군현에 교도를 두는 것으로 기준을 삼을 것을 제안하고, 이듬해에는 이를 보다 구체화해 5백호 이상 되는 각 고을에 훈도관을 두되, 우선 삼관三館의 권지權知를 파견하고, 생원과 진사로서 남의 스승이 될 만한 자는 다른 사람으로 하여금 보증을 서고 천거하게 해 서울은 예조에서, 지방은 관찰사가 『사서』와 『이경二經』으로 시험해 후보자를 보고한 다음 교수관에 임명해 보내는 것을 영구히 정식으로 삼도록 했다.21) 이외에도 세종은 관학 부흥을 위한 토지와 노비, 서적을 지

---

20) 『세종실록』 권2(세종 원년[1418] 12월 17일).
21) 앞의 책, 권6(세종 1년[1419] 11월 15일).

원하거나 교육과 과거를 결합한 도회都會를 활용하기도 했다.22)

이처럼 세종 이래 국학 진흥에 대한 논의는 계속되었고, 상당 부분이 교수 혹은 학장의 선발과 지원에 치중되어 있었다. 그만큼 백성 교화의 최선봉에 있는 교관의 중요성을 조정에서도 인식하고 있었음을 알 수 있다. 하지만 임명된 교관의 자질 문제가 지속되면서 관학의 발전을 가로막았다. 1495년(연산군 1년)에 충청도도사 김일손은 26조목으로 시국에 관한 상소를 올리면서 훈도의 선발과 향학의 경제적 기반을 확보하는 방안에 대해 이렇게 말하고 있다.

18. 향천鄕薦을 참작해 채용해 훈도로 삼으소서. 신이 충청도에 이르러 주현의 훈도를 두루 시험해보니 혹 교생이 여러 경전에 능통한 자가 있는데, 훈도는 한 경전에도 통하지 못하므로 스승이 교생을 가르치지 못할 뿐만 아니라 교생이 도리어 스승을 가르치게 되니 진실로 탄식할 일입니다. 이것은 다름이 아니라 뇌물 청탁으로 말미암아 훈도의 직을 얻어서 군역軍役을 면免하기 때문입니다. 마땅히 각도 감사에게 명해 제생을 고시해 경술經術에 능통한 자를 논계論啓해 회강會講 취재자取才者와 아울러 쓰고, 교육에 공이 있는 자를 감사가 계문해 현으로부터 군으로, 군으로부터 주부로, 점차 교수로 승진시켜 사표를 장려하소서.

19. 사전寺田을 혁파해 학전學田에 충당하고, 중대重臺를 혁파해 피폐한 고을을 번성하게 하소서. 선왕께서 학교를 일으키고자 해 일찍이 학전을 주부군현에 주는 데 다 정한 수가 있으나 충당할 토지가 없으니, 다만 허문虛文만 되었습니다. 태종께서 분연히 사사寺社의 토지를 혁파했으나 그 뒤에 다시 차차 늘어났

---

22) 앞의 책, 권24(세종 6년[1424] 5월 19일); 권32(세종 8년[1426] 4월 5일); 권40(세종 10년[1428] 5월 6일); 권43(세종 11년[1429] 1월 3일).

습니다. 신이 원하옵건대, 전하께서 선왕의 뜻을 본받고 태종의 과단성을 법으로 삼아 사전을 다 혁파해 학전으로 충당하소서. 비보神補의 설은 실로 도선을 종조로 삼으니, 진실로 황당합니다. 신은 원하옵건대, 재목을 금함이 있는 것은 수해의 근심을 막는 것이 아니니, 한 번 학전에 충당해 경작하게 하소서. 옛날 사람이 종의 종을 중대重臺라 일컬었습니다. 이제 공천公賤, 사천私賤의 노비 송사가 있으니, 모두 읍교邑校의 쇠잔한 자 소속인데, 중대를 일체 금한다는 의논이 나왔으니, 원망과 비방이 반드시 일어날 것입니다. 그러나 원래 백성은 전하의 처분에 달려 있으니, 어찌 그들 고조나 증조에 관계되겠습니까.

22. 유향留鄕에게 책임을 지워 풍속을 장려하소서. 국가에서 유향을 설치하고 혁파한 것이 일정하지 않아 의논하는 자가 분분했으나 선왕께서 마침내 그대로 두신 것은 궁촌 벽향에 감사 수령이 미처 알지 못하는 잘잘못을 규찰하자는 것으로, 옛날 여사閭師 족사族師의 끼친 뜻을 본뜬 것인데, 이제는 다만 읍리邑吏와 더불어 적이 되어 사삿일을 적발해 속죄하기를 구하며 한갓 놀기만 좋아할 뿐이요 향풍鄕風에 대해서는 막연해 바로잡지 못하며, 또 향사鄕射, 향음鄕飮, 양로養老 등의 예禮는 착한 것과 사특함을 분별하고 예속禮俗을 이루자는 것으로 영갑令甲에 나타나 있으나, 속리俗吏들은 등한히 여겨 거행하지 않습니다. 신은 원하옵건대, 3년 후에 이런 일을 유향에게 책임을 지워 때로 수령에게 고해 거행하게 하소서. 무릇 한 고을 사람이라도 귀천을 따지지 말고 효우목인孝友睦婣에 한 가지 착한 것이라도 법이 될 만한 자는 상종하고 나쁜 자는 상종하지 않을 것이며, 크게 착한 자는 수령한테 고하고 감사에게 보고해 표창하고, 크게 나쁜 자는 감사에게 보고해 주나라 제도에 이수이교移遂移郊하는 법을 쓸 것이며, 만일 명교名敎를 범한 자로 다만 장죄杖罪를 범한 자 이상은 들어가 살게 하소서. 강제로 들어가 살게 한 자는 다만 지방을 충실케 하기 위한 것이어서 본디 한 가지 죄도 없는데, 어찌 죄가 있는 자를 아깝게 여길 것이 있겠습니까. 헌부憲府

에서 경재소京在所를 독책해 향풍을 살펴 향원鄕員이 직책에 응하지 않는 자가 있거든 징계하는 것이 또한 백성을 교화시켜 아름다운 풍속을 이루는 한 가지 방도가 됩니다.23)

김일손의 지적과 같이 스승이 교생을 가르치지 못하고 교생이 스승을 가르치게 된 것은 훈도의 직이 피역避役 수단으로 전락하면서 국학 교육의 질적 저하가 심각한 지경에 이른 사정을 알려준다. 이와 관련해 그는 태종대와 같이 사전을 혁파해 학전에 충당하고, 유향소에 책임을 지워 풍속을 장려하고 경재소를 독책해 향풍을 진작시킬 것을 주장하고 있다. 즉 당시 향촌 사회에서 성장하고 있던 재지사족에게 향촌 교육을 담당하도록 유도하자고 건의하고 있는 것이다. 이처럼 건국 이래 국학 진흥을 위한 조정의 노력에도 불구하고 관학의 문제점이 노정되면서 다양한 형태의 학당이 지속적으로 설립되었고, 16세기 이후에는 재지사족이 주도하는 향촌 서당이 등장하게 되었다.

한편 조선 왕조가 국학 부흥을 통해 교화하려는 대상은 사족을 비롯해 일반 아녀자와 아동에 이르기까지 전 계층을 아울렀다. 과업科業을 준비하는 사족과 달리 이들 서민에게는 유교적 가치관과 실천 윤리를 교육했다. 실제로 『삼강행실도三綱行實圖』 언해본을 경외京外 사족의 가장, 부로나 교수, 훈도 등으로 하여금 부녀자와 어린아이들에게 가르치도록 하고, 만약 대의大義에 능통하고 몸가짐과 행실이 뛰어난 자가 있으면 관찰사가 임금에게 보고해 상을 주도록 했다.24) 이것은 비록 교육 기구를 마련한 것은 아니지만 훈도가 행하는 사적인 교육을 공적으로 뒷받침하는 것이었다. 유교 가치관의 확산이라는 점에서 제도적 지원이 있었던 것이다.

23) 『연산군일기』 권5(연산군 1년[1495] 5월 28일).
24) 『經國大典』, 禮典, 獎勸.

16세기 들어 주목되는 점은 자연 촌락의 성장을 고려해 각 고을 단위로 사족과 범민凡民[천서賤庶]을 가리지 말고 학장을 두고서 일반 농민에게도 교육을 하도록 했다는 것이다. 나아가 학장 내지 훈도가 사사로이 개설한 서재와 서당에서 자유롭게 생도를 교육하던 것과는 달리 예조에서『소학』부터『사서』에 이르는 동몽의 교과 과정을 규정했다. 또한 동몽훈도를 정식 관리로 제도화했는데, 그리하여 15세기에 체아직遞兒職으로 서용된 동몽훈도와는 다른 질적인 변화가 나타났다.

> 예조에 시골의 천서를 가르치는 절목을 마련하도록 하다. 어제의 의득단자議得單子를 원상 정순명鄭順朋에게 내리고 이르기를, "어제 경연관이 아뢴 뜻은 '시골의 천서들은 오륜의 도를 알지 못해 범법犯法하기가 쉬우니 법으로 다스리는 것은 옳지 않다'는 것인데, 지금 이 의득은 대강大綱만 들었다. 감사가 각 읍을 순행해『소학小學』으로 권장하고 징벌한다 했으니, 이것은 학교의 일을 말한 것이고 궁벽한 시골 사람을 가르치는 방법을 말한 것은 아니다. 궁벽한 시골이라 하나 어찌 글을 아는 자가 없겠는가. 각 여리에서 글을 아는 자를 가려서 천서를 가리지 말고 학장을 삼아서 가르쳐 깨우치게 하고 예조로 하여금 절목節目을 상세하게 마련토록 하라"고 했다.25)

16세기에 있은 동몽훈도 직제의 마련은 국가의 학교 체계 구상과 동몽 교육에 대한 교육 과정상의 방향과 관련되어 있었다. 15세기에는 성균관과 향교라는 고등 단계의 교육 체제만 완비되었을 뿐 동몽 교육을 국가의 학제에 포함시키지 못했다. 또한 경학을 강조한 사림이 16세기에 정계의 핵심으로 등장하는 것에 맞추어 동몽 교육도 경학 우위의 교육 과정으로 변화시킬 필요성이 제기되었다. 이에 15세기에 장권獎勸 제도를 변통

---

25)『명종실록』권3(명종 1년[1546] 6월 10일).

해 새로운 동몽 교육 담당 교관 직제로 동몽훈도를 마련했던 것이다. 또한 훈도들이 사사로이 운영하던 서재와 서당을 도성의 사학四學과 지방 향교의 하부 단계의 학제로 포섭하고, 그것들을 통해 『소학』을 토대로 한 경학 중심의 학풍을 동몽 단계의 교육부터 실질적으로 강화시켜 나갈 수 있도록 했다.26)

> [예조사목禮曹事目] 동몽훈도에 합당한 사람은 사족과 서얼을 가리지 말고 현재의 6원員 이외에 원을 더 증설해 사족과 범민의 자제 중 8~9세에서 15~16세에 이른 자를 모아놓고 먼저 『소학』을 가르쳐 구두句讀에 밝고 문리文理를 조금 터득하면, 다음에 『대학』, 『논어』, 『맹자』, 『중용』을 차례로 가르쳐 관학으로 올라가게 한다. 예조는 분기마다 고강考講해 훈도의 근만勤慢을 알아서 정, 종9품에서 각각 1품씩을 올리거나 내려 제수해 가르치기를 권면하고, 외방은 시골마다 학장을 두어 위의 예에 의해 가르쳐 향교에 올리고 감사가 순행할 때 학장을 단속해 점검하고 제일 부지런한 자는 적당하게 상을 주고 학문을 권면했는지 아니했는지를 유념해 전최殿最에 빙고憑考한다.27)

한편 외방의 시골마다 학장을 둔다는 것은 16세기 중반부터 등장하는 면훈장제面訓長制의 법적 근거가 되었다. 진주목사 박승임朴承任은 1566년(명종 21년)에 몇 개 면에 각각 서재를 세우고 학전과 수호인守護人을 두었으며, 류성용은 1580년(선조 13년)에 상주목사로 취임해 각 면에 훈장을 두었다. 그러한 면훈장제는 17세기 들어 향촌 사회의 성장과 함께 군현 통치에서 면을 통치 운영의 기본 단위로 삼게 되면서 더욱 확산되어

---

26) 여영기, 「15~16세기 동몽훈도연구」, 『교육사학연구』 21(1), 교육사학회, 2011, 131~153쪽.
27) 『명종실록』 권3(명종 1년[1546] 6월 16일).

갔다.28)

2) 사학의 운영 실태

국가에서 운영하던 관학과는 별개로 가숙, 서재, 정사精舍, 서원, 서당 등의 사학이 있었다. 가숙은 『예기』, 「학기편學記篇」에서 말한 "가家에는 숙塾을 두어 운용한다"는 이른바 가숙당상家塾黨庠 체계의 기본 단위였다. 즉 가숙은 집에 머물며 조석으로 가르침을 받는 마을의 교육 기구를 말했다. 서재는 본래 개인 독서실을 의미하지만 점차 외부에 개방되면서 넓은 의미의 교육 기구로 되었다. 그래서 서재는 가르치는 자의 학문 수준과 지향하는 바에 따라 교육 내용과 사회적 기능이 다양했다. 초보적 교화 교육부터 과업 교육, 나아가 성리학의 이론 탐구에까지 이르렀다.29) 서당은 서재와 유관해 서재의 기능이 확장된 것으로 볼 수 있었다. 즉 개인의 독서에서 강학의 목적을 겸한 공간으로 발전한 것인데, 이는 개인과 사회의 지적 교환과 재생산이라는 문화적 양태로 보면 당연한 전개 과정이었다.

16세기 중반까지 다양한 형태의 사학이, 성격이 분화되지 않은 채 혼재되어 운용된 사례가 자주 확인된다. 실제로 『영가지』에서는 서당 17개소, 정사 5개소, 서재 1개소를 서당조書堂條에 소개하고 있는데, 그만큼 이들의 성격이 유사했음을 나타내는 것이다. 그러나 조선 초기의 정사, 서재, 서당과 16세기 중엽 이후 본격적으로 등장하는 서원, 서당은 성격이 확연히 구분된다. 특히 서원은 1542년(중종 37년)에 백운동서원이 설립된 이래 선현의 제향과 유생의 장수처라는 점에서 기존 사학과 대별되었다. 아울러 퇴계 이황의 요청으로 1550년(명종 5년)에 소수서원으로 사액되면

---

28) 김무진, 「조선후기 서당의 사회적 성격」, 『역사와 현실』 16, 한국역사연구회, 1995, 230~237쪽.
29) 이병휴, 앞의 논문, 1975, 57쪽. 이병휴는 이것을 교화적 서재, 과업적 서재, 위학적 서재로 구분했다.

서 백운동서원은 국학에 준하는 위상을 갖게 되었다.

16세기에 들어 서당의 설립과 운영을 교화의 책임을 맡은 수령이 주도하거나 지원하는 사례도 있었다. 상주목사 신잠申潛(1491~1554년)은 1551년(명종 6년)에 부임해 18개의 서당을 세웠으며30), 성주목사 황준량黃俊良(1517~1563년)은 1560년(명종 15년)에 문묘를 중수하고, 마을 동쪽 공곡孔谷에 현인들의 요청에 따라 공곡서당孔谷書堂을 세우고, 팔거현에는 녹봉정사鹿峰精舍를 세웠다.31)

16세기 이전에 서당은 특정 인물에 의해 주도되지도 또 학파적 성향을 보이도 않았으며, 비혈연적이고 비종법적인 모습을 보였다. 그러나 16세기 중엽 이후에 출현한 서당은 사림 세력의 중소지주적 기반을 토대로 재지적, 학파적 기반을 확대하기 위한 거점으로 활용되었다는 점에서 앞서의 모습과 비교된다. 그런 점에서 16세기 서당의 경우 동몽 교육에 관한 공적 논의나 규정에서는 서인庶人을 교육 대상에 포함하고 있으나 실제로는 사족을 대상으로 한 것이 대부분이었다.

서당의 훈장은 대체로 향촌 내에서나 족내에서 학문을 인정받아 선임되기도 했으며, 다른 곳에서 모셔오기도 했다. 생도는 8~15세의 동몽을 대상으로 했으며, 20세 이하를 학습할 수 있는 나이로 규정하기도 했다.32) 그러나 면훈장제라는 특수한 사정 하에서는 8세부터 40~45세까지 정해 사실상 향촌민 전체를 대상으로 하기도 했다. 이렇게 다양한 연령층이 같은 서당에서 학습함으로써 안에서의 질서가 문제가 되기도 했다. 따라서 교재를 통해 서당 안에서 지켜야 할 예의에 관해 규정하기도 했고,

---

30) 成橘 編, 『商山誌』 卷1, 「書堂」(1929). "霞谷, 魯東, 道谷, 石門, 首陽, 修善龍門穎濱, 梅嶽梧山, 孤峰鳳城, 白華鳳巖, 松巖智川, 竹林書堂" 등 17개소가 수록되어 있다. 이들 서당 중 일부는 17세기에 서원으로 승원陞院되었다.

31) 黃俊良, 『錦溪先生文集』 卷9, 「行狀」.

32) 權斗寅, 『荷塘集』 卷3, 「諭永春民大文」.

접장接長이나 당장堂長을 운용하기도 했다.

안동의 도생서당道生書堂에서는 생도 사이에 장유의 질서를 세우고자 백록동의 예에 따라 당장을 두고, 당장첩堂長帖을 주어 생도를 통솔하도록 했다.33) 한편 개인 혹은 서당에 따라 학습 수준도 다양해 간단한 문자 해독부터 성리학의 초보적 이해와 예학을 가르치기도 했다. 학습자의 능력 정도에 따라 차별 학습을 실시한 것이다. 황준량은 공곡서당을 세우고 교관인 오건吳健과 함께 학생을 4등급으로 나누어 가르쳤으며, 오도일은 교육 대상을 동몽과 관자冠者로 나누었다.

16세기의 안동과 예안 지역 서당의 건립 주체는 이황 내지 그의 문인들로서 그만큼 수준 높은 교육이 진행되었음을 짐작케 한다. 이들 서당은 풍악서당이 후일 병산서원으로 발전하는 것처럼 서원으로 승원되는 경우가 다수 확인된다. 이 시기에 안동 사림에서는 제한된 소수의 명문자제를 대상으로 서당과 정사를 이용해 촌락 단위로 교육하는 것이 관례가 되어 있었다.34) 한편 이들 서당은 안동부 내에서의 재지적 기반을 확대하는 거점이었다는 점에서 이전의 서당 혹은 정사형 서재와는 확연히 구분되었다.

3 16세기 안동 지역 재지사족의 성장

1) 안동 지역 사족사회의 형성35)

조선 초기에 사족은 문무 관료와 생원, 진사를 중심으로 인식되었으나 16세기 이후 성리학이 확산되면서 치인治人보다는 수기修己가 기본 요건

---

33) 裵龍吉, 『琴易堂集』 卷4, 「道生書堂帖堂長文」.
34) 정순우, 「조선조 영남 지역 교생신분과 평민층의 교육참여」, 『한국문화사대계』, 영남대학교 출판부, 2000.
35) 조선시대 안동과 예안은 행정적으로 독립된 현이었지만 생활, 문화권이 동일했다. 오늘날에는 동일한 행정 구역이므로 별도로 구분하지 않고 이하 서술은 예안을 안동에 포함해 서술한다.

으로 인식되었다. 이에 독서인인 유생 층으로 사족 범위가 확대되었다. 16~17세기에 사족은 관권과의 일정한 타협 아래 군현 단위 및 촌락 사회에서 향권을 관철시키기 위해 유향소[향청鄕廳], 향교를 장악해 이민吏民을 통제했다. 사족은 「향안」이라는 사족 명부를 작성하고, 향약과 동약洞約, 동계洞契를 실시했다. 이를 통해 향촌 사회에서 사족 중심의 배타적 지배 체제를 형성했다.

15~16세기에 안동과 예안 지역 사족 층은 지주적 성장을 도모하는 동시에 관직 진출과 과거 합격을 통해 사회적 위상을 확보해 나갔다. 이를 토대로 16세기 중후반에는 「향안」을 중수해 사족 사회를 구축했다. 그러나 사림 정치의 전개와 더불어 이황을 중심으로 한 학문적 성장이 사회적 성장을 촉진시키는 토대로 부상했다. 실제로 16세기 중반 이후 안동의 사족 사회는 퇴계 문인들이 주도했다. 그들은 성리학적 질서의 수용과 실천을 통해 향촌 사회의 질서를 변화시켰으며, 혼인을 통해 퇴계 학맥의 외연을 확대시키기도 했다. 이에 따라 「향안」을 중심으로 형성된 사족 사회도 도산서원陶山書院, 여강서원廬江書院 등을 중심으로 재편되기 시작했다.

조선시대에 안동부에는 영남 지역에서 가장 많은 원사와 누정이 분포되어 있었으며, 사마시와 문과에 급제한 인원도 각각 329명과 229명으로 타 읍을 압도했다.36) 이것은 일찍부터 안동 지역에 세거해온 토성 외에도 임내를 중심으로 이주해온 세력이 성장해왔기 때문이다. 안동부는 풍산, 일직一直, 길안吉安, 감천甘泉, 임하臨河, 내성奈城, 춘양春陽, 다인多仁, 재산才山을 속현으로 두고 있었다. 그중 풍산현을 제외한 대부분의 지역은 고려말까지 미개발 지역이었다.

『세종실록지리지』에서 안동의 토성은 권權, 김金, 장張, 강姜, 조曺, 고

---

36) 이수건, 『영남학파의 형성과 전개』, 일조각, 1995, 4~6쪽. 이하 안동부 재지사족의 형성과 성장은 주로 이 책을 참고했다.

高, 이李 씨가 확인된다. 안동부는 후삼국시대부터 재지 세력이 강했는데, 왕건이 견훤과 대치하던 시기에 안동의 권행權倖, 김선평金宣平, 장길張吉 등의 삼태사三太師가 귀순하면서 세 성은 향직을 세습해왔고 사족과 이족 吏族으로 분화되어 갔다. 안동권씨는 향직을 세습하다가 고려말에 일족이 차례로 상경해 종사의 길을 걸었고, 재경 관인은 반대로 낙향 생활하는 자도 많았다. 그 결과 경향에 분포했고, 특히 영남에서는 안동을 중심으로 열읍에 확산되었다.37)

실제로 퇴계 이황의 「안동부삼공신묘증수기安東府三功臣廟增修記」에 의하면 안동 토성 중 권씨의 세력이 가장 강성했고, 삼태사 향사享祀 때 주제자主祭者는 권씨 출신의 수호장首戶長이 담당했다.38) 안동김씨도 대체로 권씨와 같은 추세로 성장했으며 족세도 대등했다. 이들 양 성을 제외한 다른 토성은 족세가 미약했다.

안동부 속현의 토성으로는 임하현의 윤尹, 이李, 전全, 신申 씨, 풍산현의 김金, 임林, 류柳, 홍洪, 강康, 심沈 씨, 일직현의 임任, 손孫, 김金, 노盧, 전田, 한韓 씨, 감천현의 이李, 김金, 전全, 문文, 조趙 씨, 길안현의 김金, 임林, 박朴 씨가 확인된다. 특히 풍산현은 후삼국시대부터 강력한 호족이 존재했던 곳으로 이곳의 토성은 조선시대에 명문으로 성장했다. 풍산김씨는 조선전기에 문과 급제가가 6명이나 되었으며, 풍산현을 중심으로 인접 지방에 거주하고 있었다. 풍산류씨는 풍산현에 거주하다가 사족이 되면서 상경 종사하거나 처가와 외가를 따라 이주했다. 류종혜柳從惠가 하회에 복거하자 후손 류성용 일가는 그곳에 계속 거주했고, 류양춘柳陽春 일가는 풍산 서쪽 지곡촌枝谷村에, 류공권柳公權 가문은 일직현 귀미촌에 각각 거

---

37) 이수건, 『영남사림파의 형성』, 영남대출판부, 1979, 52~60쪽.
38) 李滉, 『退溪集』 卷42, 「安東府三功臣廟增修記」. "三姓子孫之在境內者 張氏未聞焉 金氏之冠冕於世者 固多有之 而惟權氏最爲繁衍 名公巨卿奕世相望."

주했다. 일직손씨는 고려말의 손홍량孫洪亮 이래 사족으로 성장했다. 감천 문씨는 15세기에 문헌文獻, 문여량文汝良, 문손관文孫貫, 문빈文彬, 문경동 文敬소, 문근文瑾, 문관文瓘 등이 문과에 급제했다. 이처럼 안동부 속현 토성들은 일부 사례를 제외하고는 주읍 토성에 비해 열세에 있었다.

　이상과 같이 안동부에서는 안동권씨와 김씨, 풍산류씨, 김씨, 홍씨 및 일직손씨 등 안동 지방 토성이 고려중기 이래 조선 초기에 걸쳐 명문거족으로 성장했다. 또한 안동 지방 토성의 상경 종사가 활발할수록 타읍 출신 인사의 이주가 많았다. 즉 재경 관인들이 왕조 교체와 정변, 실세 등의 사유로 낙향할 때 외향이나 처향 등의 연고지로 내려왔던 것이다. 이처럼 안동 지역에 재지사족이 번성하고 재경 관인의 낙향이 증가하자 인근 고을의 재지사족 역시 많이 모이게 되었다.

〈표 1〉 안동 지역 이주 성씨의 시거 시기

본관	시거인	시거 시기	입향지	연고 사유
흥해배興海裵	배전裵詮	14세기 중	일직현	손홍량孫洪亮의 사위
영양남英陽南	남휘주南輝珠	14세기 중	부북 서가현촌, 서가촌	
의성김義城金	김거두金居斗	14세기 말	풍산현 상리上里	
진성이眞城李	이자수李子脩	14세기 말	풍산현 하리下里	왕조 교체
청주정淸州鄭	정오鄭䫨	14세기 말	부서 회곡촌	김방경金方慶의 아들, 김순金恂의 외손外孫
전의이全義李	이웅李雄	14세기 말	풍산현	왕조 교체
순천김順天金	김유온金有溫	15세기 초	풍산현 구담촌	권집경權執經의 사위
능성구綾城具	구익명具益命	15세기 초	와룡면 모산	
광산김光山金	김무金務	15세기 초	부남 장인사동	김서린金瑞麟의 사위

월성이月城李	이승직李繩直	15세기 초	부서 금계리	배상지裵尙志의 사위
고성이固城李	이증李增	15세기 말	부내府內	
예안이禮安李	이영李英	16세기 초	풍산현	기묘사화
원주변原州邊	변광邊廣	16세기 초	부서 금계리	권철경權哲經의 사위
전주류全州柳	류성柳城	16세기 중	임하현 수곡水谷	김진金璡의 사위
순흥안順興安	안인로安仁老	16세기 중	가곡리	
풍천임豐川任	임흘任屹	16세기 말	내성현 용담	박승임朴承任, 조목趙穆 문인
한산이韓山李	이홍조李弘祚	17세기 초	일직현 소호리	류성용의 외손
한양조漢陽趙	조관趙貫	17세기 초	감천현	병자호란
진주강晉州姜	강흡姜恰 (법전파法田派)	17세기 중	봉화 법전法田	병자호란
	강두전姜斗全 (옥계파玉溪派)	15세기 중	북후 물한촌勿閑村	
재령이載寧李	이시명李時明	17세기 후	부서 도솔원	장흥효張興孝의 사위

* 『영가지永嘉誌』, 『교남지嶠南誌』를 참고했다.

〈표 1〉에서 볼 수 있듯이 안동으로 이주해온 성씨는 14세기 중반의 흥해배씨와 영양남씨를 시작으로 꾸준히 증가했다. 흥해배씨는 배전(1311 ~1361년)이 일직의 손홍량(판삼사사判三司事) 사위가 되면서 처음 입향했으며, 그의 아들 배상지裵尙志(1351~1413년), 배상공裵尙恭 형제가 안동부 김방경의 손녀사위가 되었다. 배상지는 고려말에 판사복시사判司僕寺事를 역임한 다음 안동 금계촌으로 이주했다. 그는 좌의정 권진의 고모부가 되었고, 배권裵權(형조정랑), 배환裵桓(감사), 배남裵楠(감찰), 배강裵杠(이조정랑)의 사형제를 두었다. 배상공(공조전서)은 류종혜柳從惠(풍산, 공조전

서)와 함께 하회에 거주했고, 아들 이조정랑 배소裵素는 안동 권진權軫(좌의정)의 사위가 되어 5자녀를 두었다. 그의 아들은 배계종裵繼從(감찰)이며, 사위는 권옹權雍(안동, 경력), 홍익부洪益敷(남양南陽, 행수行首), 남육南陸(영양英陽, 삼군진무三軍鎭撫), 안종생安從生(광주廣州, 감찰監察)이었다.39)

영양남씨의 입향 경위는 알 수 없지만 입향조 남휘주(1326~1372년)가 처음 안동 와룡면 중가구리(서가현촌)에 살았으며, 무과에 올라 전리판서에 이르렀다. 그의 아들 남민생南敏生(1348~1403년)은 호조참의를 지냈는데, 남민생의 아들 오형제가 모두 무과에 급제했다. 사위 황재黃裁는 현감을, 배남은 정랑을 지냈다. 또한 남민생의 손자 남치정南致晶, 남치공南致恭, 증손 남경신南敬身, 남경인南敬仁, 외손 배효눌裵孝訥이 '우향계友鄕楔'(1478년)에 참여했으며, 증손 남경지南敬智와 남종南琮 부자가 1530년(중종 25년)에 「가정향안嘉靖鄕案」에 입록入錄되었다. 이것은 영양남씨가 일찍부터 안동을 대표하는 사족으로 성장했음을 의미한다. 이들 남씨는 와룡면, 일직면, 풍산읍 일대에 세거했는데, 퇴계 문인 남치리南致利(1543~1580년)는 남휘주의 7세손이다. 이처럼 영양남씨는 무반에 진출했고, 흥해배씨는 주로 문학으로 현달했기에 16세기 당시 향인들이 두 가문을 일컬어 '배문남무裵文南武'라고 했다.40)

청주정씨는 14세기 말에 정분鄭憤이 김방경의 손녀사위가 되자 그의 손자 정침鄭賝이 진외가를 따라 안동에 들어왔다. 처음 와룡면 모산에 정착했는데, 정침의 손자 정약鄭若이 태종 때 형조좌랑을 지냈고, 정약의 아들 정보문鄭普文은 선산부사 이정李禎(퇴계의 증조부)의 사위가 되었다. 정보문의 고손 정두鄭斗가 모산에서 마암촌(말바우)으로 이거해 정착했는데, 그의 아들 정사성鄭士誠(1545~1607년)은 진사에 오르고 현감을 지냈으

---

39) 『永嘉誌』 卷8, 塚墓, 「裵尙恭墓碣銘」.
40) 『永嘉誌』 卷7, 寓居; 卷8, 塚墓, 「裵權墓碣銘」.

며, 정사신鄭士信(1558~1619년)은 문과에 급제해 판결사를 지냈다.41)

같은 시기에 학봉鶴峯 김성일金誠一(1538~1593년)의 선대는 의성에서, 이황의 선조는 진보에서 각각 안동 풍산으로 이주했다. 세종대에 대사헌을 지낸 경주 이승직李繩直은 배상지의 사위로 처가를 따라 금계로 들어왔다. 의성김씨는 김진金璡의 6대조인 김거두金居斗(1339~?)가 고려말에 풍산의 우릉골에 정착한 이래 그의 현손이자, 김진의 조부인 김만근金萬謹이 임하현의 해주오씨海州吳氏에게 장가들면서 처가가 있는 내앞[천전川前] 마을로 이주했다. 이후 인근 영해와 청송의 영해신씨寧海申氏, 여흥민씨驪興閔氏 등과 혼반을 확대했다. 특히 김진의 다섯 아들인 김극일金克一(1522~1585년), 김수일金守一(1528~1583년), 김명일金明一(1534~1570년), 김성일金誠一(1538~1593년), 김복일金復一(1541~1591년) 형제가 퇴계 문하에서 수학하고, 이후 현달하면서 문호가 확대되었다.

진성이씨의 안동 입향조 이자수는 고려 우왕 때 풍산현 마라촌[현 풍산읍 마애리]에 정착했다가 만년에 와룡 주촌[현 와룡면 주하리]으로 이거했다. 그의 손자 이정은 선산부사를 지냈으며, 이정의 맏아들인 인동현감 이우양李遇陽은 주촌에 살고, 둘째인 훈련참군 이흥양李興陽은 다시 마애로 환거했으며, 셋째인 이계양李繼陽은 예안현 온혜[현 도산면 온계리]로 이거했다. 이우양의 증손 이연李演은 훈도를 지냈으며, 이연의 동생 이한李漢(1499~?)은 주촌에서 서가촌[현 와룡면 서지리]으로 이거해 서간서당西澗書堂을 지었는데, 그의 후손은 일직면 송리리로 이거했다.

이한은 1581년(선조 14년)에 친부 시해 사건으로 안동부가 안동현으로 강등되자 겸암謙庵 류운용柳雲龍(1539~1601년), 안몽열安夢說과 협의해 「청복안동대호부호소請復安東大護府號疏」42)를 올린 송간松澗 이정회李

---

41) 송지향, 『안동향토지』, 대성문화사, 1983. 이하 각 가문의 내력에 대한 서술은 주로 이 책을 참고했다.

庭檜(1542~1612년, 의흥현감, 퇴계 문인)의 종조부가 된다. 이정회는 이외에도 임진왜란 당시 좌수座首이자 의병장으로 활약했고, 1604년(선조 37년)에는 손상된 「향안」을 중수했다. 이홍양의 현손 이돈李燉(1568~1624년)은 영천군수를 지냈고, 아들 이회보李回寶(1594~1669년)는 1629년(인조 7년)에 문과에 장원으로 급제하고, 성혼成渾과 이이李珥의 문묘 배향을 주장했다.

이정의 셋째아들 이계양(1424~1488년)의 장자 이식李埴은 진사이고, 차자 송재松齋 이우李堣(1469~1517년)는 호조참판, 강원도관찰사, 안동부사를 역임했다. 이식의 맏아들 이인李寅은 후사가 없었기에 차자 이하李河의 후손이 종파를 이어받았다. 이식의 4자 온계溫溪 이해李瀣(1496~1550년)는 대사헌을 지냈으며, 이해의 아우가 퇴계退溪 이황李滉(1501~1570년)이다. 퇴계 이후 진성이씨는 안동과 영남을 대표하는 가문으로 성장했는데, 그중에서도 퇴계의 후예가 가장 번성해 32명의 문과 급제자를 배출했다.

15세기 말에는 좌의정을 역임한 용헌容軒 이원李原(고성)의 아들 영산현감 이증李增이 안동에 거주하던 이희李暿(경주, 이제현의 4세손으로 감사를 역임했다)의 사위가 되어 안동에 들어오면서 고성이씨 입향조가 되었다. 그는 권자겸權自謙(안동, 사용司勇), 권곤權琨(사용), 권숙형權叔衡(별시위), 배효건裵孝騫(흥해, 현감), 배효눌裵孝訥(통찬), 배주裵裯(충찬위), 배정裵禎(훈도), 남경신南敬身(영양, 부사副使), 남치공南致恭(사정), 남치정南致晶(진사), 남경인南敬仁(부사), 노맹신盧孟信(안강, 사용) 등과 1478년(성종 9년)에 '우향계友鄕稧'를 조직했다. 이들 계원은 낙향한 후 유향소를 중심으로 활동하다가 세조 말에 유향소가 혁파되자 우향계를 조직해 1488년(성종

---

42) 『永嘉誌』 卷5, 「復號疏」.

19년)에 유향소가 복립될 때까지 향론을 주도했다. 이 우향계에서는 안동 권씨, 홍해배씨, 영양남씨가 주축을 이루고 있었는데, 서로 중첩적인 혼인 관계를 지속하고 있었다. 특히 안동권씨와 영양남씨는 향사당 건립의 주역이던 권치權輻, 권부權付, 남부량南富良, 권구경權九經, 권호權豪의 후손이었다.43) 이 우향계는 한편으론 고성이씨의 안동 정착을 지역의 유력 가문에서 인준하는 의미를 내포하고 있었다.44)

퇴계의 거주지이자 17세기 초반까지 퇴계 학파를 이끈 예안은 읍세에 비해 현달한 인물이 많이 배출되었다. 김, 이, 우禹, 조趙, 안, 강姜 씨 등의 토성이 있었지만 고려말부터 조선 초기 이래 대부분 타읍으로 전출했고, 대신 타읍 출신 사족의 이주가 많았다. 진성이씨 퇴계 가문이 진보에서 안동을 거쳐 이주했고, 영천 토성인 이현보李賢輔 가문이 영천에서 이주했다. 광산김씨 김효로金孝盧 가문은 예안의 오천으로 이주했다. 또한 봉화금씨, 영양남씨, 안동김씨와 안동권씨 등 인접한 고을의 사족도 많이 이주했다. 이처럼 타읍 사족의 이주가 많았던 것은 지리적으로 낙동강 상류에 위치해 농장 개설에 편리한데다 16세기 후반 이황이 영남학파를 영도하는 위치에 있으면서 문인들이 운집했기 때문이다.45)

---

43) 정진영, 「조선전기 안동부 재지사족의 향촌 지배」, 『대구사학』 27, 대구사학회, 1985, 56~61쪽.
44) 『우향계축』의 원본은 현재 봉화의 충재유물관에 소장되어 있으며, 보물 제896호로 지정되어 있다. 권곤은 김성일의 처고조부가 되는데, 그의 7세손인 권두인權斗寅이 우향계원의 자손 남두회南斗會로부터 이를 전해 받아 가장家藏하게 되었다. 이 계는 그들의 다음 세대에서도 이어졌다. 이증의 아들 이굉李肱이 아우, 매부 및 다른 회원의 자서子壻 등 15명과 함께 '진솔회眞率會'라는 이름으로 우향계를 재조직해 세의世誼를 이어갔다. 진솔회 회원은 이굉, 이명李洺을 위시해 정원로鄭元老, 김영전金永銓, 김윤리金允离, 박숙朴塾, 권사영權士英, 권사빈權士彬, 권철경權哲經, 권철종權哲從, 구인정具仁貞, 정희주鄭希周, 권숙균權叔均, 남팔준南八俊, 남경지南敬智 등 15인이었다.
45) 박현순, 『16~17세기 예안현 사족 사회 연구』, 서울대학교 박사학위논문, 2006, 18~38쪽. 이하 예안 사족과 관련된 내용은 이 논문을 주로 참고했다.

예안에 정착한 가문들이 문과를 통해 관직에 진출한 것은 15세기 말부터였다. 1486년(성종 17년)에 월천의 권수익權受益(1452~1544년)이 처음 문과에 급제했고, 뒤이어 1498년(연산군 4년)에 이현보와 이우가 급제한 이래 김연金緣, 이해·이황 형제, 이중량李仲樑 등 다수의 급제자가 배출되었다. 15~16세기에 예안의 문과 급제자를 가계별로 보면 진성이씨 3명, 안동권씨 3명, 광산김씨 2명, 영천이씨 2명, 예안김씨 2명, 풍산류씨 1명, 기타 3명 등 총 16명이 확인된다. 특히 분천의 이현보와 이중량 부자, 온계의 이우와 이해·이황 숙질, 월천의 권수익와 권운 부자, 오천의 김연·김해 조손 등 영천이씨, 진성이씨, 안동권씨, 광산김씨와 같은 일부 가계에 집중되어 있다.

　생원과 진사시를 보더라도 15세기에는 진성이씨, 영천이씨, 안동권씨에서만 1~2명의 입격자가 나왔으나 1520년대 이후 입격자 수가 배가 되고, 배출 가문도 광산김씨, 봉화금씨, 고창오씨, 안동김씨, 덕산윤씨, 예안김씨로 확대되었다. 전체적으로 보면 온계의 진성이씨와 오천의 광산김씨, 분천의 영천이씨, 월천의 안동권씨가 일찍부터 입격자를 배출해 상대적으로 많았다. 결국 이들 가문이 예안의 사론을 주도한 곳들이었다.

　예안향교의 『향록鄕錄』에서도 16세기에는 영천이씨, 진성이씨, 광산김씨, 봉화금씨가 향론을 주도하는 가운데 16세기 말에 영양김씨, 예안김씨, 안동권씨가 「향안」에 새롭게 참여했다. 일례로 광산김씨 김효로 가문은 그가 입향한 이래 큰아들 김연이 강원감사를 지내고, 둘째아들 김수金綏가 생원을 지냈으며, 손자인 김부필(생원), 김부의(생원) 형제, 김부인金富仁(무과, 판관), 김부신, 김부륜(생원) 형제가 사환과 학행으로 명성을 얻었다. 이 가문은 예안과 안동에 거주하는 진성이씨, 영천이씨, 봉화금씨, 영양남씨, 안동김씨, 안동권씨, 예안김씨 가문 등과 중첩적 혼인 관계를 맺으면서 16세기 예안 사족 사회의 한 축을 형성했다.

이상과 같이 이거移居 사족은 14세기 중반 이래 처향, 외향의 연고나 신왕조 개창에 따른 복거卜居 등 다양한 이유로 안동과 예안 지역에 입향했다. 이후 강력한 재지적 기반을 갖고 있던 안동권씨를 비롯한 토성과의 혼인, 학문, 문화적 교류를 확대하면서 빠르게 정착해나갔다. 이들은 안동 지역에서 큰 영향력을 행사했지만 중앙 권력이나 향리鄕吏의 영향력을 완전히 배제하지는 못했다. 특히 안동 지역은 고려 이래 강력한 재지적 기반을 가진 향리들이 상당한 영향력을 갖고 있었다.

2) 16세기 재지사족의 향촌 지배력 강화

고려시대에 군현의 지배자 위치에 있던 향리는 고려말과 조선 초기에 과거를 통해 상경 종사한 사족과 향촌에서 호장직戶長職을 세습해온 이족吏族으로 분화되어 갔다. 이족은 조선 건국 이후 수령과 재지사족 사이에서 행정 실무를 매개로 독자적 영역을 확보했다. 즉 향리들의 명단인 「단안壇案」과 읍사邑司를 중심으로 독자적인 조직과 체제를 확립했다. 그들은 「단안」을 상, 중, 하로 구분하고, 상단에서만 호장이나 삼공형三公兄을 선출했다. 안동의 경우에는 삼태사의 후손인 안동 권씨, 김씨, 장씨만 호장직을 세습했다.

조선전기에 안동의 향리들은 재지사족과 밀접한 관계를 맺고 있었다. 『안동향손사적安東鄕孫事蹟』에서 이를 구체적으로 확인할 수 있다.

> 화산花山의 고례古例에는 사대부에게는 곧 「향안」이 있으며 삼참三參을 본다. 향리에게는 「단안」이 있어서 세 등급으로 구분한다. 「향안」과 「단안」은 동시에 함께 작성하는데, 「단안」의 말미에 사향소四鄕所에서 착함하며, 「향안」의 말미에는 삼공형이 착함해 서로 관할한다. …… 「향안」, 「완의完議」에 비록 명문 거족으로서 삼참에 하나의 흠결이 있더라도 거론하지 말라. 만약 향리의 증

손曾孫과 여서女婿, 외손外孫도 아울러 입록을 허락하는 것을 꺼리지 말라.46)

「단안」에 참여하기 위해서는 「향안」과 마찬가지로 삼참(부, 모, 처)이 중요했다. 「단안」에 있는 자가 가리假吏나 서얼庶孼과 통혼하면 삭적削籍되었는데, 그러한 신분적 폐쇄성은 향촌 사회 지배층으로서의 자기인식에서 나온 것이었다. 「단안」은 사족 명단인 「향안」과 함께 작성되어 삼공형과 사향소가 착함한 후 공동 관리하고 있으며, 「향안」에 향손이 입록되는 것은 아무런 문제가 되지 않았음을 알 수 있다. 이는 실제로 「향안」에서도 확인되는데, 1530년(중종 25년) 「가정향안」에 수록된 15명은 향리의 본손, 사위, 외손으로서 안동권씨 8명, 영양남씨 2명이며, 그 외 김씨 2명, 이씨, 안씨, 최씨가 각 1명씩이다.47) 안동의 이족과 사족 간의 그러한 관계는 삼태사의 후예로서 같은 본관에서 분화되어 사족과 이족이 병존했기 때문이다.

16세기 이후 재지사족은 점차 그들 중심의 지배 체제를 확립하고 있었다. 그것은 향촌 사회에서 이족과 중앙 권력으로부터 재지사족의 영향력이 상대적으로 증대했음을 의미했다. 실제로 16세기에 들어서서 국역 체

---

46) 『安東鄕孫錄』, 「安東鄕孫事蹟」. "花山古例 士夫則有鄕案 而視三參 鄕吏則有壇案 而別三等 鄕案壇案同時竝設 而四鄕所銜於壇案末端 三公兄着銜於鄕案末端 相爲管轄… 鄕案完議 雖是名門巨族 一有欠缺於三參 則毋得擧論 若鄕吏之曾孫及女婿外孫 並勿拘許錄."

47) "按鄕案凡例 鄕吏之曾孫載錄者 元無名下註脚 女婿與外孫名下獨有之 其內外區別如此 嘉靖以下隆慶萬曆間連爲參案 而皆用此例"(『安東鄕孫錄』, 「安東鄕孫事蹟」). 15명은 남경지南敬智(영양, 충순위), 남종南琮(영양, 별시위, 향리외손) 부자, 이계동李季童(사직), 안영견安永肩(학생), 권세전權世銓(안동, 전前내금위), 최계원崔繼原(어모장군), 권칙權勅(안동, 전前습독), 김세공金世恭(학생, 향리여서鄕吏女婿), 권세영權世英(안동, 학생), 김만년金萬年(별시위), 권강權鑼(안동, 별시위, 향리여서), 권세린權世璘(안동, 학생, 향리여서), 권수權璲(안동, 학생, 향리여서), 권한생權漢生(안동, 전前참봉), 권완權琓(안동, 학생, 향리외손鄕吏外孫) 등이다. 또한 「가정향안」에는 '향리외손鄕吏外孫', '향리여서鄕吏女婿'가 부기附記되어 있는데, 이는 「향안」의 범례에 따른 것이었다.

제의 이완으로 양인층이 몰락하면서 중앙정부는 외방의 사족을 끌어들이지 않을 수 없었다. 그 결과 16세기 후반까지 허용된 범위를 넘어서기는 어려웠지만 국가는 재지사족의 자율성을 인정하고, 그들을 매개로 한 지방 통치를 인정하게 되었다.48)

이처럼 국가의 인정 외에도 본인들의 적극적 활동에 의해 지방 사족은 16세기 이래 향촌 사회에서 주도적 역할을 할 수 있었다. 그들은 주자학에 입각해 새로운 향촌 지배 질서를 구현하려고 했다. 그리하여 서원이나 서당 건립을 통한 인재 양성과 사족만의 조직을 만들어 그것을 중심으로 활동했다. 유향소 복립과 「향안」 작성, 향회, 향약, 동약, 동계 등의 실시는 재지사족의 지배 구조를 강화했다.

태종대에 혁파되었다가 15세기 초반 복설된 유향소에는 수령권에 대한 견제가 빠지고, 향리와 백성에 대한 규제 임무만 부여되었다. 이에 안동의 재지사족은 15세기 중반에 향사당鄕射堂을 설립해 성리학적 향촌 교화 방법 중의 하나인 향사례鄕射禮와 향음주례鄕飮酒禮를 행하고, 재지사족(유향품관)의 공무 기관 내지 회의 장소로 사용했다.49) 이 시기 향사당은 안동권씨와 그들과 혼인해 이거해온 영양남씨 등에 의해 창건된 후 운영되어 왔다. 이후 세조의 등극으로 안동 출신 사족이 대거 낙향해 유향소를 중심으로 활동하다가 세조 말에 유향소가 혁파되자 1478년(성종 9년)에 우향계를 조직해 1488년(성종 19년)에 유향소가 복설될 때까지 안동 지방 향론을 주도했다.

그러나 「가정향안」에서와 같이 16세기 초반까지 사족의 「향안」에 향리들이 입록되었다. 이것은 당시까지 안동 지역 향리들이 행정 사역뿐만 아니라 사족과 더불어 향촌 운영에도 한 부분을 담당하고 있었음을 알려

---

48) 정재훈,「조선중기 사족의 위상」,『조선시대사학보』 73, 조선시대사학회, 2015, 48~49쪽.
49) 『永嘉誌』 卷5,「鄕射堂」.

준다. 그렇기 때문에 재지사족이 향촌 사회 지배층으로서의 지위를 확립하려면 향리와의 구분을 명확히 할 필요가 있었다. 이와 관련해 1581년(선조 14년)에 정사성이 제정한 『향약鄕約』이 참고가 된다. 그는 향약을 제정한 목적에 대해 이렇게 말하고 있다.

> 내 고향 안동에서는 을미년(1535년) 이전 청문사족淸門士族이라도 결혼할 때 토지와 노비의 많고 적음, 재산의 빈부는 비교하지만 일족의 출자出自와 문지門地의 높고 낮음에 구애받지 않고 인척이 되는 경우가 많았다. 그처럼 나쁜 풍속은 대단히 뿌리가 깊은 것이었다. 이전의 군수였던 이고李股는 이 풍속을 통탄해 일거에 이를 바꾸었으니, 비록 지나친 점은 있었으나 어찌 식견이 없었다고 말할 수 있겠는가.50)

정사성은 16세기 초반에 안동 지역에서 청문사족이 문호의 높고 낮음을 가리지 않고 오로지 전민의 다과와 재산의 빈부에 따라 혼인하는 풍습에 대해 말하고 있다. 이는 당시 사족의 혼인이 강력한 경제적 기반을 가진 향리들과도 진행되었음을 알려준다. 또한 그것이 사회적 신분 유지에 장애가 되지 않았다. 이것은 비록 '향리여서鄕吏女壻', '향리외손鄕吏外孫'이라고 부기했지만 1530년(중종 25년)에 그들이 「가정향안」에 입록되고 있는 점에서도 확인된다.

그래서 당시 유향소 좌수로 있던 이고(고성. 이증의 손자로 청풍군수를 역임했다)가 그러한 풍습을 통탄해 품관좌목 즉 「향안」을 바로 잡았다. 또한 향리의 「단안」도 고정考定했는데, 『영가지』가 편찬되던 17세기 초반에도 그것이 준수되고 있었다.51) 그러한 조처로 실제 16세기 중반에 향

---

50) 鄭士誠, 『芝軒先生文集』 卷3, 雜著, 「鄕約」; 『芝軒先生年譜』.
51) 『永嘉誌』 卷7, 人物, 「李股」.

리의 영향력이 감소되는 모습이 확인된다. 『태사묘사적太師廟事蹟』에 수록된 송암松巖 권호문權好文(1532~1587년)과 김농金農의 편지(1555년, 명종 10년)52)에서는 당시 유사로 향사를 주관하던 권호문이 제향에 참석한 향리들의 언행을 문제 삼아 그들의 참석을 꺼려 감제減祭하려는 것에 대해 김농이 반박하고 있다. 두 인물은 『영가지』와 1589년(선조 22년)의 「향안」에도 기재된 대표적인 재지사족이었다. 주목되는 점은 원래 삼태사 묘의 향사는 호장이 주관해오던 것이지만 16세기 중반에는 사족이 이를 담당하고 있었던 것이다. 아울러 향리들도 후손으로서 향사에 참여하는 것을 막지는 않았지만 그들의 언행 등을 문제 삼으며 배제시키고자 했던 것이다.53) 이것은 향촌 사회에서 향리의 영향력이 감소하고 있던 정황을 보여준다.54)

안동과 예안의 재지사족은 향약, 동약, 동계, 족계 등을 실시해 그들의 지배 구조를 강화했다. 현재 16세기에 시행된 것으로 「내성동약」(1542년, 이홍준李弘準, 경주)을 비롯해 「주촌족계」(1548년, 진성이씨), 「부포족계, 동약」(1565년, 금난수), 「하회동계」(1584년, 풍산류씨), 「오천동계」(김부인 형제, 금응협, 1592년 이전) 등이 확인된다.55) 이것은 각기 내성의 경주이씨, 주촌의 진성이씨, 부포의 봉화금씨, 하회의 풍산류씨, 오천의 광산김씨가 중심이 되어 마을 구성원의 상호부조를 지원하면서 촌락을 지배했음을 알려준다. 이들 가문의 특징으로는 앞서 살펴본 대로 과거 급제와 사환을 통

---

52) 『太師廟事蹟』, 「金龍宮答權進士書」.
53) 권호문은 1582년에 태사묘太師廟 제규祭規를 개정했다(權好文, 『松巖先生別集』, 年譜). 구체적인 내용은 알 수 없지만 그가 문제시한 감제에 관한 것으로 추정된다. 아울러 당시 재지사족의 향촌 지배력 강화와도 관련되어 있던 것으로 보인다.
54) 정진영, 「조선전기 안동부 재지사족의 향촌 지배」, 『대구사학』 27, 대구사학회, 1985, 64쪽.
55) 정진영, 「16세기 안동 지방의 동계, 동약」, 『조선시대 향촌 사회사』, 한길사, 1997, 201~205쪽.

해 가문의 위상을 높였다는 점이다.

이런 가운데 중국의 '여씨향약'을 모방해 1556년(명종 11년)에 예안에서 이황이「향입약조鄕立約條」를 만들었다. 비록 퇴계의 '향입약조'는 향론의 불일치로 시행되지 못했지만 그의 제자들이 이를 계승해 보급해나갔다. 실제로 1581년(선조 14년)에 정사성과 1603년(선조 36년)에 김기金圻(1547~1603년)에 의해 만들어진 '향약', 1588년(선조 21년)에 강륜康崙(1514~1599년, 신천信川)이 제정한「향규구조鄕規舊條」, 1605년(선조 38년)에 류성용이 제정한「신정십조新定十條」등의「향규」는 재지사족의 자기규제 및 이족과 신흥 사족의 견제, 향촌민 교화를 통해 그들 중심의 향촌 지배 질서를 강화하려는 것이 목적이었다.56) 특히 1581년(선조 14년)에 정사성이 제정한 '향약'은「향안」의 입록 규정을 통해 혼인에 의한 청족 자격의 유지를 강조하면서 사족과 이족의 본격적 분화를 촉진했다. 이를 살펴보면 다음과 같다.

일. 서얼은 중국에서는 금지하고 없다. 그러나 우리나라에서는 구분이 매우 엄격하다. 비록 허통許通 세탁洗濯이라도 청족淸族[향참현벌鄕參顯閥]과 4~5세대 결혼한 후에「향안」에 참여하는 것을 허락한다.

일. 내, 외향에 허물이 없으나 본인에게 흠이 있는 자는 대단한 것이 아니면「향안」에 참여하는 것을 허락하나 부표付標한다.

---

56) 정진영, 위의 글, 197~227쪽. 특히 16세기에 퇴계의「향입약조」나 정사성의「향약」과 강륜의「향규구조」는 재지사족의 자기 통제 성격을 가졌다. 즉 향촌 사회에서의 영향력 증대를 위해 하층민의 이익을 일정 부분 대변했지만 향리층의 영향력을 배제하고 재지사족 중심의 향촌 지배를 실현하기 위해서는 수령과 경재소京在所를 통한 중앙정부의 보호와 견제를 배제하지 못하고 있었다. 그렇기 때문에「향규」는 하층민과 관 사이에서 내놓은 사족의 자구책이었다. 실제로 내용도 사족의 하층민 침학 규제와 수령 음해 규제뿐만 아니라 사족 행사의 수령 보고 등을 넣고 있었다. 또한 강륜이「향규」를 제정하면서 경재소에 품의한 것은 16세기 말에도 사족의 완전한 향촌 자치가 실시되고 있지 못했음을 보여준다.

일. 인륜을 어지럽히고 손상한 죄인의 자손은 품행이 남들보다 빼어나게 뛰어나거나 과거에 급제해 이름이 청환과 현직에 오른 것이 아니면 또 세대가 멀면 허락하지 않는다.

일. 향리 연파자連派者는 반드시 4~5세대를 청족과 결혼한 후 참여하는 것을 허락한다. 직파直派[여삼정거관지류如三丁居館之類]는 세탁 후에 역시 4~5세대를 청족과 결혼한 후 허락한다.

일. 원래 양반은 지금의 소견에 근거해 향리와 비교하면 크게 차이가 난다. 그러나 이름이 비록 양반이더라도 빈천貧賤한 가운데 혹 군사軍士나 백성의 집안과 결혼했으면 혹 추잡하고 비천한 폐단이 없지 않으니, 그러한 사람 또한 반드시 청족과 4~5세대 결혼한 후 「향안」에 참여하는 것을 허락한다. 만약 모든 사람이 그러한 종류를 범하지 않았음을 알고 있는 자는 여기에 한계를 두지 않는다. 그러나 역시 중의衆議를 널리 물어 가부可否를 수합한다.

일. 타관인他官人으로 장가들어 온 자나 본부인本府人으로 타관에 장가든 자는 현벌顯閥로 모두가 알고 있는 자가 아니면 허락하지 않는다[그중에서 혹 타관인으로 이미 향임鄕任을 행한 것으로써 기준을 하고자 하나 타관 향참을 가히 의논할 것이 없지 않으니 이것으로 기준하면 또한 미안할 것 같다].57)

정사성의 '향약'에는 「향안」 등록에 엄격한 심사가 필요한 자들로 서얼, 인륜에서 벗어난 범죄를 저지른 자, 향리 출신, 다른 지방 출신으로 안동에 장가 들거나 안동 출신으로 다른 지역에 장가 든 사람을 들고 있다. 서얼과 향리 출신은 지방의 청족과 4~5대에 걸쳐 결혼을 계속한 경우에야 「향안」에 이름을 올리는 것이 허락되었다. 한편 이전에는 언급되지 않던 서얼의 입록도 거론된 점은 이 시기에 서얼층의 성장이 두드러졌음을 짐작할 수 있다.

---

57) 鄭士誠, 『芝軒先生文集』 卷3, 雜著, 「鄕約」.

1588년(선조 21년)에 강륜이 제정한 「향규구조」58)는 재지사족에 대한 통제를 보다 강화하고, 정사성의 '향약'에서 미진했던 가족, 향당 간의 윤리 문제, 「향안」, 향리 운영 문제, 하층민 침탈, 수령권 문제를 규정하고 있는 점에서 향촌의 지배 원리를 보다 정교하게 제시하고 있다. 그러나 향원의 자격과 선출 문제에 대한 구체적 언급이 없고, 향촌의 지배 원리도 산만해 「신정십조」로 재정비되었다.59)

　　이처럼 16세기 중엽 이후 안동 지역에서는 향리의 영향력을 배제하면서 재지사족이 주도하는 향촌 지배 질서가 점차 자리 잡아 갔다. 그 결과 1589년(선조 22년)의 『향록』에서는 〈표 2〉와 같이 40여 개 성관, 289명이 확인되는데, 당시 안동부 관내의 재지사족이 망라되어 있으며 향리는 확인되지 않는다.

〈표 2〉 1589년 안동『향록』등재 인물 성관

성관	합계	성관	합계	성관	합계
안동권	70	동래정	3	감천문甘泉文	1
영양남	19	안동장	3	기주진基州秦	1
진성이	14	풍산김	3	선산김善山金	1
흥해배興海裵	12	창원황昌原黃	3	강릉김江陵金	1
순흥안順興安	12	원주변原州邊	3	진주강晉州姜	1
의성김	11	전주류全州柳	2	김해오金海吳	1
예안이	8	밀양박密陽朴	2	함양허咸陽許	1
청주정淸州鄭	7	반남박潘南朴	2	거제반巨濟潘	1
광산김	7	신천강信川康	2	미상김未詳金	12
순천김順天金	7	경주손慶州孫	2	미상이未詳李	20
풍산류	6	의령여宜寧余	2	미상정未詳鄭	6
봉화금	5	능성구綾城具	2	미상류未詳柳	3

58)『永嘉誌』卷5,「鄕規舊條」.
59) 정진영,「조선전기 안동부 재지사족의 향촌 지배」,『대구사학』27, 대구사학회, 1985, 63쪽.

원주이原州李	4	한양조漢陽趙	2	미상박未詳朴	6
단양우丹陽禹	4	연안송延安宋	2	미상신未詳申	6
진주하晉州河	4	의령옥宜寧玉	1	계	289
한산이韓山李	3	안동김	1		

그중 안동권씨가 70명으로 가장 번성했다. 앞서 언급한대로 안동권씨는 향사당 건립을 주도하고, 우향계와 「향안」에 가장 많은 수가 참여하는 등 조선전기의 안동 사회를 실질적으로 주도하고 있었다. 또한 10명 이상 입록된 영양남씨, 진성이씨, 흥해배씨, 순흥안씨, 의성김씨, 진보이씨 등은 안동권씨뿐만 아니라 여러 다른 성씨와 상호 중첩적인 혼인 관계를 유지하면서 토성인 안동권씨와 더불어 안동 지역을 영도하고 있었다. 또한 당시 안동부 내에 생존한 퇴계의 제자는 모두 입록되었다. 이것은 16세기 후반 안동의 재지사족이 혼인과 학문적 유대를 통해 연결되어 있었음을 알려준다.

『도산급문제현록陶山及門諸賢錄』에 등재된 퇴계 문인들 309명 중 영남 지역 인물은 180명이며, 그중 안동 출신이 49명이다.

〈표 3〉『도산제현급문록』 소재 안동 출신 문인

성관	문인	계
안동권	권동보權東輔, 권대기權大器, 권호문權好文, 권선權宣, 권춘란權春蘭, 권우權宇, 권동미權東美, 권민의權敏義, 권희權憘	9
의성김	김극일金克一, 김수일金守一, 김명일金明一, 김성일, 김복일金復一, 김득가金得可, 김집金潗	7
진성이	이중립李中立, 이문규李文奎, 이정회, 이봉춘李逢春, 이정백李庭柏, 이형남李亨南, 이희정李希程	7
풍산류	류중엄柳仲淹, 류운용柳雲龍, 류성용柳成龍	3
흥해배興海裵	배삼익裵三益, 배삼근裵三近	2
대구서大丘徐	서해徐嶰(이증李增 손서孫壻), 서엄徐崦	2
광산김	김언기金彦璣, 김득여金得礪	2

안동김	김팔원金八元, 김기보金箕報	2
능성구綾城具	구봉령具鳳齡	1
청주정淸州鄭	정사성	1
진주정晉州鄭	정이청鄭以靑	1
영양남	남치리南致利	1
원주변原州邊	변영청邊永淸	1
순흥안順興安	안제安霽	1
봉화금	금봉서琴鳳瑞	1
경주손慶州孫	손흥례孫興禮	1
신천강信川康	강륜康崙	1
진주강	강한姜翰	1
동래정東萊鄭	정유일鄭惟一	1
순천김順天金	김낙춘金樂春[김효로金孝盧의 외손]	1
아주신鵝洲申	신지申墀	1
고성이固城李	이용李容	1
연안이延安李	이응李應	1

특히 퇴계 문인들을 많이 배출한 가문은 안동권씨, 의성김씨, 진성이씨, 풍산류씨, 흥해배씨, 안동김씨, 광산김씨 순이다. 16세기 중반 이후 안동의 향촌 사회는 퇴계 문인들을 배출한 가문이 주도했다. 그들은 퇴계의 철학을 공유했으며, 일상생활도 비슷한 성향을 띠었다. 실제로 16세기 이래 안동부 외곽에는 고성이씨, 원주변씨, 안동권씨, 영양남씨, 청주정씨, 흥해배씨 등이 거주했고, 임하현에는 의성김씨, 안동권씨, 전주류씨, 길안현에는 안동권씨, 안동김씨, 일직현에는 의성김씨, 영양남씨, 한산이씨, 풍산현에는 광산김씨, 순천김씨, 안동권씨, 안동김씨, 풍산김씨, 풍산류씨, 감천현에는 안동권씨, 내성현에는 의성김씨, 안동권씨, 예안현에는 진성이씨, 안동권씨, 광산김씨, 영천이씨, 예안김씨가 대표적인 사족 가문이었다.60) 또한 이들 가문끼리 중첩적인 혼인을 누대로 유지하면서 유대를 강

---

60) 재산과 춘양현, 개단부곡과 소천부곡에는 17세기 초까지 반촌이 형성되지 않았다. 안동권

화해 나갔다.

특히 안동권씨, 진성이씨와의 혼인이 많았다. 토성인 안동권씨는 고려 이래 족세가 가장 번성했기 때문이며, 진성이씨는 퇴계 이래 문호^{門戶}가 높아졌기 때문이다. 이외에도 풍산류씨는 영의정을 역임한 류성용을, 의성김씨는 관찰사를 역임한 김성일 외에 그의 형제들(김극일, 김복일, 김수일, 김명일)이 문과와 사마시에 입격하면서 가문의 위상을 높였다. 예안의 광산김씨 역시 김부인(무과, 판관), 김부신, 김부륜(생원) 형제가 사환과 학행으로 명성을 얻었다. 이들 가문의 경제력 또한 토지는 300~1,900여 두락에 이르고, 노비는 30~300여 구에 이르는 등 강력한 기반을 갖고 있었는데, 17세기 들어 배로 증가하는 추세였다.61) 나아가 이들 가문이 퇴계 학파를 주도해 나갔다.

이처럼 16세기 중반 안동과 예안의 재지사족은 혈연적·학문적 유대와 강력한 경제적 기반을 통해 향촌 사회에서 공고한 기반을 확립했다. 나아가 이들 가문의 인사들[권호문, 권경전, 정사성, 김성일, 류성용, 류운용, 김언기 등]에 의해 정사와 서당, 서원이 건립되고 있었다. 그들의 자제를 위한 사적 교육 기관인 서원과 서당, 개인의 존양처였던 정사는 사족들의 교류와 활동 공간으로서 중요한 의미를 가졌다. 16세기 후반 안동에서 서원과 서당, 정사 등의 설립이 활발하게 이루어진 것도 그와 맥을 같이한다.

4   16세기 안동 지역 서당 건립의 성격

앞서 살펴본 대로 16세기의 안동과 예안 지역은 사족의 성장이 두드

씨, 안동김씨, 안동장씨, 풍산김씨, 풍산류씨 등은 고려 이후 안동의 토성에서 성장했고, 나머지 성씨들은 외부에서 이주했다(이수건, 『영남학파의 형성과 전개』, 일조각, 1995).
61) 김명자, 『조선후기 안동 하회의 풍산류씨 문중 연구』, 경북대학교박사학위논문, 2009, 19~20쪽.

러진 지역 중의 하나였다. 그러한 사족의 성장과 사족 사회의 형성은 서당과 서원을 모태로 했다. 특히 서당은 초기의 사족 사회 형성에 결정적 영향을 미쳤다.62) 그것의 중심에는 퇴계와 그의 제자들이 거론되지만 기본적으로는 진성이씨를 비롯한 안동권씨, 안동김씨, 봉화금씨, 풍산류씨, 풍산김씨, 의성김씨, 광산김씨, 홍해배씨 등 안동부 내의 핵심 사족 가문이 기저를 이루고 있었다.

특히 퇴계와 그의 문도는 학문 공동체를 형성하고 선현봉사先賢奉祀, 자제 교육, 주민 교화 운동을 활발히 전개했다. 이들의 이념적 지향점은 유교의 토착화와 사족 중심의 지배 질서 확립에 있었다. 주목되는 점은 그러한 과정에서 서원, 서당, 정사 등의 건립이 활발했다는 것이다. 이들 사학私學은 사족이 주도했다는 점에서 성리학적 이념과 질서를 정착, 보급하는 데서 매우 실제적이면서도 한편으로는 상징적인 의미를 갖고 있었다.63) 그리하여 16세기 말을 전후해서는 사회적·문화적으로 사족이 새로운 향촌 지배 세력으로 자리 잡았으며, 서원과 서당, 정사 등은 교육, 문화 공간이자 사림파를 양산하는 터전으로 변했다.

아래 〈표 4〉는 『영가지』 서당조와 『선성지宣城誌』, 개인문집 등에 나오는 서당과 정사, 서재를 정리한 것이다.64) 이를 보면 대부분의 서당, 정사는 1549년(명종 4년)에 퇴계가 낙향해 강학을 시작한 이래 그의 문인들에 의해 본격적으로 설립되고 있다. 그들은 퇴휴처退休處, 장수처藏修處, 자제와 동몽 교육 등의 목적으로 서당과 정사를 건립했다. 한편으로는 동문 간의 경학 연구와 유생을 대상으로 강회를 개최하면서 학적 연대를 강

---

62) 정순우, 『서당의 사회사』, 태학사, 2013, 91쪽.
63) 정구복, 「병산서원 고문서 해제」, 『고문서집성 — 병산서원편』 20, 한국정신문화연구원, 1994.
64) 17세기 초에 건립된 서당과 정사는 설립자가 16세기에 활동한 인물들이며, 17세기에 나타나는 향촌서당의 과도기적 성격을 갖고 있다고 판단되기에 수록했다.

화했다.

　이외에도 부동府東의 양파서당과 일직의 면제서당은 '리인위양몽창립里人爲養蒙創立', '현인위양몽구지縣人爲養蒙構之'이라고 해서 해당 고을 사람들이 어린아이들을 교육하기 위해 설립했음을 알 수 있다. 이들 서당은 사족뿐만 아니라 일반민의 아이도 출입이 가능했다. 김성일이 현인縣人들에게 명해 1591년(선조 24년)에 건립된 옥병서재도 같은 성격으로 보인다. 비록 두 서당의 건립 연대는 알 수 없다. 그렇지만 1546년(명종 1년)에 동몽훈도童蒙訓導를 두어 사족과 범민의 아이를 구분치 않고, 『소학』과 사서를 교육하도록 한 예조사목65)이 반포되어 제도적 근거가 마련되었으며, 안동에서는 1605년(선조 38년)에 류성용이 「신정십조」66)에서 면단위 서당에 대해 구체적인 규정을 마련했다. 그렇기 때문에 두 서당은 16세기 후반 내지 17세기 초반(1608년 이전)에 건립된 것으로 추정된다.

　대체로 사족을 대상으로 건립된 서당, 정사가 강학과 장수, 자제 교육을 위한 것이었다면 하층민 아동을 대상으로 건립된 서당은 사족 지배 체제의 정착 과정에서 일반민 교화를 위한 것이었다. 그러나 예조사목의 반포로 서당의 교육 과정이 확립된 후 모든 서당에서의 교육은 『소학』을 기본으로 하되, 배우는 사람 수준에 맞추어 사서뿐만 아니라 성리서까지 가르쳤다. 특히 1549년에 낙향한 이황이 계상서당과 도산서당에서 경학과 예학, 심학心學 등의 수준 높은 강학을 진행하면서 도학적 서당의 전형을

---

65) 『명종실록』 권3(명종1년[1546년] 6월 16일).
66) 안동에서 향촌 내 동몽 교육에 대한 구체적 규정은 1605년에 류성용이 제정한 「신정십조」에서 확인된다. 이를 보면 "각 면에서는 학행이 있어 사표가 될 만한 한 사람을 부에 보고하고 훈장에 임명케 해, 면내의 아이들을 모아 『소학』의 이치를 가르치게 한다. 나이 20세에 이르러 장래성이 보이는 자는 훈장이 이름을 적어 향교에 올리고 학적에 기록한다. 훈장이 본받을 바가 있다면 법전에 의거해 부에 보고하고 추천한다. 혹 엄하게 가르치지 않아 학도들이 공부에 태만하면 향벌鄕罰로 논한다"라고 했다(『永嘉誌』 卷5, 「新定十條」 訓童蒙). 서애는 1580[선조 13년]에 상주목사 재임 시 그러한 면훈장을 이미 시행한 경험이 있었다).

보여준 이래 제자들에 의해 도학적 성격의 서당이 설립되었다. 아울러 일반민 자제 중 학업이 우수한 동몽은 훈장이 향교에 추천해 입교할 수 있도록 했다.

〈표 4〉『영가지』 및 『선성지』 소재 서당, 정사 현황

서당명	위치	건립연대	건립자	비고	전거
은곡서당 隱谷書堂	임하 운곡	1537년	(반남)박진 朴璡 (1477~1566)	자제 교육|1645년 중건 [경상북도유형문화재제36호]	묘갈명 (박세채)
월천서당 月川書堂	예안 도산	1540년	(횡성)조대춘趙大春 (1487~1573)	퇴계 문인들|후진 양성|1590년 중수[조목(1524~1606)]	선성지, 월천집月川集
영지정사 靈芝精舍	예안 영지산	1542년	(영천)이현보 (1467~1555)	장수처藏修處	선성지, 농암집聾巖集
부암서당 傅巖書堂	임하 부암	1547년	(의성)김진 (1500~1580)	자제 및 동몽[사족] 교육	연방세고聯芳世稿
서간서당 西澗書堂	부북 서가촌 [현 와룡면 서지리]	16세기 초	(진성)이한 李漢(1499~?)	교양 자제教養子弟	영가지, 와룡면지臥龍面志
계상서당 溪上書堂	예안	1551년	(진성)이황 (1501~1570)	존양처→후진 양성 [한서암寒栖庵]	퇴계집退溪集
한서정사 寒棲精舍	부서 송파리 발리봉	1551년	(안동)권호문 (1532~1587)	퇴계 문인들|송암정사松巖精舍[송암한서재기]	영가지, 송암집松巖集
도산서당 陶山書堂	예안	1560년	(진성)이황 (1501~1570)	후진 양성 |농운정사籠雲精舍| 도산서원(1574) [사액]	퇴계집
가야서당 佳野書堂 [원강서당 遠岡書堂]	부동 가야	1561년	(광산)김언기金彦璣 (1520~1588)	퇴계 문인들|위훈후생爲訓後生|교수생도敎授生徒|임진왜란 이후 문인 진사 권눌權訥(1547~?) 이건 원강遠岡	영가지, 유일재선생실기惟一齋先生實紀, 와룡면지

54

풍악서당 豊岳書堂	풍산현 북1리	1563년	(안동)권경전權景銓 등	장수처|서애 권고로 병산으로 이건|1605년 현 위치로 옮겨 중건|병산서원에 서애 위패 봉안(1614)[사액]	영가지, 서애집
겸암정사 謙嵒精舍	풍산 하회 빈연	1567년	(풍산)류운용 (1539~1601)	장수처|퇴계 문인들 [중요민속문화재 제89호]	영가지, 겸암집謙菴集, 대산집大山集
경광서당 鏡光書堂	부서 금지촌 사천[정광사]	1570년	(안동)권호문, (영월)신내옥辛乃天 (1525~1595) 외	퇴계 문인들|자제면학|정광사定光寺터|경광정사(1662)|[경광서원(1687)]	낙양세고洛陽世稿, 송암집, 영가지
청성정사 靑城精舍	부서 청성산 (풍산 막곡리)	1573년	(안동)권호문	은거장수처|교양자제 퇴계 문인들|청성서원(1612)	영가지, 송암집
원지정사 遠志精舍	부서 하회 옥연	1573년	(풍산)류성용 (1542~1607)	장수처|퇴계 문인들 [중요민속문화재 제85호]	영가지, 서애집
양정서당 養正書堂	와룡산 서쪽 기슭	1576년	(능성)구봉령 (1526~1586)	퇴계 문인들[=용산서당龍山書堂(1612)]|주계서원周溪書院(1694)[사액]	구담집龜潭集, 영가지, 와룡면지
지양서당 芝陽書堂	부북 마암촌	1578년	(청주)정사성 (1545~1607)	퇴계, 김언기 문인|훈회자제訓誨子弟	지헌집, 연보, 매창집梅窓集, 영가지
빈연정사 賓淵精舍	부서 하회	1583년	(풍산)류운용	서재書齋|퇴계 문인들 [중요민속자료 제86호]	겸암집
석문정사 石門精舍	부서 성산	1587년	(의성)김성일	퇴계 문인들|퇴휴처退休處 [경상북도문화재 자료제34호]	영가지, 학봉집鶴峯集
옥연정사 玉淵精舍 [옥연서당 玉淵書堂]	하회 빈연 동	1586년	(풍산)류성용	장수처|퇴계 문인들 [중요민속문화재 제88호]	영가지, 서애집

명칭	위치	연대	인물	비고	출전
옥병서재 玉屛書齋	임하현 낙연 남	1591년	(의성)김성일	퇴계 문인들[현인취자작 사縣人聚資作舍 위몽학이업지소爲蒙 學肄業之所]	학봉집, 영가지
귀담서당 龜潭書堂	일직 귀미촌	16세기 후	(풍산)류경심柳景深 (1516~1571), (순천)장문보張文輔 (1516~1566), (의성)김수일 (1528~1583), (경주)이중립李中立 (1533~1571), (한산)이종선李種善	양몽[1934년 상현정象賢亭]	영가지, 대산집
이계서당 伊溪書堂	부북 이화어촌	16세기 후	(안동)권대기權大器 (1533~1587)	퇴계 문인들[후진 배출]	영가지, 와룡면지
팔우서당 八隅書堂	임하현 검암동남[임연대]	16세기 후	(흥해)배용길 (1556~1609)	학봉 문인	영가지
용천서당 龍泉書堂	용정산 물야촌	1600년	(안동)권복형權復亨 (1587~1671)	권익창 문인(현 사양서당四陽書堂, 1826년에 중건)	영가지, 와룡면지
마곡서당 磨谷書堂	예안 가야	1602년	(파평)윤의정尹義貞 (1525~1612)외	조식 문인[양몽[年少願學 之士]]1634년(현 녹전면 사신리로 이건), 1714년에 중수[마곡서원]	지령집芝嶺集
북애정사 北厓精舍 [계북정사 溪北精舍]	예안 오천	1602년	(광산)김기 (1547~1603)	퇴계, 조목 문인, 후생교회	선성지, 북애집北厓集
장육정사 藏六精舍	임하현 도목촌	1602년	(흥해)배용길	학봉, 서애, 월천 문인 장수처	금역당집琴易 堂集
부용정사 芙蓉精舍	예안 부용산	1604년	(횡성)조목 (1524~1606)	퇴계 문인들, 장수처	선성지, 월천집
도생서당 道生書堂	임하현 본곡리	1604년	(흥해)배용길, 박형朴泂, 안몽주安夢周	학봉, 서애, 월천 문인[양몽[도생서원 (1861)]	금역당집, 영가지
지남서당 芝南書堂	예안 주촌	1606년	(진보)이정회 (1542~1612)	퇴계 문인들[정구]안동부 사 시 토전土田 획급,	와룡면지, 송간집松澗集

				양사養士의 자금으로 함	
와운정사 臥雲精舍	예안 한곡	1608년	(의성)김택룡金澤龍 (1547~1627)	조목 문인, 자제 교육	선성지
봉산서당 鳳山書堂	감천현 진장동 봉대 아래	16세기 말~17세기 초	(경주)이개립李介立 (1546~1625)	학봉문인|우거창립寓居創立 학도분집學徒分集	영가지
양파서당 陽坡書堂	부동 15리 양장[내앞] 솔개리	미상	리인里人	양몽養蒙	영가지
면제서당 面提書堂	일직 서쪽 2리	미상	현인縣人	양몽	영가지
용협서당 龍峽書堂	임하현 나천촌	미상	미상	미상	영가지

1) 16세기 초·중반 재지사족의 교육 실태와 퇴계의 서당 교육

15세기를 거치며 국가 주도하에 전파된 유교 이념이 점차 지방 사회로 확산되었다. 국가에서는 품관을 포함해 일반 백성에게 유교적 사회 질서와 생활양식을 보급해 그들을 교화하고자 했다. 이를 위해 『소학』, 『삼강행실도』, 『주자가례』 등 유교 윤리서의 간행 및 보급을 추진했고, 교육기관의 정비와 교육을 통해 유교 의례를 전파하고 실천하려는 노력이 이어졌다.67) 이것은 당시의 정치적·사회적 상황과도 무관하지 않았다. 16세기 초반에 조광조趙光祖가 등용되면서 1515년(중종 10년)에는 『소학』과 『여씨향약呂氏鄉約』, 『근사록近思錄』 등이 간행·배포되고, 1517년(중종 12년)에는 경상도관찰사 김안국金安國이 각 향교에 『소학』을 권하고, 『이륜행실도언해二倫行實圖諺解』, 『여씨향약언해』, 『정속언해正俗諺解』 등의 언해본을 간행해 보급하고, 향약을 시행하는 등 향촌 사회 전 계층의 교화 사업에 힘썼다. 비록 기묘사화(1519년)로 이들 정책이 지속되지는 않았지만 사림계 지방관과 재지사족에 의해 영남 지역에서는 사족부터 일반민에

67) 정재훈, 앞의 논문, 53~54쪽.

게까지 유교적 실천 윤리가 보급되어갔다.

16세기 초반에 안동과 예안 지역에 건립된 서당과 정사는 5곳이 확인된다. 직장 이한李漢(진성, 1499~?)이 주촌에서 부북 서가촌으로 이거한 후 서간서당을 건립해 자제를 교양했으며68), 상사 김진(의성, 1500~1580년)은 성균관에서 수학하던 중 낙향해 임하현 부암에 터를 잡고 자제와 향리의 사자士子를 교육하기 위해 1547년(명종 2년)에 부암서당을 설립했다. 그는 학령學令을 마련하고 과정科程을 엄격하게 했다고 전하는데, 전년에 반포된 예조사목에 의거해 소학과 사서를 기본으로 했던 것으로 보인다. 실제로 김성일과 그의 형제들 역시 이곳에서 수학하다가 퇴계 문하에 들어가게 되었다.69)

박진(반남, 1477~1566년) 역시 후진 양성을 위해 1537년(중종 32년)에 임하현 운곡에 은곡서당을 건립했다. 당시 이 서당은 존양성찰存養省察의 장소가 아니라 어린 자제 교육을 주된 목적으로 했다. 그리하여 교육 내용도 경학과 성리서 연구 등의 높은 수준이 아니라 사족 지배 체제가 정착되어가던 당시의 사회적 상황에서 주로 유교적 실천 윤리를 담고 있는『소학』과『주자가례』, 사서를 교육한 것으로 보인다. 예안에서는 1539년(중종 34년)에 조대춘趙大春(횡성, 1487~1573년)이 당시 15세이던 아들 월천月川 조목의 독서 장소로 월천서당을 건립했다.70) 1542년(중종 37년)에는 이현보(영천, 1467~1555년)가 영지정사를 건립했다. 영지정사는 이현보가 만년에 자연을 벗해 존양성찰을 위한 장수처로서 예안의 영

---

68)『臥龍面誌』下, 人物,「李漢」. "字浩 叔演弟 生弘治己未 官直長 自周村移居西澗 築書堂 使子孫羣居肄業."
69) 金璉,『青溪先生逸稿』(『聯芳世稿』),「附錄」行狀.
70) 趙穆,『月川集』卷5, 雜著,「重修書室記」. 연보에는 1579년(56세) 월천서당에서 강학을 했는데, 반드시『소학』과『대학』을 처음으로 가르쳤다고 한다. 조목이 월천서당에서 본격적으로 후진을 양성한 것은 이때부터였다(趙穆,『月川集』年譜).

지산 기슭의 폐암자를 허물고 건립한 것이었다.71)

이상 네 서당의 공통점은 타지에서 당대에 해당 고을로 이주해온 사람이 건립했다는 것이다. 그렇기에 이들의 서당 설립은 새로운 터전에서 빠르고 안정적으로 정착하기 위한 수단이었다고도 볼 수 있다. 실제로 이들 반남박씨, 의성김씨, 진보이씨, 횡성조씨는 다음 세대를 거치면서 안동의 대표적인 재지사족으로 자리 잡았다.72)

16세기 중반 이후에 서당과 정사 등의 건립이 본격화되기 이전까지 대부분의 사족은 산사를 중심으로 독서와 강학을 진행했다. 비록 17세기 이래 성리학적 질서가 확립되어 가면서 점차 줄었지만 여전히 많은 선비가 과거 공부와 유람 등을 이유로 산사를 방문했다. 일례로 조목은 퇴계 문하에 들어가기 전부터 인근의 현사사玄沙寺, 광흥사廣興寺, 월란사月瀾寺 등지에서 독서를 했다. 그는 정월에는 현사사에서, 10월에는 광흥사에서, 5월에는 월란사로 거처를 옮겨 독서했다. 그런 가운데 1552년(명종 7년)에는 동문인 권대기, 김팔원金八元, 구봉령, 금난수 등과 함께 현사사에서 계稧를 맺고, 매 계절마다 산사나 촌사村社에서 경전과 역사서 가운데 하나를 통독하기로 했다.73) 이처럼 서당과 정사, 서원이 활발히 건립되기 이전에 사찰은 사족의 주요 독서처이자 강학처로 존치되었는데 그것은 당시 일반적인 것이었다.74)

---

71) 『宣城邑誌』, 題詠, 「靈芝精舍」(李賢輔); 李賢輔, 『聾巖集』 卷1, 「題靈芝精舍」.
72) 조대춘[조식의 부]은 15세기 말에 안동에서 예안 월천으로 이주한 권수익權受益의 딸 안동 권씨와 혼인한 후 처가가 있는 월천으로 예천의 금당에서 이주했기 때문에 재지적 기반이 미약했다. 반면 이현보의 영천이씨 가문은 14세기 말에 예안 분천으로 이주한 후 대대로 사환을 이어오면서 명문 사족으로 성장해 강력한 재지적 기반을 갖고 있었다.
73) 趙穆, 『月川集』 年譜.
74) 유일재惟一齋 김언기金彦璣는 말년에 와룡면 가야리로 복거卜居한 후 인근에 거주하는 후조당後彫堂 김부필金富弼, 백담柏潭 구봉령具鳳齡, 회곡晦谷 권춘란, 송암松巖 권호문權好文, 지산芝山 김팔원金八元 등과 산사에서 서로 머물며 강학하기로 약속하기도 했다(金彦璣, 『惟一齋先生實

그러나 사족 지배 체제가 강화되고, 성리학적 질서가 확립되어 가면서 기존 사찰과 승려의 권리에 대한 침해가 증가했고, 그로 인해 폐사廢寺도 늘어갔다. 서당과 정사 인근의 사찰이나 승려는 관과 사족의 침해를 막기 위해 전직 관료나 명망 있는 사족의 강학, 장수처 건립을 자청하거나 일부는 그곳에 머물며 건물을 관리하기도 했다. 일례로 퇴계가 계상서당을 지을 때 법연法蓮이란 승려에게 일을 맡겼으나 그가 갑자기 죽자 정일淨一이란 승려에게 일을 계승하도록 했다. 또한 도산서당을 건립한 후에는 산승에게 농암정사에 머물며 관리하도록 했다.75) 류성용이 퇴휴처로 삼은 옥연서당의 경우 산승 탄홍이 건축을 주관하고, 건축 비용을 조달했기 때문에 완적재玩寂齋를 지어 승려가 거주하면서 관리하도록 했다.76) 김성일이 퇴휴처로 삼은 석문정사도 승요僧寮를 만들어 승려가 거처하며 관리하도록 했다.77)

인근의 풍기에서는 황준량이 장수처로 금양정사錦陽精舍 설립을 추진하던 중 사망하자 승려 행사行思가 유지를 받들어 완공한 후 그곳을 지켰다. 이에 퇴계는 1566년(명종 21년)에 풍기군수 조완벽에게 금양정사와 그곳을 수호하는 사찰에 대해 특별히 완호完護하도록 요청했다.78) 이외에도 서원이나 서당, 정사 등을 건립할 때 비용을 절감하기 위해 폐사찰터를 활용하는 사례가 많았다.79) 1543년(중종 38년)에 백운동서원이 숙수사宿水寺 터에 건립되고, 이현보의 영지정사는 폐 암자를 허물고 지었으며, 1570년(선조 3년)에 건립된 경광서당은 정광사定光寺 터에 지었다.80)

紀』卷2,「行狀」).
75) 李滉,『退溪集』卷3 詩,「陶山雜詠」;『退溪言行錄』3, 類編,「樂山水」.
76) 柳成龍,『西厓集』卷17 記,「玉淵書堂記」.
77) 金誠一,『鶴峯集』附錄 卷4, 記,「石門精舍重修記」.
78) 黃俊良,『錦溪集』外集, 卷9, 附錄,「錦陽精舍 完護記文」.
79) 이수환,『조선시대 서원의 인적 구성과 경제적 기반』, 영남대학교박사학위논문, 1990, 11~38쪽.

배용길의 도생서당도 수다산의 버려진 사찰을 임시 거처로 사용했다.

퇴계는 백운동서원 사액을 추진한 후 1549년(명종 4년)에 단양군수를 사직하고 낙향해 1550년(명종 5년)에 한서암寒棲庵을 짓고 존양과 성찰의 공간으로 활용했다.81) 그러나 많은 문인이 찾아오고 강마講磨할 공간이 필요해지자 1551년(명종 6년)에 새로 계상서당을 짓게 되었다. 계상서당은 규모가 크지 않았기 때문에 소수 문도에게만 강학 장소로 개방되었다. 이 시기 입문한 제자로는 권대기, 김수일, 김명일, 김성일, 권문해權文海, 남몽오南夢鰲, 이이李珥 등이 있었다. 이처럼 개인의 존양처에서 발전해 소수 문도에게 개방되는 서당의 초기 형태는 퇴계의 제자들에 의해 정사, 서당 등의 이름으로 확산되어갔다.

한편 점차 문하생이 증가하면서 금응훈을 비롯한 문인들이 수차례 서재 건립을 요청한 결과 1557년(명종 12년)에 도산에 서당을 건립하기로 결정한 퇴계는 1559년(명종 14년)에 공사를 시작해 1560년(명종 15년) 11월에 완공했다.82) 이전의 계상서당이 존양성찰의 정사와 유사한 성격이었다면 도산서당은 처음부터 교육 목표를 성학聖學에 두고 건립된 도학적 성격의 서당이었다. 아울러 퇴계는 도산서당 건립을 결정한 후 교재로 사용할 『계몽전의啓蒙傳疑』(1557년) 외에도 『주자서절요朱子書節要』(1558

---

80) 權好文, 『松巖集』 卷5, 「鏡光書堂記」.
81) 정순우, 『서당의 사회사』, 태학사, 2013, 96～110쪽. 이하 퇴계의 계상서당과 도산서당 관련 내용은 이 책을 주로 참고했다.
82) 퇴계는 서당이 건립될 도산 일대를 매우 마음에 들어 했다. 김부륜은 퇴계가 도산을 얻었으나 아직 정사를 짓지 못했을 때 늘 말하기를 "산수가 맑고 기이해 내가 구하는 바에 꼭 맞는다"라고 하며, 자나 깨나 마음이 항상 그 가운데 있다고 했다. 정유일鄭惟一은 퇴계가 만년에 도산에 터를 잡아 집을 짓고 책을 보관했으며, 그 땅이 강가에 있었기 때문에 겨울에는 몹시 추워 지낼 수가 없었고, 봄과 여름에는 언제나 그곳에 거처했다고 했다. 나아가 간혹 꽃피는 아침이나 달 밝은 저녁에는 혼자 쪽배를 타고 물굽이를 따라 오르내리다가 흥이 다하면 돌아왔으며, 경적을 마음속으로 음미하고 계산에 흥을 붙여 퇴연히 세상 생각이 없는 것 같았다고 전하고 있다(李埈, 『退溪言行錄』 3, 類編, 「樂山水」).

년), 『자성편自省篇』(1558년)을 편찬하여 이후의 교육 목표와 방향을 정하였다.

도산서당 건물도 교육 공간으로서의 목적에 충실하게 직접 설계했는데, 암서헌巖棲軒과 완락재玩樂齋는 모두 교육 공간이었다. 도산서당에 붙은 농운정사籠雲精舍83)는 관란헌觀瀾軒과 강학처인 시습재時習齋, 기숙사인 지숙료止宿寮 등을 갖추었다.84) 완공된 도산서당은 향사 기능은 없지만 교육의 지향은 서원과 다르지 않았다. 그는 과거에 대비하는 제술 교육을 엄금하고, 서당 교육의 목표를 성학에 두었다. 그러한 퇴계의 도학적·정사적 서당의 모습은 제자들에게도 영향을 주었다. 실제로 16세기 중·후반 안동과 예안 지역에서는 그의 문인들을 중심으로 수준 높은 강학을 진행하는 서당과 정사의 건립이 활발하게 이루어졌다. 물론 퇴계 이전에도 서당과 정사가 있었지만 교육 수준이나 성격에서는 일정한 차이가 있었다.

퇴계의 서당 교육과 더불어 주목되는 것은 그의 서원 보급 운동이다. 실제로 도산서당 설립을 준비하면서 그는 유생들의 위기지학을 위한 서원 건립과 운영에도 관여했다.85) 퇴계는 조광조의 도학정치론에 공명하고 이를 위해서는 교화가 선행되어야 한다는 것에도 동조하고 있었다. 이에

---

83) 농운정사는 퇴계 문인들이 기숙하며 강학과 장수를 하도록 건립한 건물이었다. 퇴계가 겨울에 거주하지 않을 시에는 산승들로 하여금 지키도록 했다. 이에 대해 김성일은 "처음에 도산서당을 짓고는 종들을 시켜 지키려고 하다가 그들의 깨끗하지 못함을 꺼려 산승을 시켜 따로 농운정사에 살면서 지키게 했다. 그것은 마치 주자가 도사를 시켜 운곡雲谷을 지키게 한 뜻과 같은 것"이라고 전하고 있다(李滉, 『退溪言行錄』 3, 類編, 「樂山水」).
84) 李滉, 『退溪集』 卷3 詩, 「陶山雜詠」.
85) 퇴계가 직간접으로 건립과 운영에 참여한 서원은 소수紹修, 영봉迎鳳, 이산伊山, 임고臨皐, 문헌文憲, 구산丘山, 남계藍溪, 서악西岳, 화암畵岩, 역동서원 등이 있다. 그중 도산서당 건립이 논의되고 본격적으로 건립되던 시기에 관여한 서원은 4곳이다. 퇴계는 영천의 임고서원(1555년)과 강릉의 구산서원[오봉서원伍峯書院](1556년)의 건립에 관여하고, 1559년에 이산서원의 「원규院規」를 제정했으며, 1560년에 영봉서원의 「기문記文」을 썼다.

학문의 연구와 교화, 후진 양성을 통한 향촌 사회 교화를 목적으로 서원 건립 운동을 전개했다. 당시 관학의 쇠퇴와 사풍士風의 부정을 바로잡고 사림의 의귀처로서 서원에 주목한 것이다.86)

16세기에 안동과 예안 지역에 건립된 서원은 퇴계가 직접 설립에 관여한 역동서원(1570년, 우탁禹倬)과 그의 문인들이 주도해 건립한 예안의 도산서원(1574년, 이황), 안동의 여강서원(1575년, 이황)87)과 삼계서원三溪書院(1589년, 권벌權橃) 등이 있었다. 특히 역동서원은 그가 직접 1568년(선조 1년)에 기문記文를 짓고, 1570년(선조 3년)에는 낙성식에 직접 나아가 『심경心經』을 강론했다.88)

안동과 예안 지역 서원은 16세기 후반에 나타나기 시작해 점차 증가하는 추세였다. 이들 서원은 퇴계 문인들 주도하에 생도들을 대상으로 높은 수준의 강회講會를 진행하고, 나아가 지역 여론을 결집하고 향론을 주도하면서 영향력을 키워나갔다. 이로 인해 서원이 건립되기 이전부터 존재한 개인의 존양처인 정사와 동몽을 대상으로 초학 공부를 진행하는 서당과는 성격이 명확히 구분되어 갔다.

이황은 1559년(명종 14년)에 「이산서원 원규」를 지으면서 원생의 강학과 장수에 대한 규정을 구체화했다. 특히 동몽의 출입을 엄하게 규제하고, 원생도 자질을 갖추어야 서원에 오를 수 있도록 했다. 즉 일정한 학문적 성취가 있어야 서원에 들어갈 수 있었기 때문에 기존의 서당이나 정사에서 수학하는 것보다는 수준이 높았음을 짐작할 수 있다. 또한 현실적으로 유생의 과거 준비를 막지 않았지만 뜻을 세우고 도의를 벗어나지 않도

---

86) 정만조, 「조선서원의 성립과정」, 『조선시대 서원연구』, 집문당, 1997, 23~46쪽.
87) 부동 여산촌의 백연사 옛터에 건립했다. 1625년(인조 3년)에 김성일과 류성용을 추가로 배향했다(『永嘉誌』 卷4, 書院).
88) 李滉, 『退溪先生言行通錄』 卷7, 年譜 下.

록 당부함으로써 위기지학을 강조했다.89)

반면 1575년(선조 8년)에 안동에 건립된 여강서원에는 처음부터 동몽재童蒙齋 15칸이 별도로 설치되었다. 남치리가 지은 「여강서원 원규」에서는 원생의 수학과 생활 규범에 대해 「이산서원 원규」를 차용한 것이지만 동몽의 출입을 규제한 조항은 확인되지 않는다.90) 그것은 처음부터 동몽 교육을 고려해 건립되었음을 의미한다. 아울러 별도 건물을 세워 동몽을 교육했다는 점에서 이산서원에 비해 한 단계 발전한 모습이었다.

「이산서원 원규」에서도 언급되고 있듯이 일정한 자질을 갖춘 후에야 입원할 수 있었던 만큼 동몽재는 일종의 예비 교육 기관으로 보인다. 현풍의 도동서원道東書院의 양몽재養蒙齋와 같이 동몽재는 서원 내부가 아니라 외부에 위치했던 것으로 추정된다. 한편 여강서원에는 건립 당시부터 안동을 대표하는 재지사족 대부분이 출입했는데, 이것은 그곳이 유생 교육뿐만 아니라 향촌 운영의 중심처로서도 비중이 커져갔음을 의미한다.

이처럼 안동과 예안 지역에도 서원이 건립되면서 유생 교육의 한 축을 형성했다. 하지만 입원 자격이 엄격하고, 일방一方[예안, 임하현]에 위치했기 때문에 부서府西의 사족이 이용하기에는 거리가 멀었으며, 수용 인원에도 제약이 있었다.91) 반면 서당과 정사는 거주지 인근에 위치했기 때문에

---

89) 李滉, 『退溪集』 卷41, 雜著, 「伊山書院院規」.
90) 權紀, 『永嘉誌』 卷4, 書院, 「廬江書院」. 1605년에 홍수로 무너진 여강서원을 중건할 당시 서원에는 속사屬寺 1곳, 속점屬店 1곳, 노비奴婢 5~60구가 있었다(裵龍吉, 『琴易堂集』 卷3, 書, 「上西厓柳先生[乙巳]」). 임진왜란 직후에 비사액 서원으로서는 경제적 기반이 안정적이었음을 알 수 있다.
91) 〈표 4〉에서와 같이 부서와 풍산현 일대는 일찍부터 사족이 성장했기 때문에 그들에 의해 여강서원 건립 이전부터 서당과 정사 건립이 활발했다. 반면 부동과 임하현 등은 상대적으로 늦어 16세기 말부터 확인된다. 이는 재지사족의 정착과 성장이 상대적으로 늦고, 산악 지형이라 부서에 비해 경제적 기반이 미약했기 때문이다. 그러나 임진왜란 이후부터 피란의 적지로 여겨지면서 이거 사족이 증가하고, 기존 사족의 성장이 두드러지면서 부동, 임하 일대의 서당, 정사 건립이 부서를 압도했다.

접근이 쉬웠으며, 친밀한 소수의 인원이 수학하기에 적합했다. 또한 사족의 자제 교육과 개인의 수양처로서도 여전히 서당과 정사는 필요했다. 그리하여 서원과 더불어 16세기 말 이래 꾸준히 증가했으며, 중심에는 퇴계 문인들과 유력한 재지사족이 있었다.

2) 16세기 후반 퇴계 문인들의 사학 건립 활동

16세기 중반 이래 안동과 예안 지역의 사학 교육을 주도한 것은 퇴계와 그의 문인들이었다. 〈표 4〉에 수록된 35개소의 서당과 정사 중 퇴계와 그의 [직전 및 재전] 문인이 참여한 곳은 25개소였다.

퇴계 이황은 계상서당과 도산서당을 거점으로 후학을 양성했다. 퇴계 문인들인 김언기는 가야서당, 조목은 부용정사, 권호문은 한서정사, 청성정사, 경광서당, 류운용은 겸암정사와 빈연정사, 류성용은 원지정사와 옥연정사, 풍악서당, 신내옥은 경광서당, 구봉령은 양정서당, 김성일은 석문정사와 옥연서재, 권대기는 이계서당, 김기는 북계정사, 김수일은 귀담서당, 이정회는 지남서당 등을 직접 설립했다. 물론 경광서당, 귀담서당 같이 문인이 아닌 여타 사족과 함께 설립하거나, 풍악서당, 월천서당 같이 운영에만 참여하는 경우도 있다.

퇴계와 그의 문인들에 의한 서당과 정사 설립은 그들의 제자에게도 이어졌다. 장육정사·도생서당·팔우서당의 배용길, 봉산서당의 이개립은 김성일의 제자이며, 지양서당의 정사성은 김언기, 용천서당의 권복형은 권익창, 와운정사의 김택룡은 조목의 제자였다. 그러한 흐름은 서원 건립에도 반영되었는데, 17세기 안동 지역에서의 서원 건립은 퇴계 문인들의 제자들이 주도했다.[92]

퇴계에 의해 시작된 도학적 서당과 정사는 이후 서원으로 발전하는 사

---

92) 이병훈, 「조선후기 원사의 건립과 변화 검토」, 『한국서원학보』6, 한국서원학회, 2018.

례가 많았다. 도산서당 뒤편에 퇴계를 제향하는 도산서원을 문인들이 주도해 건립한 후 그의 교학 이념을 이어간 것이 대표적이다. 풍악서당은 1563년(명종 18년)에 생원 권경전 등이 건립했으나 이후 승원되어 병산서원으로 불려오다가 1614년(광해군 6년)에 류성용을 제향했다. 이는 이산서원 운영에 간여한 퇴계를 그의 사후 제향한(1573년) 사례와 유사했다. 이외에도 권호문의 청성정사가 청성서원青城書院(1612년)으로, 구봉령의 양정서당이 주계서원(1612. 1633년에 사액)으로, 배용길의 도생서당이 도생서원道生書院(1861년)으로 승원되었다. 경광서당도 경광서원(1687년)이 되었으나 권호문, 신내옥과 같이 건립에 참여한 사람들이 아닌 배상지(홍해), 이종준李宗準(경주), 장흥효張興孝(안동), 권우權宇(안동) 등 당시 서원 운영에 관여한 인물 내지 가문의 인사를 제향했다.

  퇴계의 계상서당이 존양처로서의 의미가 컸다면 도산서당은 성학 교육을 통한 도학적 인재 양성, 즉 교육을 목적으로 설립된 곳이었다. 퇴계의 서당 교육은 동몽이 아닌 일정한 소양을 갖춘 유생이 대상이었다. 또한 교육 수준도 매우 높았음을 앞서 살펴보았다. 그리고 퇴계가 생존했을 당시 안동과 예안의 서당 설립은 미진했다. 이유는 퇴계가 도산서당에서 본격적으로 후진을 교육하면서 다수의 사족 자제가 그곳에서 수학했기 때문이다. 이외에도 그의 문인들은 퇴계가 직간접적으로 관여하고 있는 인근의 소수서원, 이산서원, 역동서원이나93) 이전부터 활용해오던 산사와 암

---

93) 이수환, 「영남 지역 퇴계 문인들의 서원건립과 교육 활동」, 『국학연구』 18, 한국국학진흥원, 2011, 11~16쪽. 16세기 중반에 소수서원은 전문적인 과업 교육을 통해 많은 급제자를 배출하는 요람으로 인식되면서 많은 사족이 입원하고 있었다. 퇴계 역시 과업이라는 현실을 완전히 무시할 수 없었기 때문에 「이산서원 원규」에서도 과업 교육을 인정하되 너무 치우치지 않도록 당부했다. 그러나 퇴계가 운영하던 도산서당은 철저히 과업 교육을 배제했다. 이와 관련해 1558년에 20살의 나이로 소수서원에서 공부하던 학봉 김성일은 "사람이 이 세상에 태어나 과거 공부만 하고 자신을 위하는 학문을 알지 못한다면 아주 부끄러운 일"이라며 과거의 뜻을 접고 도학을 탐구하기 위해 소수서원을 떠나 도산서당으로 가서 퇴계 문하가 되었다. 이 일화는 16세

자를 찾아서 강학講學 논도論道했기에 서당 건립의 필요성이 적었다.94) 그렇기에 개인 존양처로서 정사를 건립하거나 향리의 자제를 교육하기 위해 여러 사족이 공동으로 서당을 설립하는 경우가 일부 확인될 뿐이다.

　퇴계 사후 건립된 부북 마암촌의 지양서당, 부동 가야의 가야서당, 부서 금지촌의 경광서당은 각기 정사성(청주, 1545~1607년), 김언기(광산, 1520~1588년), 권호문(안동, 1532~1587년) 등이 '훈회자제訓誨子弟', '위훈후생爲訓後生', '자제면학'을 목적으로 설립했다. 한편 김성일은 1591년(선조 24년)에 임하현민들에게 건립비를 마련한 후 낙연에 어린아이들이 글을 배우고 익힐 수 있는 집[옥병서재]을 짓도록 했다.95) 또한 일직현 귀미촌에도 양몽과 강학을 목적으로 류경심(풍산, 1516~1571년), 장문보(순천, 1516~1566년), 김수일(의성, 1528~1583년), 이중립(경주, 1533~1571년), 이종선(한산) 등이 건립한 귀담서당이 있었다. 이상의 서당이 교육 대상으로 한 자제와 동몽은 모두 사족이었다.

　이처럼 자제와 동몽 교육을 목적으로 설립된 서당 외에도 개인의 퇴휴처로 건립된 곳이 있었다. 감천 진장동의 봉산서당은 이개립(경주, 1546~1625년)이 퇴관한 후 우거하기 위해 설립했는데, 배우고자 하는 자들이 분집坌集했다고 전한다. 구봉령(능성, 1526~1586년)이 설립한 와룡산 기슭의 양정서당은 용산서당으로도 불렸는데, 그가 관직에서 잠시 물러나 있을 때 문인들과 함께 그곳에서 성리학을 강론했다.96) 1612년(광해군 4년)에 양정서당이 용산서원으로 승원되는 데 그의 문인들 역할이 컸다.

기의 소수서원의 현실과 성격을 파악할 수 있는 단서를 제공한다.
94) 1552년에 조목이 계를 맺어 계절마다 경전과 사서를 통독한 것처럼 권호문, 김언기, 구봉령, 권춘란, 김팔원 등 문인은 '동지계同志契'를 만들어 매월 초하루면 산사에 모여 함께 논도 강학했다(金彥璣, 『惟一齋先生記』).
95) 金誠一, 『鶴峯集』 年譜, 萬曆19年 辛卯(補). "至是令縣人聚貲作舍 爲蒙學肄業之所."
96) 具鳳齡, 『栢潭集』 年譜.

이외에도 존양과 성찰 공간으로서의 정사가 있었다. 실제로 16세기에 서당과 정사는 성격이 비슷했지만 원래 두 기구는 설립 목적이 다른 것이었다. 즉 강학 공간으로서의 서당과 장수 공간으로서의 정사로 구분해볼 수 있었다. 서원은 이 둘을 합친 것에 제향 기능이 더해졌다. 조목, 류운용·류성용 형제, 김성일, 권호문 등 퇴계의 고제들은 장수처로서 정사를 건립했다. 그리고 소수의 동문, 지인과 자제, 문인에게만 개방했다.

조목의 부용정사, 권호문의 한서정사와 청성정사, 김성일의 석문정사, 류운용의 겸암정사, 빈연정사, 류성용의 원지정사, 옥연정사 등이 이에 해당된다. 반면 김기의 북계정사(1602년), 김택룡의 와운정사(1608년)는 후생교회와 자제 교육을 목적으로 처음부터 설립되었다. 여기서 여전히 정사가 서당과 같이 교육 장소로 기능했음을 확인할 수 있다. 다만 정사는 서당에 비해 보다 폐쇄적이고, 개인적이며 은거적인 성격을 지녔다.

서당에서의 교육은 특별히 정해진 기간이 없었다. 권호문의 아들 권행가權行可(1553~1623년)는 권대기가 지은 이계서당에서 3년 이상 독서했는데, 권호문은 한유韓愈의 글을 익히고, 『맹자』를 지침으로 삼아 촌각을 아껴 꾸준히 탐구하라고 조언했다.97) 서당에서 사서와 시문 등을 익혔음을 알 수 있다. 한편 권득개權得凱는 청성정사에서 20년 동안 독서하며 권호문에게 수학했는데, 1573년(선조 6년)에는 권순權詢, 권행가와 함께 『주역』을 배웠다.98) 이외에도 권호문은 『심경』 강회를 청성정사에서 개최하기도 했다. 이처럼 퇴계 문인들은 그들이 건립한 서당, 정사에서 사족들의 자제에게 경학을 가르쳤으며, 학생은 새로운 스승을 찾아다니며 다양한 학설을 익힌 것으로 보인다.

퇴계는 생전에 『소학』, 『근사록』, 『심경』 중 초학자가 처음 공부하는

---

97) 權好文, 『松巖集』 卷2, 詩, 「寄行可讀書伊川學堂」.
98) 權好文, 『松巖續集』 卷3, 詩, 「寄權秀才得凱讀書城山」; 『松巖先生別集』, 年譜.

자리에서는 『심경』보다 더 절실한 것은 없다고 중요성을 강조했다. 그는 세상을 떠나기 몇 달 전까지도 제자들에게 『심경』을 강의했다. 그러한 공부법은 그의 문인들에게도 이어졌다. 권호문이 『심경』 강회를 청성정사에서 열고, 조목 역시 역동서원에서 1594년(선조 27년)에 『심경』을 강학했다. 이처럼 16세기에 안동과 예안 지역 서당의 건립 주체는 이황 내지 그의 문인들로서 그만큼 수준 높은 교육이 진행되었음을 짐작케 한다. 그 결과 이들 서당 중 일부는 후일 서원으로 발전하기도 했다.

한편 당시 서당과 정사의 건립 주체는 안동을 대표하는 가문들로 그들은 서당과 정사를 통해 그들의 안동부 내 재지적 기반을 확대, 강화해나갔다. 16세기에 각 가문이 설립하거나 운영에 관여한 서당(정사)을 보면 안동권씨 6개소, 의성김씨, 풍산류씨 5개소, 진성이씨 4개소, 홍해배씨 3개소, 광산김씨와 횡성조씨 그리고 경주이씨 각 2개소, 반남박씨, 능성구씨, 영천이씨, 청주정씨, 순천장씨, 영월신씨, 한산이씨, 파평윤씨 각 1개소로 확인된다.

16세기 안동과 예안 지역은 이들 가문이 주도하는 가운데 중심에는 안동권씨, 의성김씨, 풍산류씨, 진성이씨, 홍해배씨, 광산김씨, 횡성조씨가 있었다. 이들 가문 인사들의 서당 건립 활동을 구체적으로 살펴보면 그러한 점이 보다 분명해질 것이다.

5   16세기 안동 지역 서당의 건립 사례

1) 안동권씨 권호문의 정사, 서당 건립 활동 — 한서정사, 청성정사, 경광서당

퇴계가 낙향해 본격적으로 강학한 이래 그의 문인들 중 가장 먼저 서당, 정사를 지은 인물은 권호문權好文이었다. 그는 1551년(명종 6년)에 부서 송방리에 한서정사(=한서재寒栖齋)를, 1573년(선조 6년)에 청성산 아래 청성정사를 지었다. 또한 1568년(선조 1년)에는 신내옥, 남형, 권덕윤 등과 함께 경광서당을 설립했다. 그가 남긴 이들 서당 관련 기록은 당시 퇴계 문인들의 서당관을 대변한다.

권호문은 어려서부터 부친 안주교수安州敎授 권육權稑를 따라 산사나 암자에서 공부했는데, 1549년(명종 4년)에 부친이 별세한 후 퇴계에게 직접 수학했다. 초년에서 만년에 이르도록 권호문은 성산城山 백운암白雲庵을 주된 독서 공간으로 이용했다. 이를 줄여 '성산암城山庵'이라고 했다. 백운암은 뒤로는 청성산이 있고 앞에는 낙동강이 흐르는, 배산임수의 조건을 잘 갖춘 산수가 뛰어난 곳이었다.

권호문은 1561년(명종 16년)에 진사시에 입격했지만 1564년(명종 19년)에 모친상을 당한 후 과거를 단념했다. 동문으로 교분이 두터웠던 김성일과 류성용이 사환한 것과는 달리 청성산 아래 은거해 도학을 공부하며 후학을 양성했다. 그러한 권호문을 퇴계는 "유자의 기상과 맑고 깨끗한 산림의 기풍이 있다"고 평했다.99) 류성룡도 그를 "강호고사江湖高士"라고 불렀으며, 김성일은 "사람으로 하여금 공경한 마음이 들게 한다"고 평했다.100) 권호문의 은거 처사적 삶은 젊은 시절에 이미 형성되고 있었다. 1551년(명종 6년)에 '한서정사'를 설립하고,101) 지은 「송암한서재기松巖寒栖齋記」를 보면 약관의 나이에 장래에 대한 포부 내지 학문하는 자세가 잘 드러나고 있다.

---

99) 權好文, 『松巖集』 附錄, 行狀(洪汝河); 碣文(金應祖). "退陶先生嘗稱其有儒者氣像 又稱其有瀟麗山林之風".
100) 張興孝, 『敬堂集』 卷1, 雜著, 錄, 「鶴峯西厓兩先生言行錄」.
101) 『永嘉誌』 卷4, 書堂, 「寒栖精舍」. 한서정사는 권호문의 호를 따서 '송암정사'라고 부르기도 했다.

안동[영가永嘉]은 본래 우리 시조의 봉함을 받은 곳으로, 산천의 형세는 영남의 으뜸이다. 관아 서쪽 10리 남짓한 곳에 마을이 하나 있는데, 이름을 송방리라고 한다. 선대로부터 그곳에 터를 잡고 살아온 지가 100여년이나 되었다. 마침 금년 가을, 글을 다듬는 여가에 앞쪽 시냇가를 거닐다가 우연히 소나무 밑 아슬아슬한 바위 모서리에 앉아서 멀리 바라보니 충분히 깃들어 살만 했다. 이에 산 능선을 깎아 초가를 지었다. 한 칸은 따뜻한 방으로 하고, 두 칸은 시원한 마루로 만들었다. 동쪽으로는 모래사장과 시냇물을 누르고 있고, 서쪽으로는 학가산이 읍을 하는 듯이 구부러져 있다. 남쪽은 청성산이 솟아 있고, 북쪽은 천등산이 감싸고 있다. 유유자적하며 물상物象을 찾아다니노라면 들판의 푸른 풀, 긴 제방의 파란 버들, 봄날의 안개와 가을의 비, 아침 햇살과 저녁노을 등이 사시사철의 아름다운 흥취를 제공해주며 세속의 티끌 묻은 생각을 씻어 준다. [중략] 더구나 경륜할 능력이 있는 사람과 천자를 보필할 수 있을 만큼 현명한 사람도 물러남이 옳으면 물러나서 세상에 쓰임을 즐기지 않는데, 하물며 가죽나무같이 쓸모없는 재주와 어리석은 재질로 어찌 감히 박옥과 같이 팔리기를 구하고, 난초와 같이 향내 나기를 바라겠는가? 이런 까닭에 궁벽한 곳에 처해 배고픔을 즐기며 도서圖書 속에서 명현의 자취를 궁구하고, 고금의 역사에서 사물을 추론하는 것이니, 걱정하는 바가 나 때문이 아니며 즐기는 바가 세상 때문이 아니다. 이로써 나의 수심을 너그럽게 하고, 이로써 나의 뜻을 닦으며, 이로써 알아줌을 받지 않아도 고민하지 않고, 이로써 넉넉하게 노닐다가 애오라지 생을 마친다면 송암 한서재의 즐거움이 이에 족하게 될 것이다.

가정 신해년[1551년] 12월 일에 암주巖主가 쓴다. 102)

위 기문에서 그는 벼슬하는 것보다 자연을 벗하고 도를 성취하는 것이 낫다고 말한다. 퇴계와 농암[이현보] 같은 이들도 처사의 세계를 추구하는

---

102) 權好文, 『松巖先生續集』 卷6, 記, 「松巖寒栖齋記」.

것을 보면서 출사가 문제가 아니라 도체道體에 이르지 못한 수양과 학문의 미흡함에 대해 근심하고, 자연과의 합일을 통해 객관적 가치의 체득을 즐기고자 했다. 실제로 그는 김부필, 이숙량李叔樑과 함께 퇴계 문하의 3대 처사로 불렸다.103) 이들의 학문과 삶은 지역의 후배 학자들에게 큰 영향을 미쳤는데, 류성용은 권호문 사후에 그를 기리며 "평생의 일을 평론해보니 백세의 스승이라 할 만하다"고 칭송했다.

그는 선비가 학문을 하려면 먼저 마음을 길러야 하고 마음을 기르는 요체는 조용한 곳에서 공을 드리는 것이 가장 절실하다고 보았다. 그래서 예로부터 뜻이 있는 자는 혹 산방에서 독서하고 혹 임천에서 궁리해 성현의 길을 따라 일용 사업을 짓는 것이라고 했다.104) 권호문이 한서정사와 청성정사를 지은 것은 바로 조용한 곳에서 위기지학에 전념하기 위해서였다. 하지만 권호문은 그 공간을 자기만의 것으로 삼지 않고 가문과 사족 자제의 교육과 독서처로 개방했다.

권호문은 1566년(명종 21년)에 탈상한 후 본격적으로 도학 공부에 전념했다.105) 1568년(선조 1년)에는 구봉령과 '인심도심설人心道心說'을 논하고, 1569년(선조 2년)에는 김부필, 김언기와 함께 가야서당에서 『근사록』을 논했고, 1570년(선조 3년)에는 『심경』을 읽고 의문 나는 대목을 퇴계에게 질의했다. 1575년(선조 8년)에는 퇴계가 엮은 『이학통록理學通錄』을 교정하고 발문을 짓는 등 새로운 단계로 진전되어 나갔다. 1567~

---

103) 김윤제(외), 『안동의 선비문화』, 아세아문화사, 1997, 214쪽.
104) 權好文, 『松巖集』 卷5, 記, 「鏡光書堂記」.
105) 퇴계 이래 그 문인들은 학자가 읽어야 할 책의 순서로 체용이 구비된 『소학』을 최우선으로 했으며, 사서 경전을 기본으로 했다. 성리학 이론서로 초학자는 존심양성存心養性의 수양을 언급한 『심경』과 의리가 정미精微한 『근사록』을 다음으로 했다. 퇴계는 『근사록』의 경우 초학자가 이해하기 어려우므로 먼저 가르치지 않고, 재주에 따라 가르칠 것을 당부했다(『退溪先生言行錄』 卷1, 類篇, 「讀書」[金晬]). 나아가 이들은 삶을 통해 이를 실현하고자 애썼다. 그러한 학풍과 학습법은 퇴계와 그의 문인들이 설립한 서원, 서당 등에서도 통용되었다.

1568년 사이에는 한서재 등에서 하연河淵, 권기權紀, 박경중朴敬中, 진종주秦宗周, 금관조琴官操 등을 교육했다.106) 그러나 송암이 본격적으로 후학을 양성한 것은 1573년(선조 6년)에 청성정사를 건립한 후부터였다.

청성정사는 권호문이 은거해 구도하는 장수처로 설립되었다. 한편으로는 인지당仁智堂과 무민재无憫齋을 세워 후학이 위기지학에 힘써 정진하기를 바랐다.107) 즉 뜻있는 선비들이 머물면서 황폐해진 학교를 대신해 오랫동안 여러 선비가 시를 짓고 예를 논하며, 멀리서부터 친구들이 찾아와서 즐겁게 지내는 곳이길 바랐다.108) 실제로 권호문의 아들 권행가와 일족 권득개, 권순이 함께 그곳에 머물며 『주역』을 익혔으며, 하연은 『가례』를 익혔다. 1579년(선조 12년)에는 강학의 폭을 확대해 류성용의 요청으로 병산서당에서 강회를 실시했다. 이후 1581년(선조 14년)에 여강서원과 경광서당에서 강학하고, 1583년(선조 16년)에는 재차 여강서원에서 강회가 있었으며, 1585년(선조 18년) 봄에는 청성정사에서 『심경』 강회를 개최하고, 가을에는 경광서당에서 생도들에게 강회를 열었다. 이처럼 그는 퇴계 이후에 안동 지역의 문풍 진작에 크게 기여했다.109)

강회와 관련해 주목되는 것은 1580년(선조 13년) 9월의 도산서원 강회이다. 동문이 회합한 것을 기회로 조목이 주관해 생도들을 위한 강회가 열렸다. 이를 계기로 도산서원에는 매달 삭망에 동문과 유생이 모여 상덕

---

106) 權好文, 『松巖別集』, 年譜.
107) 權好文, 『松巖別集』, 年譜. 송암은 송조명현宋朝名賢의 초상화를 책상 위에 그려두고 아래에 찬撰을 붙여 아침 일찍 일어나서는 앞에 단정히 꿇어앉아 이 찬을 한번 읽는 것으로 하루를 시작했다. 또한 집에 거처할 때는 항상 정해진 자리에 앉거나 누웠으며, 음식을 차릴 때는 반드시 가지런히 놓게 했고, 침소에서는 낡은 침상 하나만 놓여있을 정도로 검소했다(『송암집』부록, 「행장」). 이는 퇴계가 바깥을 바르게 함으로써 안을 곧게 한다는 관점에서 '경敬' 공부의 첫 단계인 '정제엄숙整齊嚴肅'을 강조한 것을 따른 것이었다(李滉, 『退溪集』 卷29, 「答金而精」).
108) 權好文, 『松巖先生續集』 卷6, 文, 「靑城精舍上樑文」.
109) 權好文, 『松巖別集』, 年譜.

사尙德祠에 알묘한 후에 강회를 갖기로 하고, 이를 「원규」로 삼았다.110) 당시 도산서원의 강회는 구체적 내용은 알 수 없지만 당시 관행이던 서당을 통한 강학과 다르지 않았던 것처럼 보인다. 이는 1575년(선조 8년) 1월에 동문인 물암勿庵 김륭金隆(1549~1594년)이 청성정사를 방문해 『중용』의 「태극서명太極西銘」과 도산에서 강의한 것을 강론했다는 점에서도 짐작할 수 있다.111) 이처럼 퇴계 문인들은 강회를 통해 학적 연대를 강화하고, 『퇴계문집』 간행 같은 현안을 논의했던 것으로 보인다. 나아가 17세기에는 서원의 사회적·정치적 기능이 확대, 강화되면서 강회가 사회적·정치적 현안을 논의하고 향론을 결집하는 수단으로 활용되기도 했다.112)

권호문은 개인의 존양처로서의 정사 건립뿐만 아니라 후학 양성을 위한 서당 건립에도 참여했다. 1569년(선조 2년)에 인근의 남형南衡, 권덕윤權德潤(1528~1606년), 동문 신내옥辛乃沃(1525~1595년) 등과 함께 후학 양성 장소를 물색해 정광사지定光寺址로 정하고, 당시 사족의 광범위한 후원으로 경광서당을 건립했다.113) 권호문이 1572년(선조 5년)에 지은 「경광서당기鏡光書堂記」에서는 '경광'의 의미를 주자가 "고요한 물에는 물결이 일지 않고, 밝은 거울에는 티끌이 없다止水不波 明鏡無塵"라고 한 것에서 유래했다고 했다. 마음의 본체를 깨끗이 유지하는 공부의 중요성을 설파한 것이다.

권호문은 입교立敎의 조목과 진학進學의 차례에 대해 주자의 「백록동

---

110) 趙穆, 『月川集』, 年譜.
111) 김웅(함창)은 퇴계의 제자로 1569년(선조 2년)에 후학 양성을 위해 봉화군 적덕리에 두릉서당杜陵書堂을 건립했다.
112) 정순우, 「퇴계의 강학 활동과 도산강회」, 『도산서원과 지식의 탄생』, 글항아리, 2012.
113) 權好文, 『松巖集』 卷2, 詩, 「題鏡光書堂勸文後」; 「會話鏡光書堂次辛上舍」; 卷5, 記, 「鏡光書堂記」.

규白鹿洞規」를 벽에 걸고 아침저녁으로 살피고 스스로 체인體認하도록 했다. 이처럼 「백록동규」를 기본 당규堂規로 삼았는데, 이는 퇴계가 「이산서원 원규」를 제정하면서 「백록동규」를 모범으로 한 것과 같은 것이었다. 당시 이산서원은 퇴계를 제향하기 전이었으며, 경광서당도 교학의 목표가 위기지학에 있었기 때문에 이산서원과 경광서당은 성격상 별반 차이가 없었다. 권호문은 「백록동규」에 따라 흔들림 없이 정진한다면 심학心學의 요체를 깨달아 도에 이르는 자가 경광서당에서 나올 것이라고 했다. 그러한 도학적 서당의 모습은 이전 퇴계의 도산서당과 성격이 같은 것이었다.

경광서당의 운영에 대해 알려진 것은 없지만 다음 시에서 몇 가지를 유추할 수 있다.

우리는 평소 사문의 학술을 좋아해	吾儕雅好斯文術
가숙에서 가르치고 당상까지 흥기시켰네.	家塾之餘起黨序
잔잔한 냇물에는 흰 비단 펼친 듯한 안개	素練平川烟一帶
긴 언덕에는 천 그루 빽빽한 푸른 대나무	琴籠長岸樹千章
책 보관은 이공택을 본받아야 하고	藏書宜效李公澤
시구 찾음에 어찌 진이상을 따르랴.	覓句何追陳履常
서당의 여러 시인에게 말하노니	說與齋中諸韻士
십 년 넘은 공부를 게을리 하지 마시게.	莫憚功業十年强114)

경광서당은 폐사지에 짓기로 한 후 여러 집안에서 보내온 재목을 모아 설립되었다. 경제적 기반이 넉넉하지 않았다. 그럼에도 그곳에서 10년 이상 경학과 시문을 수학한 후 국학에 진학하는 이들이 다수 있었던 것으로 보인다. 그러나 넉넉지 못한 재정으로 인해 강학에 필요한 장서藏書를 구

114) 權好文, 『松巖集』 卷2, 詩, 「題鏡光書堂示諸公」.

비하는 것은 유생들의 기증에 의지하고 있었다.

권호문이 사망한 후 경광서당은 경당敬堂 장흥효張興孝(1564~1633년) 등이 운영했다. 장흥효는 김성일, 류성용, 정구 문인으로 알려져 있다. 그러나 그가 권호문의 거주지 인근에 살았고, 송암의 사망 시기와 장흥효가 학업에 매진하던 시기가 같다는 점에서 권호문에게도 직간접적으로 영향을 받았음을 알 수 있다. 장흥효는 가끔 경광서당에 들러 당일 내지 2~3일씩 머물며 생도들의 학습 정도를 점검했다. 생도들은 그가 서당에 나오지 않을 때는 자택으로 방문해 익힌 것을 강講하고, 문답했다.115)

이외에도 안동권씨 가문에서 설립한 서당으로 이계서당伊溪書堂과 용천서당龍泉書堂이 확인된다. 이계서당을 설립한 인재忍齋 권대기權大器(1533~1587년)는 일찍이 퇴계 문하에서 수학한 후 1552년(명종 7년)에 사마시에 합격하고, 성균관에 들어가 수학했다. 와룡면 이계리에 거주하면서 인근의 조목, 구봉령, 금난수 등과 계를 맺고 경사를 강론했다. 40세(1572년)가 지나자 과거를 그만둔 후 이계서당을 짓고 후학을 훈회訓誨했는데, 원근에서 배우고자 하는 사람이 분집해 많은 제자를 배출했다.116) 용천서당을 설립한 낙고洛皐 권복형權復亨(1587~1671년)은 호양湖陽 권익창權益昌 문인이었다. 1600년(선조 33년)에 와룡면 물야리의 용정산 동쪽에 용천서당을 건립했다. 당시 처음 선배들을 따라 그곳에 왔다가 경관에 취해 당堂을 짓게 되었는데, 이후 선배들과 종유從遊했다고 전한다.117)

---

115) 張興孝, 『敬堂日記』, 1619년(광해군 11) 4월 11일; 10월 29일 등.
116) 權大器, 『忍齋先生實記』下, 附錄, 「行狀」; 『永嘉誌』卷4, 書堂, 「伊溪書堂」.
117) 『臥龍面誌』(下)卷3, 書堂, 「泗陽書堂」.

2) 풍산류씨 류운용과 류성용 형제의 정사 건립 — 겸암정사, 빈연정사, 원지정사, 옥연서당

겸암 류운용과 서애 류성용 형제는 퇴계 문인으로서 형 류운용은 음직으로 인동현감을 거쳐 풍기군수를 지냈다. 동생 류성용은 문과에 급제한 후 내외의 요직을 거쳐 영의정을 역임했다. 하회의 풍산류씨는 이들 형제 대를 거치면서 문호가 크게 확장되었다. 또한 하회를 중심으로 주변에 정사를 건립해 후진 양성과 장수처로 삼았다.

류운룡은 29세 되던 1567년(명종 22년)에 하회마을 건너 부용대 기슭[광덕리]에 겸암정사를 지어 제자를 양성하고, 45세 때인 1583년(선조 16년)에 하회 앞 강가에 빈연정사賓淵精舍를 세워 서재로 사용했다.118) 류성룡은 1578년(선조 11년)에 하회 북쪽에 5칸의 원지정사를 건립했다. 이후 1586년(선조 19년)에 옥연서당(옥연정사)119)을 지었는데, 거기서 만년을 보내며 왕성한 저술 활동을 했다.

특히 겸암정사는 뛰어난 승경으로 유명했다. 권호문은 그곳 경치를 시로 읊으며 그곳을 선점해 장수처로 삼은 류운용을 부러워했다.120) 대산 이상정은 "무릇 하회가 안동의 승경을 독점했는데, 이 정자가 또 하회의 아름다움을 독차지했다"고 평했다.121) 퇴계가 직접 '겸암정'이라는 편액을 써주었다고 전하는데, 류운용은 만년에 이곳과 부근의 옥연정사를 오

---

118) 柳雲龍, 『謙菴年譜』 卷1, 萬曆 22年(1594).
119) 『영가지』에는 옥연정사로 기재되어 있지만 1586년 서애가 직접 쓴 기문에는 옥연서당으로 되어 있다. 이것은 서당과 정사의 성격이 불분명해 편집 과정에서 실수한 것으로는 보이지 않는다. 1607년에 서애가 사망한 후 권기가 읍지를 편집하면서 옥연서당의 성격을 서애가 존양 성찰했던 장수처로 보고 개정한 것으로 보인다. 이는 17세기에 들어 강학이라는 공통점이 있지만 보다 도학적이고, 개인적이며, 소수의 인사에게만 개방된 곳을 정사로 보고, 초학적이고 보편적이며 다수에게 개방된 곳을 서당으로 보는 인식이 강화된 결과로 보인다.
120) 權好文, 『松巖集』 卷2, 詩, 「次呈柳而得江上書齋」; 『松巖集』 續集 卷3, 詩, 「次題柳應見書舍」.
121) 李象靖, 『大山集』 卷44, 記, 「謙菴亭記(丁丑, 1757)」.

가며 동생 류성용과 함께 박문약례博文約禮의 학문을 도야했다.

'겸암'이라는 뜻은 『주역』, 「겸괘상謙卦象」에 "지극히 겸손한 군자는 낮춤으로써 자처한다"한 구절에서 따온 것으로, 이상정은 겸암정사가 두 암벽 사이에 위치해 대개 있으면서도 없는 듯하고, 안으로는 풍부하면서도 겉으로는 검소한 것이 모두 겸괘의 뜻에 가깝다고 했다. 아울러 그러한 겸암정사 모습이 그곳 주인인 류운용과도 닮았다고 보았다.

밝은 방 하나에 좌우로 도서가 가득한데, 만물을 하나의 이치로 함유하고 태극을 마음에 수렴해 학문이 이미 성취되었는데도 오히려 미치지 못한 듯이 하고 도가 이미 밝아졌는데도 마치 보지 못한 듯이 했다. 다른 사람 처지에서 보자면 우뚝이 높고 빛나는데도 선생은 오히려 부족한 듯이 스스로 작게 여기어 날마다 부지런히 힘쓰고 노력했으며 또한 이로써 몸을 마치었다(「겸암정기」).

류성용은 부친상으로 낙향한 이후 탈상한 후에도 향리에 남아 관직에 복귀하지 않았다. 서애는 일찍이 관직에 뜻이 없었으나 부형의 명으로 과거를 보아 급제했다. 그래서 관직을 맡기 전까지 마음대로 하고 싶은 공부를 하려고 했는데, 퇴계도 그런 말을 듣고 얽매이게 될 세상일에서 벗어나려는 뜻이 가상하다고 칭찬했다.122) 서애는 부친상을 계기로 하고 싶은 공부를 하고자 1578년(선조 11년)에 원지정사를 지었다. 정사의 동쪽은 마루堂고, 서쪽은 서재였다. 서재에서 북쪽으로 누樓를 만들어 강물을 굽어볼 수 있도록 했다. 집을 다 짓고 '원지'라고 명명했다. 그는 원지라고 명명한 이유에 대해 이렇게 말하고 있다.

의가에서는 원지로써 오로지 심기를 다스려 능히 정신의 혼탁과 번민을 헤쳐

---

122) 柳成龍, 『西厓先生年譜』 卷1, 嘉靖 45年 丙寅 10월.

풀어 준다. 내가 여러 해 전부터 심기가 맑지 못함을 우려해 매양 약을 쓸 때마다 곧 원지를 사용하니, 그 공을 내 감히 잊고 돌아보지 않을 수 없기 때문이기도 하거니와, 유추해서 뜻을 넓혀 보면 마음을 다스린다는 말은 우리 선비들도 늘 하는 말이다. 이 두 가지 뜻만 하더라도 서재 이름으로 삼을 만하다. [중략] 원遠은 가까운 것이 쌓여져 나아간 것이요, 지志는 마음이 방향을 잡은 것이다. 상하 사방의 가없는 공간으로 보나, 아득한 옛날로부터 흘러온 지금까지의 시간으로 보나, 저 우주란 참으로 멀고 멀다. 내 마음이 방향을 얻었고, 방향을 얻은 까닭에 완상玩賞하는 것이며, 완상함으로써 즐거워하는 것이 있으며, 즐거워함으로써 자연 잊는 것이 있다. 잊는 것이란 무엇인가? 그것은 집의 협소함을 잊어버린다는 뜻이다. 연명淵明의 시에 '마음이 세속과 머니 사는 곳이 절로 한가롭다[心遠地自偏]'고 했으니, 이 사람이 아니었다면 내 뉘와 더불어 취향을 같이할꼬.123)

서애는 부친상을 당한 후의 상실감과 당시 동서분당 등으로 혼란스러웠던 조정에서 벗어나 조용히 자연을 벗해 독서하기 위한 공간으로 원지정사를 지었던 것이다. 하지만 그의 희망대로 조용한 삶을 살기는 어려웠다. 원지정사를 지은 직후 다시 국왕의 부름을 받고 사환되었다. 이후 국왕의 총애로 거듭 청요직을 거쳐 승진하는 틈틈이 휴가를 내 노모를 뵙기 위해 귀향했다. 그때마다 머문 원지정사는 찾아오는 방문객으로 인해 더 이상 조용히 은거할 수 있는 곳이 아니었다. 이처럼 번잡함을 피해 조용히 지내고 싶었던 그의 심정이 1586년(선조 19년)에 옥연서당을 건립 후 지은 기문에서 잘 드러나고 있다.

내가 원지정사를 지은 뒤에도 한이 되는 것은 촌락이 멀지 않아 그윽한 맛을

---

123) 柳成龍, 『西厓集』 卷17, 記, 「遠志精舍記」.

누리기가 만족스럽지 못하여서다. [중략] [옥연서당] 자리가 인가와 그리 멀리 떨어지지는 않았으나, 앞에는 깊은 못이 막혀 있어 사람이 오고자 해도 배가 아니면 통할 수 없다. 그래서 배를 북쪽 강기슭에 매어 두면 객이 와서 모래밭에 앉아 소리쳐 부르다가 오래도록 응답이 없으면 스스로 돌아가게 되니, 이것 또한 세상을 피해 그윽이 들어앉아 사는 일에 일조가 된다.

옥연서당이 건립된 터는 원지정사를 짓기 이전부터 서애가 마음에 새겨둔 장소였다. 그는 그곳에서 만년을 보내고자 했다. 실제로도 1599년(선조 32년)에 퇴직한 후 낙향해 1604년(선조 37년)까지 그곳에 머물렀다. 그러나 터를 봤던 당시에는 가세가 좋지 않아 계획을 세울 수 없었다. 다행히 산승 탄홍誕弘이 건축을 주관하고, 속백粟帛으로 물자를 대겠다고 자천해서 1576년(선조 9년)부터 1586년(선조 19년)까지 10년 만에 완성되었다. 서애는 각 건물을 직접 명명하고, 의미를 강조하며 이곳에서의 삶에 대한 방향을 나타냈다. 즉 옥연서당은 긴장의 연속이던 정치권을 벗어나 보통 선비로서의 삶을 즐기고자 했던 퇴휴처였다.

집 구조는 당이 2칸인데 '감록瞰綠'이라고 부르니, 왕희지王羲之의 '우러러 푸른 하늘가를 보며, 아래로 푸른 물 구비를 내려다 본다仰眺碧天際 俯瞰綠水隈'는 말에서 취했다. 당의 동쪽에는 한가할 때 거처하는 집이 2칸 있는데, 이름을 '세심재洗心齋'라고 지었으니, 『주역』, 「계사繫辭」편의 말뜻을 취한 것으로 혹 여기에 종사해 만에 하나라도 이루고자 함이다. 또 재실 북쪽에 집이 3칸인데 지키는 스님을 두고 불가의 학설을 취해 '완적재玩寂齋'라고 했다. 동쪽에 집 2칸을 지어 찾아오는 친구를 대비한다는 뜻으로 '원락재遠樂齋'라고 했으니, 『논어』의 "먼 곳으로부터 찾아오니 즐겁지 아니한가有朋自遠方來 不亦樂乎"라는 뜻에서 취했다. 이 원락재에서 서쪽으로 낸 조그만 마루 2칸을 만들어 세심재와 더불어 나란히 앉혔는데, '애오헌愛吾軒'라고 이름하니, 도연명의 시에 '나 또한 내 오두막을 사랑함이라吾亦愛吾廬'라는 말에서 취했다. 모두 합해서 '옥연서당玉淵書堂'이라는 편액을 내걸었다. 대개 강물이 흐르다가 이곳에 이르러서는 깊은 못이 되었는데, 물빛이 깨끗하고 맑아 옥과 같은 까닭에 이름 했다. [중략] 지금 다행히 임금의 은혜를 입고 관직에서 물러나 고향으로 돌아오니, 벼슬살이의 영화는 귓가에 지나가는 새소리가 되었고, 아름다운 한 언덕 한 골짜기의 즐거움이 깊어 간다. 나의 집이 마침 이뤄졌으므로 장차 문을 걸고 찾아오는 이도 사양한 채 깊이 방 안에 들어박혀 지내며, 산의 계곡 사이를 이리저리 거닐기도 하고 도서는 즐겨 찾아 읽을 정도로 만족하며, 성긴 밥이 맛있는 고기의 기름짐을 잊기에 족하다. 좋은 때 아름다운 경치에 정겨운 벗들이 우연히 모여들면 그들과 함께 굽이진 계곡을 거슬러 찾기도 하며 암석에 앉아 푸른 하늘을 바라보고 흰 구름을 읊기도 하면서 호탕히 놀아 물고기와 새들까지 모두 흠뻑 즐겁게 하면서 시름을 잊으리라.124)

류성용은 위 기문을 작성하면서 스스로를 서애거사라고 부르며 평범한 삶에 대한 의지를 강하게 드러냈다. 그는 문을 걸어 잠그고 방문자를 사양한 채 독서하며, 친한 벗과 유식遊息하기를 바랐다. 실제로 그는 1599년(선조 32년)에 낙향한 후 한동안 옥연서당에 칩거했다. 당시 경상감사 한준겸韓浚謙의 방문 요청도 사양하면서 일체의 인사를 만나지 않았다. 한편으론 옥연서당 주변에 소나무와 대나무를 심고, 노모를 돌보면서 사직 이후 파직 등의 조처에 대한 불편한 심정을 다스렸다. 이후 1600년(선조 33년)에는 『퇴계선생연보退溪先生年譜』를 찬하고, 1602년(선조 35년)에는 『상례고증喪禮考證』, 『영모록永慕錄』, 『신종록愼終錄』을, 이듬해에는 『징비록懲毖錄』과 『군문등록軍門謄錄』을 저술했다. 서애는 왕성한 저술 활동

---

124) 柳成龍, 『西厓集』 卷17, 記, 「玉淵書堂記」.

을 마무리한 후인 1604년(선조 37년)에 옥연서당을 나와 하회로 돌아갔다. 대부분의 시간을 관직에 있던 류성용은 정계를 벗어나 향촌 사회에 은거해 조용히 살고자 했다. 그러한 바람이 투영된 곳이 원지정사와 옥연서당이었던 것이다.

(1) 풍악서당의 건립과 병산서원의 승원

풍악서당은 권경전 등이 1563년(명종 18년)에 건립한 후 상소해 서당으로서는 사례가 드물게 학전學田을 하사받았다. 이후 류성용이 원院이 길가에 있어 장수처로는 마땅치 않다고 생도들에게 권해 병산으로 옮겼다고 전한다.125) 풍악서당은 병산으로 옮겨간 이후 병산서원으로 불렸으며, 추후 서애를 봉안하면서 서원으로서의 면모를 완비했다.

풍악서원의 초창기 운영 주체와 경제적 규모는 병산서원의 입원록, 원임록院任錄, 동안洞案, 노비안奴婢案 등의 문서에서 대략을 확인할 수 있다.126) 풍악서당은 건립 시 튼튼한 후원 세력이 있었다. 하회의 류씨, 갈전葛田의 안安씨, 가일佳逸의 권權씨 등 원임안, 입원록에 나타나는 주위 동리의 토착 사족이 그들이었다. 건립 초기 서당은 이들의 적극적 후원 하에 조직, 운영되고 있었다. 이는 입원록, 원임록에 안씨, 권씨, 김씨 등 유력 성씨가 임원으로 활약하고 있는 사실에서도 짐작할 수 있다. 또한 유력 사족에 의해 주도된 초기 서당은 노비안에서 확인되는 바와 같이 소속 노비가 7구나 있을 정도로 비교적 탄탄한 경제적 기반을 갖고 있었다.

그러나 풍악서당이 본격적으로 발전한 것은 류성용 사후인 1613년(광해군 5년)에 그를 제향하는 존덕사尊德祠가 정경세鄭經世 등 지방 사림

---

125) 『永嘉誌』 卷4, 書堂, 「豊岳書堂」. "嘉靖癸亥創立 生員 權景銓,等上疏 仍賜學田 其後西厓柳成龍 以院在路傍 不合於藏修之所 勸諸生移卜于屛山."
126) 이하 풍악서원에 대한 서술은 정구복, 「병산서원 고문서 해제」, 『고문서집성 — 병산서원편』 20, 한국정신문화연구원, 1994년을 주로 참고했다.

에 의해 건립되면서부터이다. 비록 사액은 받지 못했으나 이때부터 서원으로서 완전한 형태를 갖추고 풍산 지방뿐만 아니라 안동의 대표적 사학으로 발전했다. 묘호를 존덕사라 한 것은 도산서원의 상덕사, 여강서원의 존도사尊道祠를 염두에 둔 것으로 여겨지며, 당시 안동부 내에서 류성용이 차지하고 있던 높은 지위를 짐작케 한다.

1608년(선조 41년)에 작성된 『영가지』에는 풍악서당과 병산서원을 함께 수록하고 있다. 이를 보면 병산서원은 본래 풍악서당으로 화산花山과 병산 사이에 있었지만 임진왜란 당시 소실되어 1605년(을사년)에 원래 있던 곳에서 남쪽 언덕으로 옮겨 건립했음을 알 수 있다.[127] 즉 읍지가 편찬될 당시에는 풍악서당이 이미 병산서원으로 승격되어 불렸음을 알 수 있다. 이후 1614년(광해군 6년) 4월에 병산서원에 류성용의 위패를 봉안하면서 서원으로서의 온전한 모습을 갖추게 되었다.[128] 이처럼 사묘가 없는 서원의 건립은 퇴계가 관여한 이산서원의 전례가 있었다.

다만 풍악서당의 이전 시기와 병산서원으로 승원한 시기에 대해서는 구체적 기록이 없어 확인이 불가능하다. 류성용의 권고로 병산으로 풍악서당이 옮겨간 시기에 대해 일반적으로 1572년(선조 5년)으로 전해지고 있다. 그러나 그에 대한 정확한 근거를 찾을 수 없다. 그렇기에 단편적인 사실들을 통해 이건 시기를 유추해보고자 한다.

류성용은 풍악서당이 건립될 당시 사마시 초시에 입격하고 이듬해 최종 입격한 후 성균관에 들어가 수학했다. 그리고 이듬해 문과에 급제해 관직 생활을 시작했다. 이후 실제로 낙향한 시기는 퇴계가 사망한 1570년(선조 3년) 가을과 1571년(선조 4년) 가을에 휴가를 얻어 안동에 계신 부친 류중영柳仲郢(1515~1573년)을 뵈러 내려왔을 때였다. 특히 1571년(선

---

127) 『永嘉誌』 卷4, 書院, 「屛山書院」.
128) 柳成龍, 『西厓先生年譜』 卷2, 萬曆 42年 甲寅 4月 5日.

조 4년)에는 낙동강 서쪽 언덕에 서당을 지으려고 했었으며, 이로 말미암아 '서애'를 자호自號로 삼았다.129) 다음으로는 부친상으로 1573년(선조 6년) 8월에 낙향해 1576년(선조 9년) 4월에 재차 사환할 때까지의 기간이다. 서애는 1575월(선조 8년) 9월에 탈상한 후 여러 차례 관직이 제수되었으나 나아가지 않고, 재야에 은거할 뜻을 품고 1576년(선조 9년) 1월에 원지정사를 설립한 후 그곳에 거처했다. 일찍이 재야학자의 삶을 꿈꾸던 그의 희망이 처음으로 실천된 곳이 원지정사였다. 이처럼 부친을 뵙기 위해 휴가를 얻어 내려온 시기와 부친상으로 내려온 시기에 풍악서당의 생도들에게 서당 이전을 권고했을 수도 있다. 실제 권호문이 1579년(선조 12년) 서애의 요청으로 병산서당에서 강회를 한 것으로 보아 개연성이 높다.

한편, 김언기(1520~1588년)의 상서에 의하면 1574년(선조 7년) 이전에 풍악서당은 '풍악서원'으로 칭하며 학전을 하사 받았다.130) 그것은 병산으로 서당을 이건한 후에도 서원으로 불렸을 가능성이 높다. 실제, 『영가지』에서 서애가 '원院'이라고 표현한 것이나, 『서애연보』의 1587년(선조 20년) 3월에 김성일과 함께 '병산원중屛山院中'에서 『퇴계집』을 편차編次했다는 것에서도 확인된다. 이외에도 병산서원의 『만력이십년 임진전 원장재유사록萬曆二十年 壬辰前 院長齋有司錄』을 참고하면 생원 안경로安景老(1527~1592년)가 병산서원의 초대 원장으로 나타난다. 결국 풍악서당은 1574~1579년 사이에 병산으로 이건하였으며, 이건 후에는 병산서원으로 불렸음을 알 수 있다.

---

129) 柳成龍, 『西厓先生年譜』 卷1.
130) 金彦璣, 『惟一齋先生實記』 卷1, 書,「上府伯權草澗」. "……府地豊山縣 豊嶽書院 乃其一也 第其里人所建 非 一府人所共藏修之所 則當初稱號書院 申達朝廷 至受彌屹寺位田 過矣……"

3) 의성김씨 김성일의 석문정사 건립

학봉 김성일은 나주목사를 사직한 직후 권호문과 함께 청성산을 유람했다. 이후 청성산의 경치를 좋아해 장차 집을 짓고 그곳에서 늙을 생각을 했다. 그래서 권호문에게 한 자락을 떼어달라고 부탁했다. 송암이 그의 부탁을 들어서 연어헌鳶魚軒 위쪽 땅을 내주었다. 학봉은 1587년(선조 20년) 3월에 공사를 시작해 8월에 완공한 후 석문정사石門精舍라고 이름 했다.

정해년[1587년, 선조 20년] 가을에 안동부 서쪽에 있는 청성산의 낙동강 가의 땅을 얻었는데, 바위 구렁이 기이하고 소沼가 맑고 푸르렀다. 이에 그 그윽한 경치를 사랑해 그곳에 집을 짓고는 석문정사라고 편액을 달았는데, 온 방안이 환하게 밝았으며, 도서圖書가 시렁에 가득했다. 공은 그 안에 단정하게 앉아 있으면 처음에 먹었던 마음과 부합되어 기뻤으므로 거기에서 생을 마감할 생각을 했다. 나중에는 비록 임금이 부르는 명에 못 이겨 억지로 나아가 벼슬했으나 조정에 오랫동안 있었던 것은 공의 뜻이 아니었다.[131]

조금 평평한 곳을 다져서 정관亭館 하나를 지었는데, 서쪽 두 칸은 온돌방으로 만들고, 뒤 쪽으로 한 칸을 넓혀 장경각藏經閣을 만들고, 동쪽으로 네 칸은 서늘한 마루방으로 만들고, 그 서쪽에 있는 일곱 칸은 승요僧寮로 만들어, 방과 마루가 있고 부엌과 창고가 있게 했다. 그 서쪽 가에는 두 개의 돌이 서로 마주 보고 있는데, 돌이 커서 마치 문과 같이 생겼으므로 이를 석문石門이라고 했으며, 송나라 만경曼卿 석연년石延年이 석실石室에다 복숭아나무를 심은 고사를 모방해 서쪽 섬돌 아래에 홍도나무와 벽도나무를 심었다.[132]

---

131) 金誠一, 『鶴峯集』附錄, 卷1, 「年譜」.
132) 金誠一, 『鶴峯集』附錄, 卷4, 記, 「石門精舍重修記」(李栽).

석문정사는 온돌과 마루를 갖추고, 장서를 보관하는 곳도 두고 언제든지 머물며 독서할 수 있는 곳으로 설계했다. 아울러 승려가 주거하며 관리하도록 승요를 별도로 만들었다. 그러나 학봉은 조정의 부름으로 인해 완공된 정사에 수년이 지나도록 하루도 머물지 못했다. 1590년(선조 23년)에 통신부사通信副使로 임명되어 일본에 가는 길에 고향에 들른 학봉은 처음으로 석문정사에 올라갔다. 이때 쓴 아래 시에서는 협상을 잘 마무리해 국정을 안정시킨 후 낙향해 친우 권호문과 같은 처사적 삶을 살고자 하는 그의 의지가 확인된다.

이번 길에 산 밑으로 내 지나옴에	今來過山下
원숭이와 학이 모두 성을 내누나.	猿鶴皆生嗔
나랏일이 중한 것만 생각하노니	但念王事重
내가 어찌 잠시나마 머뭇거리랴.	我何小逡巡
내 마땅히 충신에 의탁을 하여	會當仗忠信
한번 가서 양국 우호 이룩하리라.	一成兩國親
그런 뒤에 시 읊으며 돌아와서는	然後賦歸來
길이길이 산에 사는 사람 되련다.	永作山中人133)

이외에도 1591년(선조 24년) 12월에 임하현 낙연落淵의 남쪽 언덕에 옥병서재玉屛書齋가 지어졌다. 학봉이 일찍부터 그곳에서 장수할 뜻이 있었지만 시행하지 못하고, 이때 이르러 현인縣人들에게 자금을 모으도록 명해 집을 짓고, 동몽이 학문을 익히는 곳으로 삼도록 했다.134) 즉 학봉이 관여는 했지만 현인들에 의해 운영되는 곳이었다.

---

133) 金誠一, 『鶴峯集』 卷2, 詩, 「題石門精舍」.
134) 金誠一, 『鶴峯集』 附錄, 卷1, 「年譜」.(萬曆19年 辛卯).

김진과 김성일 부자가 부암서당과 석문정사 등을 설립한 이래 이 가문에서는 1608년(선조 41년)에 조성당操省堂(와운자臥雲子) 김택룡金澤龍(1547~1627년)이 와운정사臥雲精舍를 설립한 것으로 확인된다. 그는 처음에 광문廣文 권낙權洛에게 배웠고, 이후 조목에게 배웠다. 1576년(선조 9년)에 사마시에 합격하고, 1588년(선조 21년)에 문과에 급제했다. 만년에 능운대 아래 정사를 지었는데, 능운을 고쳐서 '와운臥雲'이라고 했다. 이곳에서 온 동리의 인물을 권장勸奬했다.135) 『조성당일기』를 보면 그는 혼자만의 시간이 생기면 정사에서 독서와 산보를 했다. 성리서와 사서史書, 시문을 주로 읽었는데, 자제들은 문장과 시의 작법을 중심으로 교육했다. 주로 한유의 시와 문장을 많이 가르쳤다. 이는 권호문이 아들 행가에게 한유의 시문을 익히도록 했던 것과도 상통한다. 외부에서 내방한 후학들에게도 시문을 가르쳤는데 경서와 사서가 주가 되었다.136)

4) 흥해배씨 배용길의 서당, 정사 건립 — 팔우서당, 장육정사, 도생서당

　　금역당琴易堂[장육당藏六堂] 배용길은 퇴계 문인으로 관찰사를 역임한 배삼익裵三益의 아들이었다. 김성일에게 수학하고 류성용, 조목, 남치리 등에게도 사사했다. 1575년(선조 8년)에 진사시에 합격하고, 1585년(선조 18년)에 성균관에서 수학했다. 임진왜란 당시 의병장 김해金垓의 부장으로 활약했다. 1597년(선조 30년)에 정유재란 때는 화의和議에 반대하는 상소를 올렸으며, 1598년(선조 31년)에 안기도찰방에 임명되었다. 1602년(선조 35년)에 문과에 급제해 1603년(선조 36년)에 예문관검열이 되었다. 그러나 수개월 만에 낙향해 향리에 머물다가 1607년(선조 40년)에 충청도

---

135) 『宣城誌』, 寒谷事蹟.(金澤龍)
136) 하영휘, 「조성당일기 해제」, 『국역 조성당일기』, 한국국학진흥원, 2010, 15~21쪽.

사로 나갔다가 이듬해 돌아왔다.

배용길의 서당 건립은 사환을 전후해 진행되었다. 그가 산 시기는 정치적·사회적으로 혼란기였다. 특히 향촌 사회에서는 전후 복구와 동요된 신분 질서를 재정립할 필요가 있었다. 그러한 혼란을 수습할 방법을 배용길은 교육을 통한 교화에서 찾았던 것으로 보인다. 그래서 사회를 이끌어 갈 사족의 자제뿐만 아니라 일반민의 자제까지 교육 대상으로 했다.

배용길은 천문, 지지地誌, 율력律曆, 병전兵典, 의방醫方에 능했는데, 특히 『주역』에 조예가 깊어 당대의 이름난 선비들이 많이 배우러 왔다. 그 또한 그들을 가르치는 일에 열심이었다. 그러나 혼란기에 서당을 건립하는 것은 어려운 일이었다. 그는 전란 직후인 1600년(선조 33년)에 박형, 안몽주와 함께 서당을 건립해 어린 선비를 훈도하는 것에 대해 논의했다. 그러나 당시에는 여러 사람의 의견이 어긋나 일을 추진하지 못했다. 그 뒤 배용길은 반대하는 자들을 적극적으로 설득해 사족과 일반민의 자제를 대상으로 강학하는 도생서당을 1604년(선조 39년)에 설립했다.

서당 건립에 대한 논의가 좌절된 1602년(선조 37년)에 배용길은 개인의 장수처로서 장육정사를 임하현 본곡리에 건립했다. 가산이 곤궁했기에 재목과 기와를 모아 금역당琴易堂137)과 용슬요容膝寮 등을 지었는데 단출한 건물로 단청도 없었고, 다듬지도 않았다. 게다가 반구정反求亭, 소오헌嘯傲軒, 금이루禁爾樓, 세심재洗心齋 등도 차례로 건립하길 원했지만 이루지 못했다. '장육'이라는 편명은 세상의 구설에서 벗어나 숨고자 하는 그의 마음을 반영하고 있었다. 그는 예禮로서 절도를 삼아 날마다 힘써 오륜五倫에 따르기를 추구한다면 잘못이 적어지고, 나아가 사람들이 잘못이라

---

137) '금역'이란 배용길이 거문고[琴]와 『주역』에 몸을 마칠 때까지 정진할 계획으로 지은 당명이었다. 그는 이 당호를 호로 삼았는데, 장육정사의 명칭도 호로 삼았다(裵龍吉, 『琴易堂集』 卷5, 跋, 「名堂後識」).

고 말할 것이 없어지게 되리라고 했다. 그러나 자신이 직접 예에 따라 말과 행동을 실천하지 못할 것을 두려워했다. 그래서 분분한 구설로부터 벗어나 그곳에서 한가롭게 노닐고, 독서하며 여생을 마치길 희망했다.138)

즉 장육정사는 배용길이 다른 이와의 마찰을 피해 스스로를 수양하는 존양처였던 것이다.

도생서당은 처음 건립 논의가 있고 4년 만에 설립될 수 있었다. 배용길은 그 기간 동안 반대하는 이들을 설득하고 자기 의지가 옳음을 실천해야 했다. 그는 장육정사에 송나라 칠현의 화상을 높이 걸어 모셔두고, 매월 초하룻날 생도를 모아 향을 사르고 재배하며 서로 읍揖하는 예를 행했다. 「여씨향약呂氏鄕約」을 강講하고는 술을 부어 몇 순배하고, 이남二南의 시詩를 읊도록 했다.139) 이처럼 한 마을의 어린 자제를 모아 구두句讀을 가르치고, 무릎 꿇고 절하는 법을 지도해 반대하는 자들의 의혹을 풀어줌으로써 서당 건립이 필요함을 알렸다. 그러한 노력의 결과 반대하는 이들을 설득해 도생서당이 건립될 수 있었다.

「도생서당기」에 의하면 처음에는 한적하게 수학할 곳을 찾다가 수다산水多山의 비어 있는 절에서 임시로 서당을 열었다. 그 뒤 당시 안동부사였던 홍이상洪履祥[1603~1604년 재임]이 사사전寺社田을 획급해 서당 운영의 기반을 마련할 수 있었다. 이후 1604년(선조 37년) 봄에 이르러 박형, 안몽주와 함께 임하면 미질촌美質村의 촌집을 사서 도생서당을 열었다. 서당의 명칭은 『논어』, 「학이편」에 '기본이 서면 나아갈 길이 생긴다'는 '본립도생本立道生'에서 가져왔다. 예를 바탕으로 어린 학생들이 효제孝

---

138) 裵龍吉, 『琴易堂集』 卷5, 記 「藏六精舍記」.
139) 裵龍吉, 『琴易堂集』 卷7, 附錄, 「行狀」(柳致明). 배용길은 시를 배움으로 인해 의사를 표현하는 것이 세련되고 장애가 없게 된다고 보았다. 그래서 시풍이 비교적 순정해 초학자에게 입문 구실을 하는 이남二南(주남周南과 소남召南)의 시를 배우도록 했다.

悌를 체득하고, 나아가 강상綱常의 윤리가 회복되길 희망했던 것이다.

…… 강당을 양정당養正堂이라고 명명했으며, 동재는 보인재輔仁齋, 서재는 시습재時習齋, 누각은 환성루喚醒樓, 문은 과행문果行門, 단壇은 붕래단朋來壇이라고 했고, 전체를 '도생道生'이라고 명명했으니, 마을 이름을 바탕으로 한 것이다. 때때로 익힘時習에 반드시 기쁨에 이르고, 벗함에 반드시 인을 도우며輔仁, 어리석음은 반드시 불러서 깨우쳐 주고喚醒, 기르는 것은 바르지 않음이 없고養正, 행한다면 과감하지 않을 수 없다行果. …… 알지 못하는 것이 있으면 나아가 스승에게 묻고, 또 통하지 못하는 것이 있으면 물러나 벗에게 질정한다. 순舜 임금도 사람이고 나도 사람이라는 뜻을 세우고, 남이 백 번을 하면 나는 천 번을 하는 공력을 더한다면 근본이 확립되어 길이 생겨나[道生] 마침내 벗들이 찾아오는 즐거움에 이를 것이니, 어찌 기질이 변하기 어려우며 성현은 배워서 될 수 없다고 근심하겠는가? [중략] 이로 말미암아 군주에게 충성하고, 이로 말미암아 어른에게 순종하니, 천하의 모든 일에 단지 이 도리를 들어서 조치할 따름이다. 맹자가 '요순의 도는 효제일 따름이다'라고 한 것이 바로 이것을 말함이다. …… 오늘날 명명하는 의의가 참으로 효제를 중심으로 한 까닭은 오로지 어려서 배움을 시작하는 사람을 위해 설치했기 때문이다. 이 서당에 오르는 사람은 또한 여기에서 벗어나 따로 유심幽深한 술수를 구하지 말고, 단지 편액의 당명堂名을 돌아보며 그 뜻을 생각하라. …… 두려운 일은 과거 급제가 나를 유혹하고 이익과 녹봉이 나를 빠뜨리는 것이며, 단지 문장이나 아름답게 꾸미는 것을 익히며 자연[風雲月露]이나 숭상해 양심을 잃는 것이니, 욕심이 하늘에 닿아 배운 것을 실천하지 않고, 행동은 배운 대로가 아닌 것이다. 집 안에 있을 때는 형제간에 팔을 비틀며 다투고, 어머니에게 생색을 내고 욕하는 말을 하며, 나라에 있을 적에는 벼슬을 얻으려고 근심하고, 벼슬을 잃을까 근심해 집안을 해치고 나라를 흉하게 한다. …… 『서경書經』에 "공이 높아지는 것은 의지에

달려 있고, 업적이 커지는 것은 부지런함에 달려 있다"고 했으니 노력하기 바란다.140)

　도생서당은 동내洞內의 동몽을 대상으로 교육했다. 배용길은 본인이 강학과 훈몽을 자임하지 못하지만 기문을 통해 생도들이 학업에 근면하도록 당부했다. 또 한 사람에게 첩帖을 주어 당장으로 삼아 생도들을 이끌게 했다. 그리고 장유長幼의 순서를 엄격히 하고, 존비尊卑의 차등을 삼가하게 해서 나아갈 방향을 바로잡았다.

　도생서당을 다른 서원에 견줄 수는 없지만 서원에서 공부하는 사람들은, 장유長幼의 구분은 있어도 오히려 예법은 알지 못해 인도人道가 점차 사라져 가고 있으니 매우 한심스럽습니다. 사람이 금수와 다른 이유가 자신으로부터 비롯된다는 것을 어찌 알지 못한단 말입니까. [중략] 주자의 백록동서원 의례에 의거해 당장을 충원하고, 오늘부터 당중堂中의 학도들에게 명칭과 직분을 엄격히 하고, 장유의 순서를 정연하게 해 감히 예법을 가벼이 어기지 못하도록 하며, 천천히 가는 자나 빨리 가는 자나 감히 법도를 벗어나지 못하도록 하는 것 이외에 심지어 의義를 멸하고, 법식을 어지럽히며 거리낌 없이 행동하는 사람이 있으면 곧바로 북을 울려 성토하고, 그들을 배척해 장유의 서열로 대접하지 않도록 한다면 아마 생도들이 염치와 경외함을 알아서 부형父兄이 양식을 싸 스승을 따르게 한 기대에 부응하고, 나라에서 돈독히 길러 인재를 양성하려는 뜻을 저버리지 않게 될 것이니 매우 다행일 것입니다.141)

　도생서당의 교육은 이전 서당이 그러했듯이 『소학』과 사서를 기본으로

140) 裵龍吉, 『琴易堂集』 卷5, 記, 「道生書堂記」.
141) 裵龍吉, 『琴易堂集』 卷4, 雜著, 「道生書堂帖堂長文」.

했다. 특히 실천 윤리서인 『소학』교육을 통해 효제의 실천을 강조했다.

> 『소학』의 첫 공부는 오로지 애친愛親, 경형敬兄, 융사隆師, 친우親友하는 동안에 쇄소灑掃, 응대應對, 진퇴進退, 주선周旋하는 일에 있으니, 정자程子도 "성성을 다 해 천명에 이르는 것은 반드시 효도와 공경에 근본한다"고 생각했고, 또 "쇄소, 응대가 바로 성인의 일에 도달할 수 있는 것이다"라고 했으며, 또 "쇄소, 응대 는 바로 형이상形而上인 것이다"라고 했으니, 이것이 어찌 고원高遠해 실행하기 어려운 일이겠는가.142)

'물을 뿌려 쓸고 남의 말에 응대灑掃應對'하는 것 같이 실행하기 쉬운 것부터 실천해 점차 집에서는 효도하고, 나가서는 공손히 행동해 혹시라 도 어그러짐이 없게 하고, 여력이 남는다면 시를 읊고 글을 읽는 단계143) 로 나아가 배움과 실천에 어그러짐이 없도록 당부했다. 그는 그러한 실천 교육이 당시의 사회 문제를 해결하는 방법이라고 여겼던 것이다.

5) 횡성조씨 조목의 서당 건립 활동

조목의 부친은 참판 조대춘이었다. 그는 예안에 사는 권수익의 딸 안 동권씨와 혼인해 예안으로 이거했다. 조목은 1538년(중종 33년)에 퇴계 문하에 들어가 수학했다. 1552년(명종 7년)에 생원시에 합격했으나 이후 과업을 포기하고 학문과 수양에만 전념했다. 여러 차례 관직이 제수되었 으나 학덕이 부족하다는 이유로 사양하고, 퇴계를 가까이에서 모시며 경

---

142) 裵龍吉, 『琴易堂集』 卷5, 記 「道生書堂記」. "是以小學始功 專在於愛親 敬兄隆師 親友 之間 灑掃應對進退周旋之節 而程子亦以爲 盡性至命 必本於孝悌 又曰灑掃應對 便可到聖人事 又曰灑掃應對 便是形而上者 此豈高遠難行之事哉."
143) 『小學題辭』. "小學之方 灑掃應對 入孝出恭 動罔或悖 行有餘力 誦詩讀書 詠歌舞蹈 思罔 或逾. 窮理修身 斯學之大 明命赫然 罔有內外 德崇業廣 乃復其初 昔非不足 今豈有餘."

전 연구에 주력했다. 이황이 세상을 떠난 뒤에는 『퇴계문집』 편간, 도산서원의 건립 및 봉안 등에 힘썼다. 그는 퇴계 문인들 중 유일하게 도산서원에 종향從享되었다. 조목은 평소 현사사玄沙寺, 석대암石臺庵, 광흥사廣興寺, 월란사月瀾寺 등의 산사와 암자에서 독서하기를 즐겼다. 그래서 1552년(명종 7년)에는 권대기, 김팔원 등 동문들과 수계하고, 입의立議를 만들어 매 계절마다 산사나 촌사村社를 찾아 경사經史 중 1책을 통독하기도 했다.

조목이 1590년(선조 23년)에 월천서당을 중수하면서 지은 「중수서실기重修書室記」에 따르면, 월천서당은 1540년(중종 35년)에 부친 조대춘이 건립한 3칸의 집이었다. 지붕은 기와와 짚으로 반씩 덮었으며, 당시 15세의 조목 등 어린아이들이 독서하는 곳으로 삼았던 곳이다. 그해에 조목은 퇴계 문하에 들어가게 되었다. 퇴계는 훗날 '월천서당'이라는 대자大字를 써주었는데, 이를 강당의 문미에 게시했다. 아울러 묵재墨齋 이문건李文建(1494~1567년)이 쓴 '시재是齋'라는 글자는 재실의 문미에 게시했다.

월천서당을 중수하던 1590년(선조 23년)에는 약 1,400여 권의 장서가 있었다. 그것은 선대부터 전해오던 것뿐만 아니라 어릴 때부터 글 읽기를 좋아한 조목이 매득買得하거나, 구해 얻거나, 인출印出하거나, 반사頒賜받거나, 친구에게 선물로 받는 등 다양한 경로로 마련된 것이었다. 그는 1579년(선조 12년) 9월에 처음 월천서당에서 생도들과 강학했다. 이때부터 월천서당으로 배우려는 이들이 몰려오면서 본격적으로 후학을 양성하게 되었다. 그 결과 1599년(선조 32년)에는 생도들이 조목을 '선생先生'이라고 호칭하게 되었다.

조목은 반드시 『소학』과 『대학』을 처음으로 가르쳤다. 그는 평소 『소학』이 모든 경전 중 가장 중요한 것으로, 진정 이 책에 능히 통달하면 성인의 근기根基가 이로써 만들어진다고 보았다. 또한 수기치인의 일은 모두 『대학』에 있기에 이를 힘써 공부하라고 했다. 그 외의 경서는 마음가는대로 떼어서 풀이했다. 그가 교학敎學하는 방법은 반드시 먼저 장구章句로서 하고, 아울러 집주集註로 다듬으며, 혹문或問으로 참고했다. 비록 한 부분이라고 해도 세밀하게 분석해 모든 이치를 두루 통달한 후에야 그만두었다.144)

월천서당에서의 후학 교육은 그의 만년까지 이어진 것으로 추정된다. 조목은 1590년(선조 23년)에 월천서당을 대대적으로 중수한 후 어린 두 아들 조수붕趙壽朋(12세)과 조석붕趙錫朋(6세)이 서당의 장서를 읽고 크게 성취해 성장해서는 건물과 장서를 보호하도록 당부했다. 월천서당에서 강학 이후 많은 관직이 내려졌지만 재덕의 부족과 노병을 이유로 사직소를 내고 사환을 거부했다. 오히려 도산서원, 역동서원, 월천서당 등에서 강학하며 후진을 양성하고, 생도들과 함께 저술을 정리했다.

수십 년간 강학과 저술을 병행하던 조목은 1604년(선조 37년) 윤9월에 부용정사를 건립하고, 이곳을 휴식처로 삼고자 했다. 그의 부용정사 건립은 갑작스러운 결정이 아니었다. 36세이던 1559년(명종 14년)에 동문인 권대기 등과 함께 부용산에 올라 독조동獨造洞에 정사를 새우는 것을 의논한 것이 시초였다. 이듬해인 1560년(명종 15년)에는 퇴계와 함께 부용산에 올라 정사의 터를 정했으며, 1561년(명종 16년)에는 퇴계가 부용산의 대호臺號를 정했다.

그러나 당시에는 재력이 부족해 미뤄오다가 1604년(선조 37년)에야 비로소 8칸의 부용정사를 건축했던 것이다. 정사는 정관재靜觀齋와 수약재守約齋의 2개의 재실이 있었으며, 고명헌高明軒과 군자지君子池가 있었다. 연못 한가운데 큰 바위가 있는데 '미견彌堅'이라고 이름 하고, 정사 북쪽에 대를 쌓아 '미고彌高'라고 했으며, 미고대 아래 음농대吟弄臺가 있고, 동쪽 기슭에 있는 두 개의 대는 위의 것은 청원대淸遠臺, 아래 것은 광제대

---

144) 趙穆, 『月川集』年譜, 萬曆 7年 己卯(1579).

光霽臺라고 했다. 모두 퇴계가 명명한 것으로 당시 퇴계가 주었던 시가 고 명헌 벽에 걸려 있었다.145)

6) 기타 서당, 정사의 건립 활동
(1) 경주이씨 이개립의 봉산서당 건립

감천현 진장동에 위치한 봉산서당은 산음현감이던 성오당省吾堂 이개립이 퇴관한 후 천석泉石을 좋아해 우거寓居한 곳에 건립한 것이었다. 김성일 문인이던 그는 1591년(선조 24년)에 장현광과 더불어 유일遺逸로 천거되었다. 임진왜란 당시 의병 활동을 전개한 공으로 1596년(선조 29년)에 산음현감이 되었으며, 1597년(선조 30년)의 정유재란 이후 귀향해 후진 양성에 힘썼다. 이 서당의 건립 연대는 알 수 없지만 그가 귀향한 후부터 『영가지』가 편찬되기 이전인 1597~1608년 사이로 추정된다. 이개립은 일찍이 유일로 천거될 만큼 학문과 덕행으로 명성이 높았는데, 의병 활동을 통해 더욱 명성이 올라갔다. 그래서 낙향해 서당을 건립하자 그에게 배우려는 이들이 분집했다.

(2) 광산김씨 김언기와 김기의 서당과 정사 건립

유일재 김언기(1520~1588년)의 부친은 진사 김주金籌이며, 모친은 안처정安處貞의 딸 순흥안씨順興安氏였다. 그는 1575년(선조 8년)에 여강서원이 건립된 후 초대 동주洞主(원장)를 역임했다. 1561년(명종 16년)에는 가야리 남쪽 기슭에 가야서당을 건립해 후생을 가르쳤다. 그는 생도들에게 경학 공부를 강설하면서 태만하지 않고 부지런히 학습하도록 했다. 그 결과 그의 문하에서 수학한 사람 중 성취를 이룬 자가 많았다. 문인록에는 모두 189명의 인사가 기재되어 있는데, 그중 남치리와 정사성은 김

---

145) 『宣城誌』; 趙穆, 『月川集』, 年譜.

언기에게 졸업한 후 퇴계에게 수학했으며, 권위權暐, 박의장朴毅長, 신지제 申之悌, 권태일權泰一 등은 조정에 나아가 이름을 알렸다. 김기, 금벌琴撥은 조행操行이 있었고, 권강은 후진을 훈회訓誨해 명성이 높았다. 이처럼 김 언기 문하에서 많은 인물이 배출되어 안동의 문풍을 크게 진작시켰다.146)

　북애 김기는 예안의 오천에서 태어났다. 아버지는 김부인이며, 어머니는 이현보의 딸 영천이씨였다. 퇴계 문인으로 1598년(선조 31년)에는 도산서원 산장을 역임했으며, 1603년(선조 36년)에「향약」을 제정했다. 이처럼 학식과 명망이 높았기에 그를 따르는 학도가 매우 많았다. 그는 1602년(선조 35년)에 마을 북쪽 물가에 정사를 지어 거처하며, 고요히 자신을 수양하는 장소로 삼고서 그곳을 '북애'라고 명명했다. 혹 다른 사람들은 '계북정사溪北精舍'라고도 했다. 그는 정사 좌우에 도서圖書를 두고 심오한 도리를 깊이 생각하며, 아침저녁으로 힘썼다. 생을 마칠 때까지 학문을 궁구하며, 후생이 나아가도록 인도하고 게으르지 않도록 훈회했다.147) 이처럼 북애정사는 김기가 경학을 연구하며, 후학을 양성하던 서당 성격을 갖고 있었다.

(3) 귀담서당의 건립

　일직면 소호리蘇湖里 귀미촌의 북쪽 5리 와룡산 남쪽에 위치한 귀담서당은 정확한 건립 연대를 알 수 없다. 『영가지』에는 참판 류경심, 목사 장천보張天輔, 찰방察訪 김수일金守一, 진사 이중립李中立, 사인士人 이종선李鍾善 등이 서당을 짓고, '양몽養蒙'했다고 전한다.148) 이들의 생몰년으로 보면 16세기 후반에 설립된 것으로 보인다.

---

146) 金彦璣,『惟一齋先生實紀』卷2,「行狀」(李光庭).
147) 『宣城誌』; 金圻,『北厓集』卷4, 附錄, 行狀(李世澤).
148) 『永嘉誌』卷 4, 書堂,「龜潭書堂」.

(4) 덕산윤씨 윤의정의 마곡서당 건립

생원 윤의정尹義貞은 1553년(명종 8년)에 백운동서원에서 수학하면서 대학도大學圖와 심성도心性圖를 지었다. 그는 학문에 독실하고 실천에 힘썼으며, 재질이 총명하고 학문이 일찍 이루어져 일시에 문장으로 일컬어졌다. 전란 이후 배우고자 하는 어린 선비들이 있었지만 공부할 곳이 없어 한탄하던 중 박즙朴襊, 류종화柳宗和, 이봉린李逢麟, 이협李莢, 김빈金頻, 이광욱李光郁, 이상적李尙迪, 송경복宋景福, 김붕수金鵬壽, 김계종金繼宗, 권백린權伯麟, 이수도李守道, 이신도李信道, 김취용金就容, 윤동로尹東老, 박광남朴光男, 정현鄭譓 등이 구재鳩財하고, 감사 이시발李時發과 부윤 이시언李時彦도 사람을 보내 도왔다. 이처럼 관민官民의 도움으로 가야촌 북쪽에 마곡서당을 지어 후학을 권면했다.

공사는 1602년(선조 35년) 봄에 시작해 1603년(선조 36년) 가을에 마쳤는데, 강당은 마곡서당이라고 편액을 걸었다. 이는 주자가 강마講磨하고 있는 땅이라는 의미였다. 이곳에서 수학하는 생도들이 주자와 같은 성현이 되길 바라는 마음에서 지은 것이었다. 모든 건물의 편명과 절목은 윤의정이 지었다. 동쪽의 협실은 광풍재光風齋이며, 서쪽 협실은 제월재霽月齋였다. 또한 동, 서재로 절차재切磋齋와 탁마재琢磨齋가 있었다. 대문은 향양문向陽門이었다. 편명에서 드러나듯이 비록 동몽을 대상으로 했지만 도학을 교육의 목표로 하고 있었다. 이를 위해 각자 심력을 다해 시간을 아껴 매일 새로운 것을 익히도록 강조했는데, 그달에 생도들이 배울 것을 정해 두고서 권면했다. 또한 여럿이 배우면 반드시 학생별로 편차가 나는데, 그것으로 여럿에서 창피를 주지 말도록 했다.[149]

---

149) 『宣城誌』, 櫃野事蹟; 尹義貞, 『芝嶺集』 卷3, 記 「磨谷書堂記」.

(5) 진성이씨 이정회의 지남서당 건립

송간 이정회는 퇴계 문인으로 1581년(선조 14년)의 친부 시해 사건으로 안동부가 안동현으로 강등되자 류운용, 안몽열과 함께 복호復號 상소를 올렸다. 임진왜란이 일어나자 의병을 모집하고 군량미를 모아 여러 곳에서 많은 전공을 세웠다. 1597년(선조 30년)에 류성용의 추천으로 의흥현감이 되었다. 이후 향리로 돌아와 1606년(선조 39년)에 주촌에 지남서당을 지어 후진을 교육했다. 정구가 안동부사로 재직 시 학생 수가 너무 많아 다 수용하지 못한 것을 보고 토전土田을 획급해주었다. 이에 송간재松澗齋를 지어 유생들을 수용했다.150)

(6) 능성구씨 구봉령의 양정서당 건립

백담 구봉령은 1545년(인종 1년)에 퇴계 문인들이 되었다. 이듬해 사마시에 합격하고, 1560년(명종 15년)에 문과에 급제한 후 계속 사환했다. 1567년(명종 22년)에 사가독서賜暇讀書를 한 이후 내외의 요직을 겸했다. 대사성, 우부승지, 전라도관찰사를 역임한 후 1575년(선조 8년)에 병으로 사직한 후 낙향했다. 1576년(선조 9년)에 와룡산 아래 양정서당을 건립했다. 당시 건물의 구성과 규모가 다수를 수용할 수 있을 정도로 컸는데 강당이 8칸, 동, 서재가 각기 3칸, 루가 4칸이었다. 여타의 정사, 서당과는 달리 권춘란, 안제, 정사성, 정사신, 권우 등 그의 동문 및 문인과 함께 성리학을 강론하려는 목적으로 건립되었다. 구봉령은 낙향했을 당시 퇴계를 제향하고, 도학을 강마하기 위해 여강서원이 건립되는 것을 보았다. 그래서 도학을 강마하기 위해 양정서당을 건립하면서 처음부터 이산서원의 사례와 같이 서원으로의 승원을 생각해 건립한 것으로 보인다. 실제로 1612

150) 李庭檜, 『松澗集』; 『臥龍面誌』(下)卷3, 書堂, 「芝南書堂」.

년(광해군 4년)에 사림의 공의로 구봉령의 위판을 봉안하고, 용산서원龍山書院으로 승원되었다. 그 뒤 1693년(숙종 20년)에는 주계서원周溪書院으로 사액되었다.151)

(7) 청주정씨 정사성의 지양서당 건립

지헌芝軒 정사성의 부친은 첨정 정두鄭枓이며, 모친은 권식權軾의 딸 안동권씨였다. 그는 어린 시절에 김언기와 구봉령에게 배우다가 1561년(명종 16년)에 퇴계 문하에 들어갔다. 부친이 도산서당에 머물며 수학하라고 서당 앞에 작은 집을 지어주고 동몽재라고 했다. 이후 퇴계가 직접 '역락서재亦樂書齋'라고 명명했다. 1578년(선조 11년)에 부친상을 마친 후 과거의 뜻을 버리고 지산의 양지바른 곳에 집을 짓고 '지양서당'이라고 이름하고 그곳에 머물렀다. 또한 지산의 양지바른 곳에 있는 집이라는 의미의 '지헌芝軒'을 자호로 삼았다. 그는 그곳에서 밖으로 나가지 않고 힘써 공부하며 자제를 훈회訓誨했고, 멀고 가까운 곳에서 배우러오는 이들에게 강학했다.152) 그러한 학행으로 1581년(선조 14년)에 향중에서 그를 도약정都約正으로 추대했다.

6 맺음말

이상에서 살펴본 내용을 정리하는 것으로 결론을 대신한다. 조선전기의 교육 정책은 향교와 성균관으로 대표되는 국학의 진흥이었다. 그러나

---

151) 具鳳齡, 『栢潭集』年譜; 『臥龍面誌』(上) 卷2, 書院, 「周溪書院」; 『臥龍面誌』(下) 卷3, 書堂, 「龍山書堂」; 『永嘉誌』卷4, 書堂, 「養正書堂」.
152) 鄭士誠, 『芝軒先生年譜』5, 萬曆6年(1578) 戊寅; 鄭士信, 『梅窓集』卷4, 墓誌, 「先考府君墓誌」; 『永嘉誌』卷4, 書堂, 「芝陽書堂」.

국학에서 학생을 교육할 교관의 파견과 그들의 질적 제고가 문제로 등장했다. 조정에서는 교관의 처우를 개선하기 위한 정책을 추진하는 한편 사유師儒의 선발을 통해 국학에서 신경 쓰지 못하는 동몽 교육을 보충하고, 부족한 훈도관을 충원하려고 했다. 그 결과 16세기 들어 동몽훈도에 대한 사학의 직책이 법제화되고, 재지사족에 의해 향촌 서당이 등장했다.

16세기 안동 지방에서는 재지사족에 의해 향촌의 지배 질서가 확립되어가고 있었다. 재지사족은 안동권씨를 중심으로 하는 토성과 진성이씨, 홍해배씨, 광산김씨 같은 이주 성씨들을 중심으로 성장했다. 그런 가운데 16세기 중반에 퇴계 이황의 낙향 이후 그와 그의 문인들 주도로 향촌 질서가 재편되어 갔다. 그들은 「향약」의 시행과 「향안」 입록 기준을 강화하고, 재지사족 간의 배타적 혼인을 통해 학문적·혈연적 연대를 강화했다. 그런 가운데 서원과 서당, 정사 등도 사족의 재지적 기반을 강화하는 수단으로서 안동권씨, 의성김씨, 풍산류씨, 진성이씨 등의 유력 가문에 의해 설립되어 갔다.

사림의 그러한 외적 성장에 덧붙여져 유교적 사회질서를 내적으로 강화하기 위한 수단으로『소학』등의 실천 윤리서가 보급되고, 향약의 실천을 통해 사회질서가 강조되었다. 또한 16세기 중반에 교육을 통한 대민교화 기구로 향촌 서당에 대한 법적 근거가 마련되었다. 이후 사림계 수령에 의해 면 단위로 서당이 설립되어 갔다. 이처럼 교육을 통한 성리학적 지배질서의 보급과 실천의 전면에 위치한 것이 서당이었다. 또한 비슷한 시기에 사족의 교화와 교육을 위한 서원도 설립되었다.

안동과 예안 지역의 서당과 정사는 퇴계의 계상서당 이후 나타나기 시작해 그의 사후에 본격적으로 설립되었다. 당시 서당 설립 주체 대부분이 퇴계 문인들이었기 때문에 도학적·정사적 성격의 계상서당과 도산서당의 모습은 이들에게도 영향을 주었다. 그러나 퇴계가 생존했을 때는 그가 설립한 서당을 출입하고, 이전의 풍속대로 사찰과 암자에서 독서하는 경우가 일반적이었다.

개인의 존양처이자 소수에게 개방된 정사와 보편적이고 다수에게 개방된 서당은 비록 성격은 다소 달랐지만 교육 내용과 과정은 비슷해『소학』과 사서가 기본이 되었다. 퇴계 문인들이 설립한 정사와 서당 대부분에서는 자제와 사족의 동몽을 대상으로 한 교육이 진행되었다. 그러나 동인, 현인 및 다수의 사족이 연합해 건립하는 경우에는 대체로 사족뿐만 아니라 일반 양민의 자제도 교육 대상에 포함되었다. 한편 개인 존양처로서의 정사는 전직 관료 출신이 지은 것이 대부분으로, 임진왜란 이후 많이 나타난다. 이외에도 이황, 류성룡, 권호문, 구봉령, 배용길 등 지역을 대표하는 가문의 후손으로 학행, 사환 등으로 명성이 높고, 많은 문인을 둔 인물이 관여한 서당은 후일 도산서원, 병산서원, 청성서원, 주계서원, 도생서원, 경광서원과 같이 승원되는 사례가 많았다.

참고 문헌

1. 원문

『高麗史』, 『朝鮮王朝實錄』, 『經國大典』, 『國朝人物考』, 『永嘉誌』, 『宣城誌』, 『晉陽誌』, 『商山誌』, 『臥龍面誌』, 『補閑集』(崔滋), 『退溪集』(李滉), 『鶴峯先生文集附錄』(金誠一), 『栢潭先生年譜』(具鳳齡), 『西厓集』, 『西厓先生年譜』(柳成龍), 『謙菴年譜』(柳雲龍), 『松巖集』(權好文), 『錦溪先生文集』(黃俊良), 『荷塘集』(權斗寅), 『琴易堂集』(裵龍吉), 『梅窓集』(鄭士信), 『芝嶺集』(尹義貞), 『鶴林集』(權訪), 『大山集』(李象靖), 『松澗集』(李庭檜), 『敬堂日記』(張興孝), 『忍齋先生實記』(權大器), 『退溪言行錄』(李滉), 『退溪先生言行通錄』(李滉), 『安東鄕孫錄』, 『小學題辭』.

2. 자료집

영남대학교 민족문화연구소 편, 『옥산서원지』, 영남대학교 출판부, 1993.
『안동권씨대동보』, 안동권씨대동보편찬위원회, 2007.

『고문서집성-병산서원편-』20, 한국정신문화연구원, 1994.

3. 단행본
도부학, 『근세조선교육사연구』, 웅산각[동경], 1969.
이수건, 『영남사림파의 형성』, 영남대학교 출판부, 1979.
송지향, 『안동향토지』, 대성문화사, 1983.
이수건, 『영남학파의 형성과 전개』, 일조각, 1995.
김윤제(외), 『안동의 선비문화』, 아세아문화사, 1997.
정진영, 『조선시대 향촌사회사』, 한길사, 1998.
정순우, 『서당의 사회사』, 태학사, 2013.

4. 논문
이병휴, 「여말선초의 과업 교육 - 서재를 중심으로」, 『역사학보』67, 역사학회, 1975.
정진영, 「조선전기 안동부 재지사족의 향촌지배」, 『대구사학』27, 대구사학회, 1985.
정순우, 『18세기 서당연구』, 한국정신문화연구원 박사학위논문, 1985.
이수환, 「조선시대 서원의 인적 구성과 경제적 기반」, 영남대학교 박사학위논문, 1990.
김무진, 「조선후기 서당의 사회적 성격」, 『역사와 현실』16, 한국역사연구회, 1995.
정순우, 「조선조 영남지역 교생신분과 평민층의 교육참여」, 『한국문화사대계』, 영남대학교 출판부, 2000.
정순우, 「초기 퇴계학파의 서당 운영」, 『정신문화연구』24, 한국정신문화연구원, 2001.
오경택, 「조선시대 서당 연구의 현황과 과제」, 『전북사학』31, 전북사학회, 2007.
박현순, 『16~17세기 예안현 사족사회 연구』, 서울대학교 박사학위논문, 2006.
김명자, 「조선후기 안동 하회의 풍산류씨 문중 연구」, 경북대학교 박사학위논문, 2009.
정순우, 「여말선초 '사치학당'의 역할과 성격」, 『정신문화연구』33권 4호, 한국정신문화연구원, 2010.
하영휘, 「조성당일기 해제」, 『국역 조성당일기』, 한국국학진흥원, 2010.
여영기, 「15~16세기 동몽훈도 연구」, 『교육사학연구』21(1), 교육사학회, 2011.
이수환, 「영남 지역 퇴계 문인들의 서원건립과 교육 활동」, 『국학연구』18, 한국국학진흥원, 2011.
정순우, 「퇴계의 강학 활동과 도산강회」, 『도산서원과 지식의 탄생』, 글항아리, 2012.
정재훈, 「조선중기 사족의 위상」, 『조선시대사학보』73, 조선시대사학회, 2015.
이병훈, 「조선후기 원사의 건립과 변화 검토」, 『한국서원학보』6, 한국서원학회, 2018.

2장

16세기 안동 지역 서당의 강학 활동과 교육 내용
– 도산서당의 교육 내용과 공부론을 중심으로

김자운

1 　서론: 퇴계의 도산서당 설립 의도와 도산서당의 성격

16세기 안동에서는 사족의 성장과 더불어 서당 설립이 매우 활발하게 이루어지고 있었다. 사회사적 관점에서 그에 대한 배경을 탐구한 선행 연구들은 안동 지역에서의 사족의 성장과 사족 사회 형성은 서당과 서원을 모태로 했으며, 그것이 초기 사림파의 성장에 결정적 영향을 미친 것으로 평가하고 있다. 이를 몇 가지로 요약하면 첫째, 농장을 토대로 토착민의 재지적 기반이 확대되고, 이족吏族과 사족의 분화 등을 배경으로 16세기에 안동 지역에서 본격적인 사족 지배 체제가 형성되기 시작한 점, 둘째, 그러한 과정에서 안동의 사족은 그들에게 적합한 새로운 형태의 향촌 지배를 위해 향촌 통제 기구를 설립, 운영했으며 서당과 서원의 활발한 설립은 그러한 사족 지배 체제의 재편 과정에서 발생했다는 것, 셋째, 16세기에 서당 설립 주도 세력은 안동 지역에서 신분적으로 최상층 집단이자 퇴계학파의 중심 가문이었다는 것이다.[1]

---

1) 정순우(2013), 『서당의 사회사』, 태학사, 93~96쪽 및 정진영(1985), 「朝鮮前期 安東府 在地士族의 鄕村支配」, 『대구사학』 제27집, 63쪽.

진성이씨 가문이 최초로 설립한 도산서당 역시 위의 조건을 모두 충족시키고 있었다. 이족에서 사족으로의 성장, 독립적인 취락 구조의 형성과 경제적 여건의 확보 등은 16세기에 이르러 진성이씨 가의 서당 설립이 가능했던 배경의 중요한 한 축을 담당하고 있었다.2) 그러나 퇴계의 서당 설립 의도와 도산서당의 성격을 당시 향촌 사회의 구조적 변화에 기인한 사족의 대민 지배 체제의 수단이나 향촌 통제 기구라는 사회사적 관점으로만 규정하기에는 미흡한 면이 있다. 도산서당의 성격과 조선 유학사에서 도산서당이 차지하는 역사적 위상을 제대로 규명하기 위해서는 사회사적 관점 외에도 교육사나 문화사 등 다양한 관점에서의 균형 있는 접근이 요청된다.

일예로 이우성은 "과거를 통한 출세주의와 공리주의라는 관학적 아카데미즘을 거절하고 성리학의 토착화와 순수한 학문 연구 기풍을 일으키는 것"을 사명으로 한 퇴계의 서당, 서원 창설 운동의 의미를 "정치와 문화의 분리"라는 관점에서 해석하고 있다.3) 정순목은 퇴계가 서원 교육에 공헌한 것을 "정교政教 지향에서 예교禮敎 지향으로 조선조의 교학 이념을 전환시키는 계기를 제공한 것"에서 찾고 있다.4) 한편 정순우는 도산서당의 교육 이념을 퇴계가 의도한 서원의 이념과 궤를 같이 하는 것으로 보고, "과거에 대비하는 제술 교육을 엄격히 금했으며, 교육 목표를 성학聖學에 두고 매우 높은 수준의 강론이 이루어졌다는 점에서 도산서당의 성격을 조선후기의 문중 서당이나 향촌 서당과는 격을 달리하는 도학적 서당의 한 전형"으로 파악하고 있다.5)

---

2) 이 시기 도산서당 설립의 배경이 된 진성이씨 가의 촌락 구성과 경제력 등 사회경제적 조건에 대한 상세한 설명은 정순우(2001), 「초기 퇴계학파의 서당 운영」, 『정신문화연구』, 통권 85호, 56~58쪽을 참조.
3) 이우성(1978), 「退溪先生과 書院創設運動」, 『퇴계학보』 제19집, 퇴계학연구원, 209쪽.
4) 丁淳睦(1978), 「退溪의 書院敎育論考」, 『퇴계학보』 제19집, 퇴계학연구원, 122~134쪽.

도산서당에 얽힌 다음의 몇 가지 일화는 당시 도산서당이 "과거에 종속된 관학적 아카데미즘에서 벗어난 도학적 서당"으로서의 성격을 지니고 있었음을 뒷받침해준다. 1556년에 19세의 나이에 부친의 명에 따라 동생 김복일과 함께 소수서원에서 소과를 준비하던 학봉 김성일은 다음과 같이 말하며 소수서원을 떠나 도산으로 가서 퇴계 문하가 되었다.

> 이 해에 비로소 퇴계 이 선생 문하에 나아가 가르침을 받았다. 일찍이 아우 남악공南嶽公 김복일과 소수서원에서 글을 읽고 있었는데, 하루는 탄식하면서 말하기를, '선비가 이 세상에 태어나 과거 공부만 하고 자신을 위하는 학문을 할 줄 모른다면 아주 부끄러운 일이다. 퇴계 선생은 오늘날의 유종儒宗이시니, 어찌 가서 가르침을 청하지 않겠는가' 하고, 드디어 판서공에게 청했다. 그러자 판서공이 기뻐하면서 허락하므로 곧 계씨季氏와 걸어서 가 뵈었더니, 퇴계 선생이 그의 모습과 행동을 보고 이미 마음속으로 그를 사랑했다.6)

조선 최초의 서원인 백운동서원을 설립한 주세붕은 당시 서원을 과거 준비와 국가의 관리를 길러 내기 위한 인재 양성소라는 관학적 기능의 연장선에서 파악하고 있었다. 따라서 16세기 소수서원의 거접居接은 과거 대비에 목적을 두고 시, 부, 의疑, 의義, 책策 등 철저하게 과거 문체의 제술 훈련 중심으로 시행되었다. 그 결과 당시 백운동서원은 "과거 공부를 하는 사람이 아니면 들어가지 못하는 곳"7)으로 인식되는가 하면, "이 서

---

5) 정순우(2001), 「초기 퇴계학파의 서당 운영」, 『정신문화연구』, 통권 85호, 62~63쪽.
6) "是歲 始受學于退溪李先生之門 嘗與弟南嶽公復一 讀書紹修書院 一日 喟然歎曰 士生斯世 但務擧業 不知爲己之學 可恥之甚也 退溪先生 今之儒宗 盍往求敎乎 遂請于判書公 公喜而許之 卽與季 徒步往謁 先生見其容止 已心愛之 自是往來求進不已 同學之士 皆莫之先"(『鶴峯集』, 부록, 권1, 「연보」, 嘉靖 35년 丙辰 조).
7) "書院之儒 則周參判始立規 以士子中解額者居之 雖非中擧 必以文理稍可者補之 故非居業者不入"(『大東野乘』, 「淸江先生鯸鯖瑣語」).

원에서 공부하면 5년도 안 되어 모두 과거에 급제한다"고 회자될 만큼 기존의 관학을 대신해 과거 공부를 가장 효율적으로 시키는 과학科學(과거지학科擧之學)의 명소로 급부상하고 있었다.8) 이에 부친의 명에 따라 동생 김복일과 함께 소수서원에 가서 과거 준비에 매진하다 회의를 느낀 김성일은 어느 날 위기지학과 도학에 뜻을 두겠다며 부친의 허락을 구한 뒤 마침내 퇴계 선생을 찾아가 입문하게 된 것이다.

이후 계상서당과 도산서당에서 그는 퇴계로부터 『역학계몽易學啓蒙』, 『심경』, 『대학』, 『서전書傳』, 『주자서절요』, 「태극도설」 등을 수학했다. 이에 퇴계는 "그의 모습과 행동을 보고 이미 마음속으로 사랑"했으며, 어느 지인에게 보낸 편지에서는 "김성일이 도산에 와 있는데, 무더위를 무릅쓰고 산을 넘어 왕래하면서 의심나는 것을 질문한다. 이 사람은 민첩하면서 배우기를 좋아하므로 그와 학문을 함께하노라면 몹시 유익하다는 것을 깨닫는다"고 했다.9) 이처럼 김성일이 과거에 뜻을 접고 도학에 전심하기 위해 소수서원 대신 택한 곳이 도산서당이었다는 점과, 도학에 뜻을 둔 김성일의 노력과 실천을 높이 사며 칭찬을 아끼지 않은 퇴계의 모습은 당시 도학적 서당으로서 도산서당이 추구한 교육의 일단을 잘 보여준다.

한편 퇴계는 과거 공부에 전심하기 위해 산사의 거접에 참여하던 손자 안도安道에게 학문의 목적은 과거나 출세가 아니라 도학에 있음을 깨우치

---

8) 풍기군수 시절에 물론 퇴계는 소수서원 유생에게 서원 교육의 목표가 과거가 아닌 도학에 있음을 깨우치기 위해 다방면으로 노력했다. 그러나 도학서원으로의 정착은 쉽게 이루어지지 않았다. 소수서원이 도학서원으로 자리 잡기 시작한 것은 18세기 무렵부터이다. 주세붕과 퇴계의 서원관의 차이 및 소수서원 강학의 성격 변화에 대한 연구로는 김자운(2016), 「퇴계의 서원관과 조선후기 소수서원 講學의 변화」, 『퇴계학논총』 제18호, 영남퇴계학연구원, 124~134쪽 및 김자운(2014), 「16세기 소수서원 교육의 성격」, 『유교사상문화연구』 제58집, 한국유교학회를 참조.
9) 『鶴峯集』, 부록, 권1, 「연보」, 가정 35년 병진 조; 가정 37년 무오 조; 가정 41년 임술 조 참조.

기 위해 "가까이 있는 단 복숭아는 거들떠보지 않고, 쓴 돌배 따러 온 산천을 헤매고 있구나"라는 시를 지어 준 뒤, 문인 김성일, 우성전과 도산서당에서 『계몽啓蒙』, 『심경』을 강학할 때 산사에 가서 과거 공부에 몰두하고 있는 손자를 불러내 청강케 했다. 또한 과거시험을 앞두고 퇴계에게 제술 수업을 받으러 왔다가 퇴계가 과거와는 상관없는 경학經學을 중심으로 가르치자 되돌아간 생도가 부지기수였다고 한다.10)

위의 일화를 통해 퇴계의 서당 설립 의도와 도산서당의 성격을 짐작할 수 있다. 권오봉은 "과거시험 위주, 출세 중심으로 편향되어 있던 당시 산사의 거접이나 관학을 위기지학, 도학 위주로 바로잡고자 한 것이 바로 16세기 서당과 서원을 통한 퇴계의 교육 개혁 운동"11)이라고 보았다. 또한 정순우는 "계상서당 시절 퇴계가 가장 심혈을 기울인 것은 도통론을 확립하는 문제"12)였으며, 계상서당과 도산서당이 조선 유학사에서 지니는 의미를 "중국에서 발아한 보편 이론으로서의 성리학을 조선사회의 특수한 조건 속에서 새롭게 재구성하고자 한 퇴계의 시도 즉, '심학적 공부론'이라는 새로운 공부론을 실험하기 위한 교육 공간"13)이었던 점에서 찾고 있다.

그렇다면 과거시험 위주의 관학을 도학 위주로 바로잡고자 한 퇴계의 교육 개혁 운동 및 조선사회 고유의 심학적 공부론을 확립하기 위한 퇴계의 실험은 계상서당과 도산서당에서 구체적으로 어떤 과정과 방법을 통해 실현되었을까? 이하에서는 이 질문에 답하기 위한 한 방법으로 도산서당

---

10) 권오봉(1991), 「退溪書堂敎育의 展開 過程」, 『퇴계학보』 제72집, 퇴계학연구원, 50~51쪽.
11) 같은 곳.
12) 정순우는 여기서 도통론을 확립하기 위한 노력으로 주자의 도를 자임하는 뜻을 표현한 퇴계의 시와 육왕학 및 선학에 대한 비판, 포은, 목은, 양촌, 점필재 등 조선의 선현에 대해 도학에 근거한 평가를 내린 것 등을 들고 있다(『서당의 사회사』, 태학사, 110쪽). 이와 더불어 퇴계는 59세에 『송계원명리학통록宋季元明理學通錄』을 지어 주자 이후의 도통론을 확립하고자 했다.
13) 정순우(2013), 앞의 책.

을 통해 퇴계가 기획한 '교육 내용'의 측면에 주목해 다음 몇 가지 문제를 해명하고자 한다.

첫째, 조선 성리학의 독자적 학문 체계와 심학적 공부론의 확립을 위해 퇴계가 구체적으로 구상한 도산서당의 교육 내용은 무엇이었고, 이는 계상서당 시절 그가 편찬한 교재들의 내용과 특징 속에 구체적으로 어떻게 반영되고 있는가? 이를 위해 먼저『계몽전의』는 상수학을 통해 리理의 필연성과 주재성을 확보하고, 태극에 관한 우주론, 본체론적 논의를 일상의 심신수양 영역까지 확장시키고자 했다는 점에서 주자 역학의 단순한 계승을 넘어 조선조 고유의 역학 이해를 체계화하기 위한 시도였음을 밝히고자 한다. 다음으로『주자서절요』의 편찬을 통해 퇴계는 사서삼경을 본원으로 삼았던 기존 유학의 공부론을 자신의 고유한 심학적 공부론의 체계 속에서 새롭게 재편하고자 했음을 해명하고자 한다. 마지막으로『자성록』에 나타난 심학적 공부론의 구조와 특징을 분석함으로써 '경敬의 공부론'으로 집약되는 퇴계의 공부론이 정자나 주자의 공부론과는 어떤 점에서 차별화되는지를 밝히고자 한다. '미발 시 존양, 이발 시 성찰'을 가장 기본적인 공부법으로 제시한 정자와 주자를 계승하는 한편 퇴계는 여기서 한 발 더 나아가 경의 의미를 '엄격한 도덕성'이나 '자기통제'를 넘어 '예술과 자연에의 감응의 유연성'으로 확대 해석함으로써 '사경死敬'이 아닌 '활경活敬으로서의 경의 공부론'을 확립하고자 했음을 해명하고자 한다.

둘째, 「계산기선록溪山記善錄」을 바탕으로 도산서당 강학 활동의 실제를 검토하고, 도산서당의 교육 과정에 구현된 경의 공부론 및 문인의 자질과 병통에 따른 경 공부의 차이를 살펴보고자 한다. 셋째, 퇴계가 도산서당을 통해 구현하고자 한 심학적 공부론은 퇴계 사후 문인들의 서당 교육과 간행 및 저술을 통해 어떻게 계승, 심화되었으며, 이는 이후 조선 서원 교육에 어떤 영향을 끼쳤는지를 검토하기로 한다.

2 　도산서당의 교육 내용과 심학적 공부론의 확립

1) 계상서당 시절 퇴계의 교재 편찬과 그 의도

퇴계는 1550년에 풍기군수를 그만두고 고향으로 돌아와 한서암을 지어 '정습당靜習堂'이라는 당호를 붙이고 존양성찰을 위한 정사의 공간으로 활용했다.14) 그러나 한서암으로 차츰 많은 문인이 찾아오고 함께 강마할 공간이 필요해지자 1551년에 계상서당을 새로 축성했다. 이때 계상서당은 본격적인 교육 공간이라기보다 개인의 존양처인 정사에서 발전해 소수의 문도에게 강학 장소로 개방되는 서당의 초기 형태로서의 성격을 갖고 있었다.15) 그러한 계상서당의 성격과 규모는 이후 도산서당의 건립 배경으로 작용하게 된다. 이후 문인의 수가 점차 많아지고 본격적인 강학 공간이 필요해지자 1556년 봄에 문인들의 요청을 계기로 도산서당 설립 논의를 시작해 1557년 3월에 도산 남쪽에 터를 정하고 서당 건립을 시작했다.16) 1560년 11월에 마침내 서당 건물 일부가 완성되고, 이듬해인 1561년 가을에는 농운정사를 포함한 전체 공사가 완료되었다.17)

그런데 퇴계는 도산서당이 완성되기 전인 계상서당 시절 문인들과 강학할 때 중국 경전과 성리서를 강론하는 데 그치지 않고, 직접 선현의 글을 선별, 편집해 서발문을 짓고 자신의 독자적 해석을 첨부한 교재를 편찬하기 시작했다. 도산서당 터를 정한 뒤 3개월이 지난 1557년 7월에는 『계몽전의』를,18) 이듬해인 1558년 4월에는 『주자서절요』를19), 같은 해 5

---

14) 선행 연구에서는 이 시기의 한서암을 퇴계의 개인 정사로 볼 것인지, 교육 공간의 성격으로 이해할 것인지에 대해 견해차가 존재한다. 권오봉은 한서암을 교육 공간으로, 정순우는 퇴계 개인의 존양처인 정사 공간으로 해석하고 있다. 이에 대한 상세한 내용은 정순우(2013), 같은 책, 99~105쪽 및 권오봉(1991), 같은 글, 4장 참조.
15) 정순우(2013), 같은 책, 104쪽.
16) 『退溪集』, 「退溪先生年譜」 권1, 가정 36년 정사 3월 조.
17) 『퇴계전서』 27책, 「퇴계선생연보보유」 권2, 가정 39년 경신 11월 및 가정 40년 신유 가을.

월에는 『자성록』을20), 1559년 9월에는 『고경중마방古鏡重磨方』을 완성하고21), 같은 해 12월에는 『송계원명이학통록』을 편찬하기 시작했다.22)

 이와 같은 일련의 교재 편찬 과정에는 퇴계의 고유한 학문적 관심과 교육적 의도가 반영되었음을 짐작할 수 있다. 즉 중국 경서를 강학 교재로 활용하는 데 그치지 않고 자신이 직접 교재를 편찬하기 시작한 사실은 도산서당의 교육을 통해 조선 성리학의 독자적 학문 체계와 공부론을 구상하고자 한 퇴계의 기획을 엿볼 수 있는 매우 중요한 대목이다. 이하에서는 퇴계가 편찬한 교재 중 『계몽전의』, 『주자서절요』, 『자성록』의 내용과 특징을 분석함으로써 도산서당을 통해 의도한 교육 내용과 공부론의 특징이 무엇이었는지 파악하고자 한다.

2) 조선조 역학 연구에 이정표를 제시한 『계몽전의』

 퇴계가 1557년 7월에 완성한 『계몽전의』는 주자의 『역학계몽』에 대한 후대 주석서들의 논의를 다시 비판적으로 고증한 것이다. 먼저, 주자가 『역학계몽』을 저술한 목적은 유가적 상수 역학을 새롭게 확립하는 데 있었다. 그는 한대 역학, 도교 역학, 의리 역학 등을 망라해 새로운 유가 역학을 수립하기 위해 소옹의 선천학先天學을 이론적 모델로 수용하고 당대의 번쇄한 상수론을 대체할 수 있는 새로운 하락상수론河洛象數論을 제시했다.23) 이 점에서 『역학계몽』은 이미 세조대부터 국가적 차원에서 관심의 대상이 되고 있었다. 세조는 1458년(세조 3년)에 자신이 직접 요해要解

---

18) 『退溪集』, 「退溪先生年譜」 권1, 가정 36년 정사 7월 조.
19) 『퇴계전서』 27책, 「퇴계선생연보보유」 권2, 가정 37년 무오 4월.
20) 같은 책, 같은 곳, 가정 37년 무오 5월.
21) 같은 책, 같은 곳, 가정 38년 기미 9월.
22) 같은 책, 같은 곳, 가정 38년 기미 12월.
23) 이선경(2011), 「퇴계학파의 『역학계몽』 이해」, 『양명학』 28호, 한국양명학회, 262쪽.

를 붙이고 최항, 한계희 등에게 보해補解를 붙이도록 해『역학계몽보해易學啓蒙補解』를 간행한 바 있었다.24) 이것이 조선 최초로 발간된『역학계몽』연구서였다. 그러나 이는 본격적 연구서로 보긴 어려웠고 이후 본격적 연구서로서 조선의『역학계몽』연구에 하나의 이정표를 제시한 저작이 바로 퇴계의『계몽전의』였다. 퇴계는『역학계몽』의 이해를 돕기 위해 저술된 후대의 주석서들은 서로 의견이 불일치해 학자들로 하여금 이해를 더욱 어렵게 하고, 전래 과정에서 인용문의 출처도 불분명해져 주자가 이 책을 저술한 애초의 의도를 파악하기 더욱 어렵게 만든다고 보았다. 이에 퇴계는「서문」에서『계몽전의』의 편찬 의도를 다음과 같이 밝히고 있다.

『역학계몽』에서는 심오하고 찬란한 이치를 마치 해와 별처럼 밝게 드러내었고 여러 유자의 변론과 해석 또한 모두 정밀하고 두루 통해 더 이상 유감이 없다. 그러나 이수理數의 학문은 너무 넓고 미묘하며, 복잡하고 착란해 연구하기가 쉽지 않다. 한 겹을 뚫으면 또 한 겹이 있어서 연구할수록 더욱 끝이 없다. 더구나 사람의 소견이 서로 다르지 않을 수 없음에랴. …… 증거로 삼은 말이 혹 구해보기 어려운 책에서 나온 것이어서 반드시 상고하고 논하여야만 참뜻이 어디에 속하는지 알 것이다. 그러므로 의심나고 어려운 것 중에 또 의심나고 어려운 것이 생기고, 주해한 것에다 또 주해가 필요하게 된다. 심오한 의미를 밝히지 않을 수 없고, 인본印本의 그릇된 것을 바로잡지 않을 수 없으며, 곱하고 나누는 법을 상세히 하지 않을 수 없다. …… 요 몇 년 이래 이 책을 읽을 때마다 혹 생각하다가 깨우침이 있거나, 옛글을 살펴서 증거를 찾을 때마다 기록해두었더니, 그것이 쌓여서 여러 권이 되었다. 이는 참고해 열람하기에 편리하게 하고 잊어버리는 데 대비하고자 해서일 뿐이었고, 이것으로 옛사람보다 아는 것이 많은 것을 구한 것은 아니었다.25)

24)『국조보감』권11, 세조조 2, 세조 3년 무인.

『계몽전의』를 편찬한 퇴계의 의도는 『역학계몽』에 대한 후대 주석서들 사이에 존재하는 복잡한 견해차를 검토, 조정하고 그들이 근거로 삼은 인본의 정확성 문제 등을 꼼꼼히 고증, 비판해 애초에 주자가 의도한 역학의 심오하고 찬란한 이치를 제대로 드러내는 데 있었다. 퇴계는 먼저 주자가 『역학계몽』에서 다룬 주제와 후대 주석에서 쟁점이 된 문제를 종합적으로 검토한 뒤 자기 의견을 제시하는 방식으로 이 책을 구성했다. 그러나 『계몽전의』에 드러난 역학 이해는 한편 퇴계 특유의 이학과 심학적 관점에서 재해석되고 있다. 즉 그는 주자가 확립하고자 한 유가적 상수 역학의 기본 입장은 수용하면서도 이를 묵수하는 데 그치지 않고 한 발 더 나아가 『계몽전의』를 통해 이학과 심학의 관점에서 이를 주체적으로 체인하고자 한 것이다.

먼저 『계몽전의』에 드러난 주자와 퇴계의 해석상의 차이를 살펴보자.26) 첫째, 한대 역학과 도교 역학에 대한 수용 기준에서 주자와 퇴계의 입장차를 확인할 수 있다. 주자는 한대 역학과 도교 역학을 수용하면서 취사선택의 기준을 유가 성인의 본지에 부합하느냐에 두었다. 또한 하도 낙서의 상수적 태극과 소옹의 심위태극心爲太極, 주돈이의 태극을 하나의 맥락에서 파악함으로써 존재론과 가치론의 영역을 포괄하는 상象-수數-리理의 일원적 체계화, 즉 상수를 겸한 의리학 그리고 의리를 겸한 상수학을 종합적으로 모색하고자 했다.27) 이 같은 입장에서 주자는 소옹의 선천학을 수용한 반면 한대 역학에서는 괘변설卦變說은 수용했지만 호체설互體說,

---

25) 『退溪集』 권42, 序, 「啓蒙傳疑序」.
26) 이하의 내용은 이선경(2011), 같은 글 1장과 2장을 참조, 재인용했다.
27) 이선경(2010), 「『역학계몽』에 나타난 주자역학의 특징」, 『한국철학논집』 28집, 394~397쪽.

납갑설納甲說, 비복설飛伏說 등에 대해서는 "생각을 기울일 만한 것이 못 된다"고 부정했다.28)

그러나 퇴계는 주자가 부정한 나머지 설을 모두 수용하고 있다. 그는 오행을 설명함에 있어 60갑자를 활용해 오음五音, 육률六律, 육기六氣 등으로 폭넓게 적용했으며, 괘효卦爻의 추이를 설명하는 방법으로 한대 역학의 비복설飛伏說을 적극 활용했다. 도교 역학에 대해서도 전양자全陽子 유염兪琰의 『주역참동계발휘周易參同契發揮』, 『참동계參同契』, 『필담筆談』, 『역수易數』 등의 문헌을 활용하고 8괘를 참동계의 납갑에 입각해 상세히 설명했다. 나아가 이를 기반으로 비복설을 이해해야만 납갑을 실용적으로 활용할 수 있음을 지적했다.29) 즉 한대 역학과 도교의 상수학을 수용하는 데 있어 퇴계는 주자보다 훨씬 더 개방적인 관점을 취하고 있었다. 이처럼 『계몽전의』에 드러난 철저한 상수적 설명 방식은 인사人事의 질서가 자연의 필연적 질서에 부합한다고 믿었던 퇴계의 이학적 관점이 반영된 것으로 볼 수 있다. 이는 이후 퇴계 후학들의 『역학계몽』 연구에서도 상수학과 의리학이 밀착되는 방식으로 가시화된다.30)

두 번째로 주목할 만한 것은 8괘 형성의 근원으로서의 태극에 관한 논의이다. 태극 해석에서 퇴계는 하도낙서와 소옹, 주돈이의 태극을 일원론적으로 체계화하고자 한 주자의 입장을 기본적으로 수용했다. 그러나 여기서 더 나아가 태극의 주재력과 활동성을 특히 강조하고 이를 심신 수양의 영역에까지 확장시킴으로써 퇴계 자신의 고유한 성리학적 해석 체계 속에 태극 논의를 편입시키고 있다. 『계몽전의』에서 태극과 음양의 분별, 태극의 주재력과 활동성에 초점을 둔 해석은 한방기韓邦奇의 태극설에 대

---

28) 『역학계몽』, 「考變占」.
29) 『계몽전의』, 「原卦畫」.
30) 이선경(2011), 같은 글, 1장.

한 비판을 통해 드러난다. 그는 한방기가 '태극'과 '태극의 모습'을 혼동했음을 지적하고 "50개의 산가지를 갖고 태극을 상징할 수 없다"는 것과 "태극이 비록 음양오행 밖에 있는 것은 아니지만 음양오행과 섞여 있는 것도 아니라"는 주자의 설을 들어 한방기를 비판했다.31) 또 "삼천양지參天兩地에서 1수를 쓰지 않는 것이나 대연지수大衍之數 50에서 1을 비워 두는 것은 태극의 주재력을 의미하는 것이며 태극은 없는 곳이 없음을 나타낸 것"32)이라고 보았다.

또한 하락도상에서 중앙의 태극, 소옹의 심위태극心爲太極, 주돈이의 태극을 하나로 파악한 주자의 견해를 수용한 뒤, 더 나아가 여기에 참동계를 끌어들여 자연의 생성 변화를 설명하고, 납갑과 비복설까지 연결시키고 있다. 그는 서점筮占의 해석에서 주자가 "생각을 기울일 만한 것이 못 된다"고 부정한 비복, 납갑의 방법을 채택하고 다양한 점 해석법을 다루었다. 특히 납갑에 주목해 "납갑법이 언제 생긴 것인지는 알 수 없지만 그에 대한 연구를 통해 천지가 배태되고 육성된 이치를 알 수 있었다"고 했다. 즉 납갑법이 자연의 생성과 변화의 원리라는 측면에서 주역을 해석해 낸 것으로 이해하고 있는 것이다. 이처럼 8괘 형성의 근원으로서 태극에 관한 논의에서 태극의 주재성을 강조하고, 여기에 참동계와 납갑, 비복설까지 연결시킨 퇴계의 관점은 우주론과 본체론, 인사의 운영 원리, 심신 수양의 영역까지를 일원적으로 파악한 것으로 볼 수 있다.33) 즉 선천도先天圖를 심법心法으로 보고, 여기에 점법까지 포함시킨 그의 견해는 주자의 태극 논의를 자신의 독특한 이학과 심학 체계 속에서 확장, 재구조화한 것으로 해석할 수 있다.

---

31) 『계몽전의』, 「本圖書」; 『역학계몽』, 「明蓍策」.
32) 『계몽전의』, 「明蓍策」.
33) 이선경(2011), 같은 글, 2장.

요컨대, 『계몽전의』는 주자가 확립하고자 한 유가적 상수 역학에 대한 정합적 이해를 위해 편찬되었지만 동시에 상수학을 통해 리의 필연성과 주재성을 확보하고, 주자가 거부한 한대의 역학 이론을 보다 폭넓게 수용함으로써 태극에 관한 우주론적·본체론적 논의를 일상의 심신 수양의 영역까지 확장하려고 한 점에서 주자 역학의 단순한 계승을 넘어 조선조 고유의 역학 이해를 체계화하기 위한 퇴계의 시도였다고 할 수 있다.

『계몽전의』가 완성된 뒤 퇴계는 도산서당에서 이 책을 강학 교재로 적극 활용했다. 문인 이덕홍李德弘(1541~1596년)은 퇴계가 "『계몽전의』를 항상 학생들과 깊이 연구해 기미幾微를 밝혔으며, 만일 한마디 말이라도 완전하지 않고 한 구절이라도 타당하지 않은 것이 있으면 반드시 첨삭해 책을 온전하게 했다"[34]고 기록하고 있다. 이때 『계몽전의』에 대해 퇴계와 주고받은 문답 내용은 이덕홍의 『주역질의周易質疑』에 상세히 수록되어 있다.[35] 퇴계는 특히 만년에 도산서당에서 이 책을 더욱 열심히 강론했다.[36] 1570년에 문인 권우權宇(1552~1590년)는 19세에 입문해 도산서당에서 『계몽전의』를 배웠으며, 퇴계는 사망하기 직전인 1570년 5월과 9월에도 도산서당에서 배삼익裵三益(1534~1588년) 등과 『계몽전의』를 강론했다. 이때 배삼익은 이 책을 손수 필사해 항상 체험, 강구했으며[37], 문인 박승임朴承任(1517~1586년)도 특히 이 책을 열심히 탐독하고 하나하나 연구해 성위星緯와 산수算數 등에 대해 모두 정밀하게 이해하지 않은 것이 없었다고 한다.[38]

---

34) 『艮齋集』 권6, 「溪山記善錄」 下, 〈記善總錄〉.
35) 『艮齋續集』 권2, 「周易質疑」.
36) 『퇴계집』, 언행록 6 부록, 「言行通述」, 鄭惟一.
37) 『臨淵齋集』 권5, 附錄, 「年譜」, 隆慶 4년 庚吾 9월 조.
38) 『愚伏集』 권18, 「通政大夫司諫院大司諫箕知製 敎朴公墓碣銘」.

3) 『주자서절요』의 편찬을 통한 공부론의 재편과 도산서당의 교육 내용

『주자서절요』는 퇴계가 벼슬을 사직한 뒤 조정에서 간행한 『주자대전』을 얻어 낙향해 방문을 닫아걸고 탐독한 끝에, 특히 편지글에서 더욱 감동을 받아 48권의 편지 중 학문에 도움이 되고 실생활에의 적용에 절실한 것들을 뽑아 14권 7책39)으로 편집한 것이다. 편집을 마친 1558년 4월에 퇴계는 「서문」을 지어 이 책을 엮은 의도를 이렇게 밝히고 있다.

가정嘉靖 계묘년(1543년)에 중종대왕이 교서관에게 명해 『주자대전』을 인출해 반포했다. 그리하여 비로소 이 책이 있음을 알고 얻어 보게 되었다. 그러나 여전히 어떤 책인지 모르고 있다가, 병으로 벼슬을 그만 두고 이 책을 싣고 계상溪上으로 돌아와 날마다 문을 닫고 조용히 들어앉아 읽었다.
…… 그중 특히 편지가 더욱 감동을 느끼게 하는 바가 많았다. …… 그리하여 혹은 억제하기도 하고 혹은 발양하기도 하며 혹은 이끌어주기도 하고 혹은 구제해주기도 하며 혹은 격발해 밀어주기도 하고 혹은 물리쳐 경계하기도 해서 심술心術의 은미한 사이에는 악을 용납하지 못하게 하고, 의리義利를 궁구하는 즈음에는 홀로 먼저 조그마한 착오도 비추어 보게 하니, 규모가 넓고 크며 심법心法이 엄하고 정밀하다. …… 끊임없이 노력하고 도리를 따른 바가 나와 남에 대한 구별이 없었으니, 이 때문에 남에게 고한 바가 능히 사람들로 하여금 감발하고 흥기하게 했던 것이며, 또 그것이 단지 당시 문하에 드나들던 자들에게만 국한된 것이 아니라 설사 100대를 지난 먼 후세에까지도 참으로 가르침을 얻어 듣기만 한다면 곧 당시에 직접 앞에 앉히고 말씀을 명하신 것과 조금도 다름이 없을 것이니, 아! 참으로 대단하다.

---

39) 퇴계가 『주자서절요』, 「서문」을 쓸 당시에는 14권 7책으로 엮었다고 했으나 1561년에 임고서원의 목활자로 성주에서 인행한 목활자본은 15권 8책, 1575년에 천곡서원에서 간행한 목판본은 20권 10책이며, 현재에도 20권 10책으로 전해지고 있다(柳鐸一[2003], 「朱子書節要의 編纂 流通과 朴光前의 位置」, 『退溪學과 韓國文化』 32집, 102쪽).

그런데 다만 분량이 너무 방대해 읽고 탐구하기가 쉽지 않다. …… 그중 특히 학문을 하는 데 유관하고 실생활의 적용에 절실한 것들을 골라 …… 친구들 중 글씨를 잘 쓰는 자 및 자질들에게 맡겨 권별로 나누어 정서를 마치니 무릇 14권 7책이 되었다.40)

『주자대전』 중에서도 특히 주자가 제자들과 주고받은 편지에는 각자의 자질이나 병통, 증세에 따라 각자 학문하는 과정에서 겪은 고충이 상세히 적혀 있으며, 각 병증에 따른 주자의 처방 역시 친절하고 상세하게 기록되어 있었다. 이에 때로는 억제하고 발양하며 때로는 격발하고 꾸짖어서, 서로 끊임없이 노력하고 도리를 따르는 모습이 사람을 감동하게 해, 그것을 보는 사람 역시 감발하고 흥기하게 하는 실효가 직접 눈앞에서 가르침을 받는 것 같다는 것이다. 그러나 편지 분량이 너무 방대해 후학들이 탐구하기가 쉽지 않으므로 그중 요긴한 것을 뽑아 편집했음을 밝히고 있다.

한편 도산서당의 교육 과정과 독서 순서에 대해 퇴계는 이렇게 말한 바 있다. 이는 그가 「이산서원 원규」에서 제시한 독서 차제와 약간의 차이를 보이고 있어 주목을 요한다.

『심경』과 『회암서晦庵書』[주자서朱子書]는 정밀하고 합당해 실제를 체득한 것으로 이보다 더 나은 것이 없으니, 반드시 『소학』을 우선으로 하고 다음으로 『대학』-『심경』-『논어』-『맹자』-『주자서』를 차례로 가르친 뒤 다른 경전에 이르도록 한다면, 추향趨向이 이미 바르게 되고 지기志氣가 견고해지며, 단지 마음이 습속에 흔들리지 않을 뿐만 아니라 문의文義 또한 풀리지 않는 것이 없을 것이다.41)

40) 『退溪集』 권42, 序, 「朱子書節要序」.
41) 『艮齋集』 권6, 「溪山記善錄」 下, 〈記善總錄〉.

여기서 퇴계가 사서四書의 가운데와 마지막에 『심경』과 『주자서』를 배치한 점은 특히 주목할 만하다. 즉 "소학과 가례를 문호로 삼아 사서삼경을 본원에 두고, 정주 성리서는 다음 순서에 둔다"라고 한 「이산서원 원규」의 독서 차제와는 약간의 차이를 보이고 있다. 이는 그가 체계화하고자 한 심학적 공부론의 특징이 도산서당의 교육 과정을 통해 구체화된 것으로 해석할 수 있다. 반면 "『근사록』은 『주역』의 설을 많이 인용해 의리가 정밀하고 심원해 이해하기 어려우니 초학자들에게는 먼저 가르치지 않는다"고 했다. 사서와 『근사록』, 『심경』, 『주자서』의 관계에 대한 퇴계의 견해를 좀 더 상세히 살펴보자. 퇴계는 먼저 사서나 『근사록』보다 『심경』을 우선시한 이유에 대해 이렇게 밝히고 있다.

젊었을 때 서울에서 유학하다가 여관에서 이 책을 처음 보고 구해 얻게 되었다. 비록 중간에 병이 나서 덮어 두기도 하고, 늦게 깨달아 이루기 어렵다고 탄식하기도 했지만 그러나 애초에 도학에 감발해 흥기한 것은 이 책의 힘이었다. 그러므로 평생토록 이 책을 존신尊信해 사서와 『근사록』 아래에 두지 않았다.42)

나는 『심경』을 얻고 나서, 비로소 심학의 근원과 심법의 정밀하고 미묘함을 알았다. 그러므로 나는 평생에 이 책을 신명神明처럼 믿었고, 이 책을 엄부嚴父처럼 공경했다.43)

퇴계는 자신이 도학에 입문할 수 있도록 해준 장본인이 바로 『심경』이며, 그런 점에서 심지어 사서나 『근사록』보다 『심경』을 아래에 두지 않

---

42) 『退溪集』 권41, 雜著, 「心經後論」.
43) 『退溪言行錄』 권1, 「學問」.

는다면서 『심경』의 가치를 사서에 비견하고 있다. 또한 문인들이 『소학』, 『근사록』, 『심경』 중 어느 책이 가장 긴절하냐고 묻자 이렇게 대답했다.

> 『소학』은 체와 용을 함께 갖추었고, 근사록은 의리가 정미하니 모두 읽지 않을 수 없으나 초학자가 처음 시작하는 데는 『심경』보다 긴절한 것이 없다44)

즉 마음을 다스리는 실천적 공부를 위해서는 『소학』이나 『근사록』보다 『심경』이 더 긴절한 책임을 말하고 있다. 한편 『심경』이 심학의 실천적 매뉴얼이라면 『근사록』은 마음의 우주론적 기원에서부터 공부, 사회정치적 적용에 이르는 심학의 이론적 체계를 다루고 있다. 주자는 삼경이 역사와 문학, 우주에 대한 안목을 키워 주고, 사서는 사회관계에서의 태도와 행동 방식의 조언에 집중한다는 점에서 '외면적' 성향을 띠고 있기에 그 빈자리를 메우려고 『근사록』을 편집해 '심학'에 집중하고자 했다.45) 그래서 주자는 "사서는 육경의 사다리요, 『근사록』은 사서의 사다리"46)라고 했다. 그런데 『근사록』이 다루고 있는 "심학의 규모와 절목, 정미한 의리"는 사실상 이론과 실천의 전 분야에 걸쳐 있어 매우 광범위하고 포괄적이다. 『근사록』의 체제를 구조화하면 다음과 같다.47)

---

44) 『退溪言行錄』 권1, 「讀書」.
45) 한형조 외(2009), 「『심경』의 구성과 내용, 그리고 조선 유학의 논점」, 『심경 ― 주자학의 마음 훈련 매뉴얼』, 한국학중앙연구원 출판부, 12쪽.
46) 『朱子語類』 권105, 「近思錄」, 제23조목.
47) 이는 주자가 제시한 6개의 강령과 14개의 권으로 구분한 방식에 따라 작성했다. "因共撮取其關於大體而切於日用者 以爲此編, 總六百二十二條 分十四卷 蓋凡學者所以求端用力 處己治人之要 與所以夫辨異端 觀聖賢之大略 皆粗見其梗槪"(『近思錄』, 「後序, 提要」).

〈『근사록』의 체제와 구성〉

권	강령綱領	강목綱目
1	구단求端	도체道體
2	용력用力	위학대요爲學大要
3		격물궁리格物窮理
4		존양存養
5	처기處己	개과천선극기복례改過遷善克己復禮
6		제가지도齊家之道
7		출처진퇴사수지의出處進退辭受之義
8	치인治人	치국평천하지도治國平天下之道
9		제도制度
10		군자처사지방君子處事之方
11		교학지도敎學之道
12		개과급인심자병改過及人心疵病
13	변이단辨異端	이단지학異端之學
14	관성현觀聖賢	성현기상聖賢氣象

표에서 볼 수 있듯이 『근사록』은 우주의 원리와 인간 본성의 관계를 밝힌 권1의 '도체'부터 고대에서 송대에 이르는 성현의 계보를 밝힌 권14의 '성현기상'에 이르기까지 본체론과 심성론, 공부론을 포함한 성리학의 이론적·실천적 문제를 폭넓게 다루고 있다. 그래서 퇴계는 "근사록은 주역의 설을 많이 인용해 의리가 정밀하고 깊어 초학자들이 얼른 알기 어렵기 때문에 처음 공부하는 사람에게는 가르치지 않는다"고 한 것이다.

한편 사서나 『근사록』보다 아래에 있지 않으며, 마음 공부의 실질적인 공효에서는 『근사록』보다 더 긴절하다고 할 만큼 『심경』의 가치를 중시했던 퇴계가 『심경』보다 더 절실하게 여긴 책이 바로 『주자서절요』였다. 이유는 다음과 같다.

'『소학』과 『근사록』과 『심경』 가운데서 어느 책이 가장 긴절합니까' 라고 물었더니, …… 초학자가 처음 시작하는 데는 『심경』보다 긴절한 것이 없다'고 하셨다. 또 말씀하시기를, '내 경우에는 『주자서절요』보다 나은 것이 없었다. 친구나 제자의 자질이나 병통이 제각기 다르기 때문에 자질에 따라 가르치고 증세에 따라 약을 썼으니, 많은 문답 가운데에 어찌 자연히 자신에게 맞는 것이 있지 않겠는가. 진실로 잠심潛心하고 음미吟味해 마치 직접 얼굴을 뵙고 가르침을 받는 것같이 한다면, 자신을 수양하는 공부에 어찌 도움 되는 것이 적다 할 것인가'라고 하셨다.48)

퇴계가 여기서 "학문을 시작하는 데는 『심경』보다 긴절한 것이 없으나 내 경우에는 『주자서절요』보다 나은 것이 없었다"고 한 이유는, 바로 『심경』과 『주자서절요』가 다루는 심학의 층위가 서로 다른 것이었기 때문이다. 즉 『심경』이 심학의 연원과 실천적 방법에 대한 '일반론'을 다룬 것이라면 『주자서절요』는 심학의 실천법을 현실에서 직접 적용할 때 각자가 당면하게 될 수많은 난관과 그에 따른 처방과 극복 과정을 실제 사례를 통해 제시한 '실제적 지침서'였기 때문이다. 특히 이 책은 사제간에 실제로 있던 일을 기록한 것이므로 학자들로 하여금 학문의 단서를 찾아 흥기하게 하는 '실제적 힘'이 있음을 강조하며 퇴계는 이렇게 말한다.

대저 사람이 공부를 하려고 하면 거기에 반드시 발단해 일으키는 곳이 있어야만 비로소 이로 인해 앞으로 나아갈 수 있다. 세상에는 재주가 뛰어난 자들이 많고 성현의 글을 근실하게 읽고 외우는 자도 많지만 그럼에도 불구하고 끝내 도학에 노력을 기울이는 자가 없는 것은 다른 이유가 아니라 다만 단서를 일으켜서 마음에 작심하는 바가 없기 때문이다.
그런데 지금 이 편지글에 기록된 말들은 모두 한때 스승과 벗들 사이에서 지결

---

48) 『退溪言行錄』 권1, 「讀書」.

旨訣을 강명하며 실제로 공부하는 과정에서 꾸짖고 면려한 것들이니, 저들과 같이 범범하게 논한 것과는 성격이 같지 않다. 그러니 내용 중 어느 것이 사람들의 뜻을 불러일으키고 사람들의 마음을 작심하게 하지 않는 것이 있겠는가.
……
그러므로 만약 지금 세상에서 이 글을 읽는 자로 하여금 능히 마음을 비우고 뜻을 낮추어 번거로움을 참고 깨달아 이해하게 하기를 저 선생님의 가르침처럼 한다면 자연 학문의 길로 들어갈 곳을 알게 될 것이며, 이처럼 들어갈 곳을 얻은 다음이라야 비로소 가히 즐길 만한 맛이 단지 추환芻豢이 미각을 즐겁게 하는 정도만이 아니라는 것을 알게 되어, 이른바 규모를 크게 하고 심법을 엄히 하는 문제가 드디어 힘을 얻을 수 있을 것이다.49)

즉 『심경』에는 심학의 공부법과 경의 공부법이 매우 상세해 갖추어지지 않은 것이 없지만 문제는 이를 실제로 적용할 때는 사람마다 자질과 능력, 병통이 각자 다른 데 있었다. 그런데 『심경』에는 일반론만 제시되어 있을 뿐 사람마다 각기 다른 자질과 병통에 따른 처방까지 실려 있는 것은 아니었다. 『주자서절요』는 바로 이 문제를 해결하는 실제적 실마리를 제공해주는 책이었다. 『심경』에 제시된 심법이 한낱 추상적인 이론으로 떨어지지 않고, 사제 간의 인격적 만남 속에서 각자의 절실한 상황에 따라 어떻게 구현되고 있는지를 생생하게 보여주는 스토리였기 때문이다. 그래서 퇴계는 이 책을 읽는 사람은 『심경』에 제시된 심법을 엄격히 실천할 수 있는 "실제적 힘을 얻을 수 있을 것"이라고 강조하고 있다. 즉 『근사록』이 〈심학의 이론적 체계를 종합적으로 제시한 책〉이라면 『심경』은 〈심학의 연원과 실천법을 다룬 일반론〉, 『주자서절요』는 심학의 공부법을 현실에서 적용할 때 부딪히는 수많은 난관과 그에 따른 처방 및 극복의

---

49) 『退溪集』 권42, 序, 「朱子書節要序」.

스토리를 사제 간의 생생한 만남을 통해 보여준 〈심학의 실제적 지침서〉였다고 할 수 있다.

이덕홍에 따르면, 이 책이 완성된 뒤 퇴계는 "날마다 사람들과 함께 강론해 밝히고 토론하며, 만약 한 글자라도 잘못된 것이 있거나 한마디 말이라도 풀리지 않는 것이 있으면 반드시 발분망식發憤忘食하며 본래의 뜻을 찾아내었다"50)고 한다. 또한 그는 후일 도산서당에서 퇴계와 이 책을 강론한 내용을 엮어 『주자서절요강록朱子書節要講錄』을 남겼다.

요컨대, 『주자서절요』의 편찬을 통해 퇴계는 사서삼경을 본원으로 삼았던 기존 유학의 공부론을 자신의 고유한 학문 체계 속에서 새롭게 재편하고자 한 것으로 해석할 수 있다. 이는 도산서당의 교육 과정을 통해 사서와 『근사록』, 『심경』과 『주자서절요』의 관계를 새롭게 규정하고, 각 교재가 다루는 심학의 층위를 재구조화하는 방식으로 구체화되고 있다. 즉 『주자서절요』의 편찬은 퇴계 특유의 심학적 공부론이 체계화되는 과정을 보여주며, 이는 도산서당의 교육 과정을 통해 구체화되고 있음을 볼 수 있다.

4) 『자성록』에 드러난 심학적 공부론의 구조와 특징

『자성록』은 퇴계가 55～60세에 이르는 6년 동안 남언경南彦經(생몰년 미상), 정유일鄭惟一(1533～1576년), 권호문權好文(1532～1587년), 김부륜, 이이李珥(1536～1584년), 황준량黃俊良(1517～1563년), 기대승奇大升(1527～1572년), 노수신盧守愼(1515～1590년) 등 8명의 문인에게 보낸 편지 22편을 선별해 1558년 5월에 편집한 것이다. 많은 편지글에서도 퇴계가 22편만 특별히 선별한 기준은 과연 무엇이었을까.

신귀현은 이 책이 겉으로 보면 통일성과 체계성이 없는 듯하지만 편집

---

50) 『艮齋集』 권6, 「記善總錄」.

과정에서 퇴계의 의도에 따라 삭제된 부분과 추입된 부분이 있는 점, 22편의 글이 단순히 연대순이 아니라 내용에 따라 배열된 것으로 보이는 점, 한 편지의 일부분을 다른 편지의 일부분과 결합시키거나 한 편지의 본지와 별지를 다른 곳에 분리 배열한 경우가 있는 점을 근거로 퇴계의 의도에 따라 나름의 통일성과 체계성을 갖고 편집된 것으로 보고 있다.51) 우선 『자성록』의 체제와 내용을 "초학자들의 병통에 대한 진단과 처방", "학문하는 자세", "학문의 요체와 방법", "출처의 의리"라는 4가지 주제로 분류해 간략히 도표화하면 다음과 같다.52)

〈『자성록』의 체제와 내용〉

주제	내용	세목
초학자들의 병통에 대한 진단과 처방	○ 천착穿鑿, 강탐强探, 조장助長, 안배安排의 원인과 처방	・병의 원인: 리에 대한 통찰의 부족. ・병에 대한 처방: 세상의 궁통窮通, 득실, 영욕, 이해를 생각지 말고 수작酬酌과 욕망을 절제하며, 독서는 다독을 피하고 뜻을 음미하고, 궁리. 공부는 성급한 효과를 구하지 말고 반드시 일상의 평이명백한 곳에서 출발해 완숙에 이를 것.
학문하는 자세	○ 입지立志의 중요성	・입지가 확고하지 못함이 초학자가 빠지기 쉬운 병폐. ・입지에도 반드시 목적이 있어야 함.
	○ 위학의 본말本末	・본본: 효제충신에 근본을 두고 ・말末: 차례로 천하만사, 진성지명盡性至命의 지극함에 미칠 것.
	○ 독학의 위험성과 강학의 필요성	・교기질矯氣質은 스스로 해야 할 일이지만 사우師友와의 연상강마聯床講磨를 통해야만 편견과 독단에서 벗어날 수 있음.
	○ 완숙의 공부에 이르는 방법	・마음과 이치가 자연히 하나 되는 완숙의 공부에 이르려면 강탐强探, 안배安排가 아닌 정제엄숙整齊嚴肅, 사물四勿, 삼귀三貴의 방법으로

51) 신귀현(2001), 『퇴계 이황, 예 잇고 뒤를 열어 고금을 꿰뚫으셨소』, 예문서원, 98쪽.
52) 신귀현은 『자성록』의 체제를 "초학자들의 공통된 병을 고치는 요령, 학문하는 기본자세, 학문하는 방법, 명성을 가까이 하는 데 대한 경계"의 4가지 주제로 분류한 바 있다(신귀현, 같은 책, 98~111쪽). 여기서는 이를 참고해 마지막 '명성을 가까이 하는 데 대한 경계'는 내용이 너무 소략해 '출처의 의리'로 바꾸고 나머지 내용과 세목은 공부론을 중심으로 필자가 다시 정리했다.

		경敬을 유지해야 함.
	○ 동정動靜과 일상을 아우르는 경敬 공부	• 정처靜處에서 전일專―하기는 쉽고 요처鬧處에서 전일專―하기는 어려우니 곳에 따라 모두 전일할 수 있어야 함. • 정시靜時엔 마음이 흐트러지지 않도록 조존操存, 함양涵養하고, 동시動時엔 성찰省察해 시비, 선악, 사정邪正, 의리를 엄격히 구별할 것.
	○ 천리득력踐履得力	• 학문은 속성速成하려 해선 안 되고 오랜 실천을 통해 득력해야 기질을 고칠 수 있음.
	○ 구인지求仁智	• 인자仁者와 지자智者의 기상과 의사를 통해 옛 성현이 산수를 좋아한 뜻을 좇아 산수를 배울 것.
	○ 선배의 학문에 대한 후학의 자세	• 함부로 비난해서는 안 되지만 의리는 천하의 공변된 것이니 리를 분석하고 도를 논함에서는 털끝만큼도 구차히 해서는 안 됨. • 오직 의리가 있음을 알 뿐 물아物我의 차이를 두지 말 것.
학문의 요체와 방법	○ 경: 학문의 요체	• 동정을 관통해 경을 지키는 것이 학문의 요체.
	○ 지경持敬의 방법	• 동시動時와 정시靜時, 미발未發과 이발을 관통하는 경의 공부법은 주일主―. • 주일무적主―無適의 핵심은 '비착의비불착의非著意非不著意'에 있음.
	○ 정시와 동시의 지경	• 정시: 밖으로는 정제엄숙整齊嚴肅, 안으로는 주일主―, 성성연惺惺然해 천리의 본연을 기르고 본원을 함양. • 동시: 성찰해 인욕이 싹트는 기미를 살피고 의리를 구하되 안배安排하지 말 것. • 동시에 정중지동靜中之動, 동중지정動中之靜을 겸해야만 '항상 잠들어 깨지 못하거나 항상 걸어서 멈추지 않는 병통'에서 벗어날 수 있음.
	○ 미발시와 이발시의 지경	• 미발 시: 구방심求放心, 존심양성存心養性, 계신공구戒愼恐懼 • 이발 시: 삼성三省, 삼귀三貴, 사물四勿 • 두 가지 공부는 밖에서 제어해 중中을 기르는 공부로 둘 중 어느 하나를 결해서는 안 됨.
	○ 궁리와 거경의 관계	• 궁리와 거경은 서로 수미가 되니 상호병진해야 하지만 실제로는 두 가지 공부. • 궁리: 궁리한 다음 실천에서 이를 증험해야 비로소 진지眞知가 되며, 궁리한 뒤 경을 실천하지 못하면 공부의 실득이 없음. • 거경: 리를 투철하게 알지 못하면 경을 지킬 수 없음. 거경의 핵심은 한 번 실천하는 것이 아니라 경을 '지속'하는 것.
	○ 궁리의 방법	• 궁리는 한 가지 방법에 구애되지 말고 사람마다 병통과 상황에 따라 다단한 방법을 강구해야 함.

출처出處의 의리	○ 출처出處를 무론하고 학문을 위주로 몸을 닦고 의義를 행할 것	・나아가든 물러가든 오직 의리義理를 깨닫고, 빼앗지 못할 뜻, 기개, 식견을 지닐 때까지 학문의 힘을 단련해야 세속의 영리에 흔들리지 않을 수 있음. ・지나치게 높이 자처하거나 서둘러 만용을 부리지 말고 명실名實이 부합해야 하며 오직 도의道義로써 준칙을 삼아 출처를 택해야 함.

이 표에서 볼 수 있는 바와 같이 『자성록』에서 가장 큰 비중을 차지하는 것은 바로 공부론, 그중에서도 퇴계 공부론의 특징을 보여주는 '심학적 공부론'에 관한 논의이다. 핵심은 '경의 공부론'으로 집약된다. 즉 그가 여러 편지글 중에서도 특별히 22편을 선별한 기준은 바로 그의 공부론의 정수가 담긴 글이었음을 짐작할 수 있다. 이제 『자성록』에 나타난 논의를 통해 그의 공부론의 특징이 무엇인지 살펴보자.

퇴계가 초학자들에게 흔히 나타나는 공통된 병통으로 가장 많이 지적한 것은 바로 "쓸데없이 천착하고 억지로 탐구하며 조장하거나 안배하는" 병통이었다. 퇴계는 아직 완전한 효험을 보지는 못했지만 자신도 이 병을 몸소 겪었기에 치료법을 알고 있다며 병의 원인과 처방을 다음과 같이 제시했다. 우선 원인이 "리에 대한 통찰이 투철하지 못하기 때문"임을 지적하고 그에 대한 처방으로 첫째, 세상의 궁통, 득실, 영욕, 이해를 생각 밖에 두어 마음에 누를 끼치지 말 것. 둘째, 수작을 줄이고 욕망을 절제할 것. 셋째, 마음을 괴롭힐 정도로 책을 많이 읽지 말고 마음이 내키는 대로 뜻을 음미할 것. 넷째, 이치의 탐구는 반드시 일상의 평이명백한 곳에서 출발해 숙달케 하되 뜻을 두는 것도 아니고 두지 않는 것도 아닌 상태로 잊지 않으면서 꾸준히 노력해 조급하게 성과를 거두려 하지 말 것"의 4가지를 제시하고 있다.[53]

이를 위해 필요한 학문 자세로는 먼저 입지를 확고히 하고, 학문의 본

---

53) 『退陶先生自省錄』 중 1번 편지, 「答南時甫彦經」(『퇴계전서』 21책).

말을 구별할 줄 알아야 하며, 마음과 이치가 하나 되는 완숙의 경지에 도달하기 위해서는 동정과 일상을 아우르는 경의 훈련이 필요함을 강조했다. 또한 기질을 고치는 것은 자신에게 있지 남에게 있는 것이 아니지만 이는 사우의 도움 없이는 불가능하며, 편견과 독단에 빠지지 않으려면 혼자 공부해서는 안 되고 반드시 밝은 스승, 유익한 벗들과의 '연상강마'가 필요함을 역설하고 있다.

그는 "공문孔門에서 심학을 말하지는 않았지만 심학이 가운데 있다"[54]라며 공부의 핵심은 다름 아닌 '심학'에 있으며 심학의 요체는 "경을 지키는 데 있음"[55]을 천명한 뒤 심학적 공부론을 '경'을 중심으로 체계화하고 있다. 먼저 안과 밖, 정과 동, 미발과 이발을 동시에 관통하는 경의 공부법을 제시한 뒤, 이를 다시 정시와 동시, 미발 시와 이발 시의 공부법으로 세분화했다. 다음으로 거경과 궁리의 관계를 밝히고, 사람의 자질과 병통에 따라 궁리의 공부법을 어떻게 달리해야 하는지를 제시함으로써 그의 공부론이 궁극적으로 지향하는 바가 어디에 있는지를 보여주고 있다. 『자성록』에 제시된 경의 공부론의 핵심과 특징을 요약하면 다음과 같다.

첫째, 그는 정시와 동시, 미발과 이발을 동시에 관통하는 경의 공부법으로 "마음을 두 갈래로 쓰지 않는다"는 뜻의 '주일主一[주일무적主一無適]'을 제시했다. 그는 '구사九思'를 '전일專一'로 해석한 정자의 말을 근거로 "주일의 의미와 주일을 해야 하는 이유"를 이렇게 말하고 있다.

> 정자의 이른바 '"구사"는 각각 한 가지에 전념하는 것이다'는 말은 하나의 일에 대해 마음을 두 갈래로 쓰지 않음을 말한 것일 뿐입니다. 만일 여러 가지

---

54) 같은 책, 11번 편지, 「答鄭子中」.
55) 같은 책, 13번 편지, 「答金惇敍富倫」.

일이 동시에 이르렀을 경우라면 어떻게 이쪽, 저쪽, 이 일 저 일에 여러 가지로 생각해 대응할 수 있겠습니까? 이때 주일하여 마음의 주재가 탁연히 여기에 있어 뭇 일의 강령이 된다면 나머지 세세한 일은 구태여 한 건 한 건마다 다 생각하지 않더라도 일마다 저절로 절도에 맞는 묘용妙用이 있게 될 것입니다.56)

여기서 주일에 대한 퇴계의 해석은 '리의 묘용妙用' 즉, "리가 스스로 발해 작동한다"고 본 그의 '리동'설과 깊이 연관되어 있음을 알 수 있다. 주일이란 만 가지 세세한 일이 모두 절도에 맞도록 한 건 한 건마다 마음에 두고 집착하는 게 아니라, 그저 내 마음에 이미 갖춰져 있는 만 가지 이치가 절로 발현되고 작용할 수 있는 마음의 환경을 만들어주는 것이라는 것이다. 즉 활물活物로서의 리를 알아차리고 경험할 수 있도록 마음의 환경적 조건을 조성해야 한다는 것이다. 그는 "얽매이는 생각이 마음에 있거나 이미 지나갔는데도 잊어버리지 못하고 마음에 두는 것은 주일이 아닌 사의私意"라고 한 주자의 말을 인용하면서 주일의 핵심은 바로 "마음에 두는 것도 아니고 두지 않는 것도 아닌 상태非著意非不著意"임을 강조했다. 또한 경의 공부법으로서 주일의 의미가 "리의 직접적 발동"과 어떻게 관련되는지를 보다 쉽게 설명하기 위해 글씨를 쓰면서 경을 훈련한 정호程顥의 일화를 소개하고 있다.

명도는 글씨를 쓸 때 매우 경에 힘썼습니다. 그는 글자 자체가 좋거나 나쁘기를 미리 기대하지 않고 오로지 글씨 쓰기에 경을 기울였습니다. 쓴 글자가 교묘하거나 치졸한 것은 사람의 타고난 재질의 분수와 공부한 노력에 따라 저절로 결정될 뿐입니다. 그러한 명도의 태도는 '기를 기르는 데서는 반드시 의義를 모으는 것을 일삼아 하고 그 결과를 마음에 예기치 말라. 이 일을 마음으로 잊지도

---

56) 같은 곳.

말고 조장하지도 말라'는 것이 일에 나타난 것입니다. 그런데 성현의 그러한 심법은 반드시 글씨를 쓰는 데만 해당되는 것이 아닙니다. 그러한 까닭으로 주자 또한 '일一이 가운데 있으면 모든 점과 획이 저절로 이루어지지만 뜻意을 멋대로 버려두면 글씨가 거칠어지고 예쁜 것을 취하면 글씨가 흐트러진다'고 했던 것입니다. 여기서 이른바 '일一'이란 곧 '경敬'입니다.[57]

여기서 퇴계가 인용한 '일一이 가운데 있으면 모든 점과 획이 저절로 이루어진다'는 것은 바로 '리의 직출直出'과 '경'의 관계를 보다 쉽게 설명하고 있다. 즉 '모든 점과 획이 저절로 이루어진다'는 것은 '리의 직출'을 말하는 것이며, '일이 가운데 있으면'이란 바로 '리의 주재성과 활동성'을 담보하기 위한 마음의 환경적 조건을 가리킨다. 이때 그것의 조건으로서의 '주일'은 예쁜 글씨를 기필하는 마음도 아니며, 그렇다고 아무렇게나 쓰려고 뜻을 멋대로 방치하는 마음도 아니다. 이를 통해 퇴계는 바로 '마음에 두는 것도 아니고 두지 않는 것도 아닌 상태' 즉, '경을 전일하게 하'라는 것으로서의 '주일'의 실제적 의미를 보여주고자 했다.

둘째, 정시와 동시에 해당하는 경의 공부법으로 정시에는 천리天理의 본연을 기르고 본원을 함양해야 하며, 동시에는 인욕이 싹트는 기미를 살펴 이를 잘라내는 훈련이 오래되고 순숙되어야 한다고 했다. 정시에 본원을 함양하는 구체적 방법은 밖으로는 정제엄숙整齊嚴肅하고 안으로는 주일해 항상 성성연惺惺然하게 깨어 있어야 하며, 동시에 인욕의 기미를 살피기 위해서는 성찰을 통해 시비, 선악, 사정邪正, 의리를 엄격히 구별해야 한다고 했다. 그런데 여기서 퇴계는 당시 많은 사람이 정시와 동시의 공부를 기계적으로만 구분해 정작 지경持敬에 실패할 위험성이 있음을 매섭게 경계하고 있다. 그렇게 되면 정시에는 일을 싫어하고 정靜을 구할 줄만 알

57) 같은 곳.

아 장자나 열자의 무리처럼 좌망坐忘에 빠질 위험이 있다는 것이다. 또 비유하자면 동시에는 동서남북에서 날마다 분연히 손님이 집에 찾아오는데 번번이 집 뜰을 멀리 벗어나 그들을 마중하고 배웅할 줄만 알고 정작 자기 집은 지키지 못하게 되어 결국에는 도둑떼가 종횡으로 때려 부수고 어지럽히는 꼴을 면치 못하게 된다는 것이다.58)

이에 그는 '정시에도 정중지동靜中之動', '동시에도 동중지정動中之靜'의 공부가 필요함을 강조했다. 즉 무사시無事時는 본원을 함양하는 지두地頭로, 밖으로는 엄숙하고 안으로는 주일해 깨어있어야 하지만 무사시에도 모든 생각을 떨쳐 버리려고 해서는 안 된다는 것이다. 무사시에는 마땅히 정靜해 존양存養해야 하지만 무사시라도 생각할 것이 있고 생각이 주일해 주작走作함이 없다면 이는 정중지동으로서 마음을 지키는 데 방해가 되지 않는다는 것이다. 또한 유사시有事時에는 성찰해 인욕의 기미를 살피고 의리를 찾아야 하지만 사념을 쉬지 않고 궁리를 그치지 않아 어지러이 사물을 쫓기만 하면 이는 동에만 치우쳐 정할 때가 없는 것이니 이것이 곧 주자가 말한 "항상 잠들어 깨지 못하거나 항상 걸어서 멈추지 않는 병통"이라고 했다.59) 즉 정시에도 좌망에 빠지지 않고 동시에도 안배安排하는 병통에 빠지지 않는 방법은 바로 '주일'로서 단지 정시, 동시의 공부뿐만 아니라 '정중지동과 동중지정'의 공부까지 관통해야 한다는 것이다.

셋째, 미발 시와 이발 시에 해당하는 경의 공부법으로 미발 시에는 먼저 흐트러진 마음을 거두고 덕성을 기르는 것을 최초의 착수처로 삼아 항상 계신공구戒愼恐懼하고, 이발 시 물에 접하고 응할 때는 삼성, 삼귀, 사물에 입각해 성찰하라고 했다. 그러나 이 두 가지 공부는 "밖에서 제어해 중中을 기르는 공부"로, 둘 중 어느 하나를 결해서는 안 된다는 점을 강조

58) 같은 곳.
59) 같은 곳.

했다. 특히 기대승이 본원처의 공부에 대해 물으면서 심지心地 공부에 특히 집착하는 경향을 보이자 퇴계는 삼성, 삼귀, 사물은 응접처에 입각한 것이지만 이 역시 본원 함양 공부임을 알아야 하며, 그렇지 않고 심지 공부만 위주로 하면 석씨[불교]의 견해에 떨어질 위험이 있음을 경고했다.60)

넷째, 궁리와 거경의 관계에 대해 둘은 서로 수미가 되니 반드시 상호 병진해야 하지만 실제로는 두 가지 공부임을 명심해야 한다고 했다. 궁리 공부는 궁리한 다음 실천에서 이를 증험해야만 비로소 진지眞知가 되며, 궁리할 때도 경을 주로 해 능히 주일해야만 실제로 얻는 것이 있으리라고 했다. 그는 "다만 이 이치를 알기 어려운 것이 아니라 행하기가 어려운 것이며, 또 행하기가 어려운 것이 아니라 오래 오래 쌓아 숙습하기가 어려운 것이니, 이것이 내가 깊이 두려워하는 점입니다"61)고 함으로써, 궁리는 거경의 수단이고 거경은 궁리의 목적이며, 거경 공부의 핵심은 한 번 경을 지키는 것이 아니라 경을 '지속'하는 데 있음을 강조하고 있다.

다음의 몇 가지 일화는 궁리와 거경의 관계를 "진지와 실득實得"으로 설명한 퇴계의 본의가 어디 있었는지를 잘 보여준다. 어느 날 정유일이 음식을 장만해 부모를 봉양하고, 토지를 매매하는 등 집안일을 처리하느라 공부에 방해가 되므로 고요한 곳에서 전일하게 공부하고 싶다고 하자 퇴계는 이렇게 충고했다.

> 학문하는 소이는 반드시 효제충신에 근본하고 차례로 천하만사, 진성지명盡性至命의 지극함에 미치도록 해야 합니다. 가장 먼저 시급히 해야 할 것은 가정에서 응대하는 데 있습니다. 그러므로 '근본이 서면 도가 생긴다'고 하는 것입니다. 그런데 집안일을 처리하는 것 때문에 학문에 방해가 된다 함은 옛사람들이 말

---

60) 같은 책, 17번 편지, 「答奇正字明彦大升」.
61) 같은 책, 14번 편지, 「答李叔獻珥」.

한 것과 다르지 않습니까? 이는 의리義理에서는 소홀하고 영위營爲에서는 급급했기 때문에 이렇게 된 것이 아니겠습니까?62)

리의 유행은 부모를 섬기는 일부터 만사만물에 이르기까지 모두 다단多端해 끝이 없지만 그처럼 다단한 것을 처리해 일일이 마땅하게 하는 것은 궁리거경窮理居敬의 극진한 공부가 아니면 끝내 잘하기 어렵습니다. …… 가만히 보니 그대는 이 학문에 있어 너무 급박하게 구하려는 병통이 있는 듯합니다. 이처럼 하기를 계속하면 쉽사리 사의私意에 빠져 도리어 의리를 해칠까 염려되는데, 이는 적은 병폐가 아닙니다. …… 부모에게 드릴 음식을 몸소 장만하는 일이야말로 부모를 섬기는 일 중에 긴요한 일입니다. 학업에 방해가 된다 해 못하게 하는 것은 '여력이 있거든 학문하라'는 뜻과 어긋납니다.63)

가난해 농토를 사는 것은 본래 의리에 크게 손상되는 일이 아니며, 값의 고하를 따질 때 지나친 것을 깎아 알맞은 시세에 따르려는 것도 또한 당연한 이치입니다. 다만 한번이라도 자기를 이롭게 하고 남을 이기려는 생각이 있으면 그때가 곧 순과 도척이 분별되는 분기점이니, 그때 반드시 재빨리 정신을 써서 의義냐 리利냐를 판별해야 비로소 소인을 면하고 군자가 될 수 있습니다. 굳이 농토를 사지 않는 것만이 고상하다고 여길 것은 못됩니다.64)

이처럼 앎과 삶을 마치 전혀 별개의 일처럼 간주하는 정유일에게 퇴계는 이치를 탐구하는 일은 결코 생활세계를 벗어나는 일이 아님을 따끔하게 충고하고 있다. 이치를 탐구하는 목적은 궁극적으로 의리를 행하기 위

---

62) 같은 책, 5번 편지, 「答鄭子中」.
63) 같은 책, 10번 편지, 「答鄭子中」.
64) 같은 책, 11번 편지, 「答鄭子中」.

함인데, 생활세계는 철저히 무시하고 학문의 성과만 성급하게 추구하는 정유일의 모습은 결국 사의에 빠져 의리를 해치는 결과를 낳을 위험이 있음을 경고하고 있다. 생활세계의 실천을 벗어난 앎은 '진짜 앎眞知'이 아니며, 이런 식의 궁리 공부는 백날 해봐야 아무런 실득實得이 없다는 것이다. 또한 가난해 토지를 사고파는 일상의 사소한 일 역시 이치가 실현되어야 할 중요한 실천의 대상임을 역설하고 있다. 토지를 매매할 때 학자가 해야 할 일은 고상하지 않다고 해서 이를 사소하게 여길 것이 아니라 한 순간이라도 시세보다 지나치게 깎아 나만 이롭게 하고 상대에게 해를 끼치려는 생각이 일어난다면 재빨리 정신을 차리고 마음을 주재해 이利에 떨어지지 않고 의義를 행함으로써 이치에 맞는 거래를 해야 한다는 것이다. 즉 일견 궁리 공부와 전혀 무관한 것처럼 보이는 토지를 사고파는 일상의 소소한 일에도 모두 이치가 유행하고 있으며, 이를 알아차리고 즉시 실천하는 것이 곧 학자의 일임을 역설하고 있다.

한편 퇴계는 정유일이 이처럼 앎과 삶을 이분법적으로 보고 생활세계에서 유행하는 이치를 간파하지 못하는 근본적 이유는 리에 대한 통찰이 투철하지 못하기 때문이라고 판단했다. 여기서 '리에 대한 통찰'이란 곧 '활물로서의 리'에 대한 이해를 뜻한다. 그러한 리의 속성을 강조하기 위해 그는 정유일에게 보낸 편지에서 이렇게 설명하고 있다.

마음이 태극心爲太極이라 함은 곧 이른바 인극人極입니다. 이 리는 물아物我, 내외內外, 분단分段, 방체方體가 없어서 바야흐로 그것이 고요해지면 혼연히 모든 것을 갖추어 한 근본이 되니, 본디 마음에 있다든가 물物에 있다는 구별이 없는 것입니다. 그것이 움직여 사물을 응접하게 되면 모든 사물의 이치가 곧 내 마음에 본래 갖추어 있는 이치로서 다만 마음이 주재해 각각 법칙에 따라 응할 뿐, 내 마음으로부터 미루어나감을 기다린 뒤에 사물의 이치가 되는 것이 아니니

다.65)

퇴계는 여기서 "리理가 움직여 사물을 응접하게 되면 각각 법칙에 따라 응할 뿐, 내 마음으로부터 미루어나감을 기다린 뒤에 사물의 이치가 되는 것이 아니"라는 점을 지적함으로써 리의 직출, 곧 리의 능동성과 활동성을 강조하고 있다. 즉 리는 스스로 발동하고 작용하는 '활물'로서 그 도도한 흐름은 무엇도 막을 수 없다는 것이다. 다만 마음이 주재하지 못할 때 인간은 그처럼 도도한 흐름을 깨닫지 못하고 알아차리지 못할 뿐이다. 정유일이 앎과 삶을 이분법적인 것으로 치부한 것은 이처럼 생활세계의 도처에 흐르는 '활물'로서의 리를 제대로 통찰하지 못했기 때문이다. 그렇다면 어떻게 해야 이를 알아차릴 수 있을까? 이를 위해 퇴계가 강조한 심학의 핵심적 공부법이 바로 '경'이다. 그중 『자성록』에 드러난 그의 '경공부론'의 특징은 어디서 찾을 수 있을까?.

앞서 언급한 바와 같이 그는 남언경이 천착, 강탐, 조장의 병증을 호소하자 원인은 역시 리에 대한 통찰이 투철하지 못한 데 있음을 지적한 뒤 그에 대한 처방으로 "첫째, 세상의 궁통, 득실, 영욕, 이해를 생각 밖에 두어 마음에 누를 끼치지 말 것. 둘째, 수작을 줄이고 욕망을 절제할 것. 셋째, 마음을 괴롭힐 정도로 책을 많이 읽지 말고 마음이 내키는 대로 뜻을 음미할 것. 넷째, 이치의 탐구는 일상의 평이명백한 곳에서 출발해 숙달케 할 것"의 네 가지를 제시한 바 있다. 그런데 그중 두 번째 '수작을 줄이고 욕망을 절제'하기 위한 구체적 방법으로 그가 제시한 내용은 주목을 요한다.

모든 일상생활에서 수작을 적게 하고, 욕망을 절제하고, 마음을 비워 편안하고 유쾌한 하루하루를 보내야 합니다. 도서와 화초를 완상하거나, 산수, 새와 물고

65) 같은 책, 5번 편지, 「答鄭子中」.

기의 즐거움 같이 정서와 의지情意를 즐겁게 할 수 있는 것을 되도록 자주 접촉해 심기를 항상 화순한 경지에 있도록 하고, 마음을 거스르거나 어지럽히지 말고 성내지 않으며, 원한을 품는 일이 없도록 하는 것이 긴요한 치료법입니다.66)

여기서 흥미로운 것은 그가 욕망을 절제하는 가장 긴요한 방법으로 도덕적 엄격성이나 철저한 자기통제, 성찰에 의한 욕망의 억압과 같은 네거티브한 방식이 아니라 예술과 자연의 완상을 통해 정서와 의지를 즐겁고 편안하게 하는 보다 적극적이고 유연한 방식을 택하고 있는 점이다. 즉 그는 미발 시 정제엄숙과 계신공구를 통해 조존操存하고, 이발 시 인욕의 기미가 싹트면 철저한 성찰을 통해 뿌리부터 잘라내라고 했던 통상적인 경의 공부법 대신 보다 적극적으로 어떻게 하면 정서와 의지를 즐겁게 하고 심기를 화순하게 해 '활물로서의 리'를 체인하게 할 수 있을까를 궁구했던 것이다. 심지어 그는 정유일에게 심기의 병이 갈수록 깊어지자 아예 마음에서 조존성찰 공부에 대한 생각을 접으라며 이렇게 충고하고 있다.

심기의 병은 만약 심상心上에 나아가 제거하려고 하면 할수록 더욱 심해져 수고롭고 요란함을 견디지 못해 큰 병이 되고 말 것입니다. 그대는 이 공부에 대해 이미 대략 어디로 들어가야 할지 길을 알고 있으니, 더 이상 허다하게 억지로 탐색하거나 허다하게 쓸데없이 안배할 필요가 없습니다. 이른바 마음을 단속하고 내면을 성찰하는 공부는 우선 염두에 두지 말고, 그저 일상의 평이하고 명백한 곳을 살피면서 너그러운 생각과 여유로운 자세로 한가하고 편안하게 자신을 수양하기를 주자의 『조식잠調息箴』처럼 해 나가십시오. 이처럼 오래 하면 다만 마음의 병만 치료될 뿐만 아니라 수렴收斂, 조존의 효과도 여기에서 얻을 것입니다. 마음을 단속하고 내면을 성찰하는 공부를 우선 염두에 두지 말라는 것은,

66) 같은 책, 1번 편지, 「答南時甫彦」.

배우는 사람의 일반적 법도가 그렇다는 것이 아니라 단지 마음의 병이 반드시 이처럼 한 뒤라야 안정된다는 것입니다.67)

여기서 '리의 능동성과 활동성', '사경死敬이 아닌 활경活敬'을 강조한 퇴계 고유의 '경의 공부론'의 특징을 찾을 수 있다. 조존성찰은 물론 가장 기본적인 경의 공부법이지만 오랜 기간 심기의 병으로 지친 문인들에게 그러한 상태를 살피지 않고 계속해서 조존성찰을 억지로 강요한다면 자칫 경이 '활경'이 아닌 '사경'으로 전락하지 않을까 우려했던 것이다. 이에 통상적인 경의 공부법은 일단 제쳐 두고, 어떻게 하면 우선 정서와 의지를 즐겁게 하고 심기를 화순하게 해 활경으로서의 경을 체득하게 할 수 있을까를 고민한 것이다. 그 대상으로 퇴계가 택한 것은 바로 도덕적 엄격성이나 억압적 자기통제가 아니라 '활발발한 리'가 가장 직접적으로 구현된 '예술과 자연'이었다.

요컨대 첫째, 『자성록』은 주제에 따라 구성된 책은 아니지만 그중 가장 많은 비중을 차지하는 내용이 공부론이라는 점에서 많은 편지글 중 퇴계가 특별히 22편의 글을 선별한 기준은 바로 그의 공부론의 정수가 담긴 글이었음을 알 수 있다. 둘째, 『자성록』에 나타난 퇴계의 공부론은 심학적 공부론, 그중에서도 '경의 공부론'으로 집약될 수 있다. 그는 이 책에서 학문의 핵심은 심학, 심학의 핵심은 경에 있음을 천명하고 미발과 이발, 정시와 동시, 정중지동과 동중지정, 안과 밖으로 나누어 경의 공부론을 구체적으로 제시하고 있다. 셋째, 『자성록』에 나타난 퇴계의 경의 공부론의 특징은 '리의 주재성과 활동성', '사경'이 아닌 '활경'을 강조한 데서 찾을 수 있다. 그는 동정을 관통하는 경의 공부법으로서 '주일'의 의미를 "리가 절로 발현되고 작용할 수 있도록 마음의 환경을 조성하는 일"로 해석함으

---

67) 같은 책, 11번 편지, 「答鄭子中」.

로써 그의 리동설과 관련시키고 있다. 그는 또한 생활세계의 도처에 흐르는 '활물로서의 리'에 대한 투철한 통찰을 통해 궁리 공부와 거경 공부를 연결하고, 경의 의미를 엄격한 도덕성이나 자기통제를 넘어 예술과 자연에의 감응의 유연성으로 확대, 해석함으로써 '사경'이 아닌 '활경'으로서의 '경의 공부론'을 확립하고자 했다.

3 「계산기선록」을 통해 본 도산서당의 강학 활동

1) 「계산기선록溪山記善錄」의 구성과 내용[68]

퇴계 문인들이 남긴 언행록으로는 조목의 『언행총록言行總錄』, 김성일의 『퇴계선생언행록退溪先生言行錄』, 정유일의 『언행통술言行通述』 등이 있는데, 그중 가장 체계적이고 상세한 기록이 바로 간재艮齋 이덕홍이 남긴 「계산기선록」이다. 「계산기선록」은 이덕홍이 계상서당과 도산서당에서 12년간 퇴계와 함께 생활하면서 직접 보고 들은 것을 기록한 것이다. 이덕홍이 19세에 퇴계 문하가 되자 퇴계는 그에게 이름, 자와 호를 직접 지어주고 세상을 떠날 때는 서책의 정리를 직접 부탁할 정도로 각별한 사제 관계를 맺었다. 이덕홍은 퇴계 문하에 들어간 뒤 틈틈이 스승의 언행을 기록해오다 퇴계 사후인 1571년 6월에 「계산기선록」을 완성했다.[69]

---

[68] 「계산기선록」은 현재 간재 종택과 규장각에 소장된 필사본과 『간재집艮齋集』에 수록된 형태로 전한다. 이 글에서 분석한 「계산기선록」은 『간재집』 권5~6에 수록된 것이다. 「계산기선록」은 1571년에 이덕홍이 집필을 마친 후 간행되지 못하다가 1665년에 그의 외증손 김만휴가 김응조金應祖의 발문을 받아 2권 1책의 필사본으로 편집했다. 이후 1752년에 초간본 『간재집』이 목활자로 간행되고(일부만 현존), 1766년에 대산 이상정의 산정과 교정을 거쳐 중간본 『간재집』이 오계서원에서 목판본으로 간행되었는데, 「계산기선록」은 그때 간행된 중간본 권 5~6에 실려 있다. 이상 「계산기선록」의 편찬 과정과 서지사항에 대한 상세한 내용은 이재곤(2007), 「간재 이덕홍의 溪山記善錄 내용 분석」, 『동양예학』 제17집을 참조.

[69] 『艮齋集』 권8, 「艮齋先生年譜」.

「계산기선록」은 총 16개의 주제로 구성되어 있다. 그중 가장 많은 분량을 차지하는 주제는 심학의 요체를 다룬 2절 '기선생조존지요記先生操存之要'로, 총 28개의 조항으로 구성되어 있다. 이는 도산서당의 강학이 특히 '퇴계 심학'의 전수에 초점을 두고 이루어졌음을 보여주는 대목이다. 이하에서는 「계산기선록」의 내용을 도산서당의 교육 과정에 구현된 '경의 공부론', '자질과 병통에 따른 경 공부의 차이' 등을 중심으로 분석하고자 한다.

〈「계산기선록」의 구성〉

권	절	주제	내용	항목수
상上	1	기선생입학지서기 先生入學之序	학문에 입문하는 순서	12
	2	기선생조존지요	심학의 요체	28
	3	기선생궁격지묘기 先生窮格之妙	이기, 체용, 궁격窮格의 묘妙와 유교, 불교의 차이	16
	4	기선생송독지근기 先生誦讀之勤	독서법과 학문하는 자세	13
하下	5	기선생산수지락기 先生山水之樂	서당의 일상과 자연의 묘리妙理, 감응의 즐거움	8
	6	기선생거가지의기 先生居家之儀	자제, 노복에 대한 처신, 농상農桑, 경제생활 등 거가居家 시 의절	10
	7	기선생제사지례기 先生祭祀之禮	제사의 예법	5
	8	기선생사수지의기 先生辭受之義	선물을 사양하고 받을 때의 의리	6
	9	기선생접물지용기 先生接物之容	타인을 대할 때의 도리와 태도	7
	10	기선생논인물지품 記先生論人物之品	채침, 정몽주, 조식, 기대승, 노수신, 윤임, 윤원로 등에 대한 인물평	6
	11	기선생논처변지도 記先生論處變之道	변고에 대처하는 도리	3
	12	기선생추서지인기 先生推恕之仁	자기 마음을 미루어 타인의 마음을 헤아리는 인仁	4
	13	기선생음식지절기	음식에 대한 절도	3

		先生飮食之節		
	14	기선생거향지사기 先生居鄕之事	향당에서의 예법	6
	15	기선생진퇴지절기 先生進退之節	진퇴의 의절	7
	16	기선생임종지명기 先生臨終之命	임종 때의 명	6

2) 도산서당의 교육 과정에 구현된 '경의 공부론'

퇴계는 "조정암 덕택에 『소학』을 읽어야 한다는 것을 알았다"며 기묘년(1519년) 전부터 『소학』을 강론하고70), 12세에는 숙부 문하에서 『논어』를 읽었으며, 19세에는 『성리대전』 중 「태극도설」을 보다가 "나도 모르게 마음이 기뻐져 진심으로 감복했다. 깊이 생각하고 체득해 차츰 요령을 얻게 되었는데, 이때부터 의리에 관한 학문이 실로 보통 일이 아님을 비로소 알게 되었다"71)고 고백했다. 23세에는 성균관에서 유학할 때 『심경』을 처음 구해 읽고 "비로소 심학의 연원을 알았다"고 했으며, 58세에는 『주자서朱子書』를 읽고 감동해 그중 일부를 선별해 『주자서절요』를 편찬한 뒤 "학문을 시작하는 데 『주자서절요』보다 나은 것이 없다"고 했다.

이러한 경험을 바탕으로 퇴계는 도산서당에서 강학할 때 "「태극도설」은 내가 처음으로 이치를 터득하기 시작한 곳이고, 「경재잠敬齋箴」은 내가 받아서 사용한 바탕이다"라며, 문인들에게 「태극도설」을 '학문의 입문처'로, 주자의 「경재잠」과 「백록동규白鹿洞規」를 '학문의 바탕처'로 삼도록 했다. 특히 1565년 4월에 「경재잠」과 「백록동규」를 각각 하나의 그림으로 그려 도산서당의 완락재 벽에 걸어두고 유생들로 하여금 일상생활의 규범으로 삼도록 했다.72)

---

70) 『艮齋集』 권6, 「記善總錄」.
71) 『艮齋集』 권5, 「溪山記善錄」 上. 이하 「계산기선록」과 「기선총록」에서 인용한 내용은 특별한 경우가 아니면 일일이 각주를 달지 않는다.

「경재잠」은 주자가 장식張栻의 주일잠主一箴을 본 따 지은 것으로, 매일의 공간적 차원, 즉 움직일 때나 멈출 때, 사람을 대할 때나 물物에 접할 때, 마음속에서 사욕이 일어날 때, 일상의 모든 공간적 상황에서 언어와 신체, 몸가짐과 마음가짐을 어떻게 해야만 마음이 경의 상태를 유지할 수 있는가를 다루고 있다. 주자는 "움직일 때나 멈출 때나 경을 벗어나지 않으면 안과 밖이 서로를 바르게 하지만 한순간이라도 경에서 벗어나면 사욕이 만단萬端으로 일어나 불길 없이도 뜨거워지고 얼음이 없어도 차가워지며, 털끝만큼이라도 경에서 어긋나면 하늘과 땅이 뒤집어지고 삼강이 무너져 구법九法 또한 어지러워질 것이다"73)라고 함으로써 마음공부의 성패는 바로 '지경'에 달려 있음을 강조하고 있다.

「백록동규」는 주자가 백록동서원 유생을 위해 작성한 「학규」로, 옛 성현이 가르친 학문하는 방법 중 중요한 부분을 뽑아 공부법의 요체를 제시한 것이다. 「백록동규」는 강학의 목적과 내용, 방법 및 일상에서의 구체적인 실천 지침을 포함하고 있다. 주자는 먼저 '오륜'을 제시한 뒤 학문의 목적과 내용은 오륜에서 벗어나지 않는 것임을 강조했다. 그리고 그것을 배우는 방법으로 "박학지博學之, 심문지審問之, 신사지愼思之, 명변지明辨之, 독행지篤行之"의 다섯 가지를 제시한 뒤 앞의 네 가지가 이치를 궁구하는 방법이라면 '독행'은 실천의 중요성을 강조하는 것이라고 말하며, 이어 다시 독행의 방법을 '수신, 처사處事, 접물接物'의 세 가지로 구분해 구체적인 실천 방법을 제시했다.74) 즉 오륜에서 시작해 일상의 실천으로 끝나는 「백록동규」는 도문학道問學과 존덕성尊德性의 공부법을 동시에 다루고 있으나 이치를 궁구하기 위한 도문학 공부도 결국은 일상의 실천과 오륜

---

72) 『退溪集』, 「退溪先生年譜」 권2, 가정 44년 을축 4월 조.
73) "動靜弗違 表裏交正 須臾有間 私欲萬端 不火而熱 不氷而寒 毫釐有差 天壤易處 三綱旣淪 九法亦斁"(『晦菴集』 권62, 「敬齋箴」).
74) 『晦菴集』 권74, 「白鹿洞書院揭示」.

에서 벗어나지 않음을 밝힌 것이다.

다음으로 「계산기선록」에 따르면 도산서당의 독서 순서에 대해 퇴계는 이렇게 말하고 있다. 이는 그가 「이산원규」에서 제시한 독서 순서와 약간의 차이를 보이고 있어 주목할 만하다.

> 『심경』과 『회암서晦庵書』는 정밀하고 합당해 실제를 체득한 것으로 이보다 더 나은 것이 없으니, 반드시 『소학』을 우선으로 하고 다음으로 『대학』-『심경』-『논어』-『맹자』-『주자서』를 차례로 가르친 뒤에 다른 경전에 이르도록 한다면 추향이 이미 바르게 되고 지기志氣가 견고해지며, 단지 마음이 습속에 흔들리지 않을 뿐만 아니라 문의文義 또한 풀리지 않는 것이 없을 것이다.75)

여기서 『주자서』(『회암서』)는 퇴계가 1558년에 편찬한 『주자서절요』를 가리키는 것으로 보인다. 그중 사서의 가운데와 마지막에 『심경』과 『주자서』를 배치한 점은 특히 주목할 만하다. 즉 "『소학』과 『가례』를 문호로 삼아 사서삼경을 본원에 두고, 정주 성리서를 다음 순서에 둔다"고 한 「이산원규」의 독서 차제와는 약간의 차이를 보이고 있다. 이는 상술한 바와 같이 1558년에 『주자서절요』의 편찬을 통해 사서와 『심경』, 『주자서절요』의 관계를 새롭게 규정하고, 각 교재가 다루는 심학의 층위를 재구조화함으로써 사서삼경을 본원으로 삼았던 기존 유학의 공부론을 퇴계 자신의 고유한 심학적 공부론의 체계 속에서 새롭게 재편한 뒤 이를 도산서당의 교육 과정에 반영한 것으로 해석할 수 있다.

이처럼 매일의 공간적 차원에서 '경의 공부론'을 세시한 「경재잠」을

---

75) "如心經晦菴書 則精當實得之功 莫加於此 故教人之際 必以小學先之 次及大學 次及心經 次及語孟 次及朱書 而後及之於諸經 則趣向已正 志氣堅定 非但不爲習俗所撓奪 其於文義之間 亦迎刃以解矣"(『艮齋集』 권6, 「記善總錄」).

도산서당의 벽에 게시해 문인들로 하여금 일상생활에서 '학문의 바탕처'로 삼게 하고, 독서 순서에서 사서삼경보다도 『심경』과 『주자서절요』를 우선시한 도산서당의 교육 과정에는 퇴계 학문의 '심학적 특징'과 '경의 공부법'이 반영되어 있었음을 알 수 있다.

3) 자질과 병통에 따른 경의 공부법의 차이

「계산기선록」에서 가장 큰 비중을 차지하는 2절 '기선생조존지요'는 주로 심학의 요체에 대해 퇴계와 주고받은 문답을 기록한 것이다. 주요 주제는 심의 본체와 작용, 심통성정心統性情의 의미, '의意, 지志, 려慮'의 의미와 차이, 안자의 '불위인不違仁'에 대한 논의, '위기지학'의 의미, '구방심求放心'의 방법으로서의 독서와 산학算學, 학문의 근본과 입지의 방법, 기질이 치우친 병통을 고치는 방법, 본원 함양 공부의 중요성, 경의 공부론 등이다. 그중 이덕홍이 퇴계와 주고받은 논의 중 가장 큰 비중을 차지하는 것은 바로 '경의 공부론'에 대한 것이었다. 이덕홍은 평소 동시에 마음을 수습하는 것이 정시보다 훨씬 더 어려운 병통을 호소하며 동시와 정시에 경 공부를 어떻게 달리 해야 하는지 또 사량좌, 주자, 정이천, 윤돈 등이 제시한 경 공부의 다양한 학설 중 어떤 공부법이 우선이며 이를 어떻게 터득해야 할지를 자주 물었다. 그때마다 퇴계는 지경을 위해서는 모든 공부법이 절실하지만 그중에서도 정이천의 '정제엄숙'이 가장 근본이 되는 공부이며, 경 공부는 동정을 관통하지만 정시에 본원을 함양하는 공부가 보다 우선이 되어야 함을 강조했다.

여기서 퇴계가 이덕홍에게 강조하는 경의 공부법은 앞서 살펴본 남언경이나 정유일에게 제시한 처방과는 좀 다른 차원에 초점이 맞춰져 있음을 알 수 있다. 이는 사람마다 학문 수준, 자질과 병통이 각각 달랐기 때문이다. 남언경과 정유일은 학문의 방법과 대체는 어느 정도 파악하고 있었으나 공통적으로 천착, 강탐, 조장의 병통이 심했다. 퇴계가 "그대는 이 공부에 대해 이미 대략 어디로 들어가야 할지 길을 알고 있으니, 더 이상 허다하게 억지로 탐색하거나 허다하게 쓸데없이 안배할 필요가 없습니다"라고 한 것을 보면 당시 정유일의 공부는 일정 수준에 도달해 학문의 방법과 대체를 이미 파악하고 있었음을 알 수 있다. 대신 남언경과 정유일은 궁리 공부에 있어 천착하고 억지로 탐구하는 심기의 병에서 오래도록 벗어나지 못해 퇴계에게 지속적으로 괴로움을 호소하고 있었다. 이에 퇴계는 조존과 성찰을 위한 통상적인 경의 공부법 대신 우선 예술, 자연에의 감응을 통해 정서와 의지를 즐겁게 하고, 심지어 조존성찰에 대한 생각조차도 마음에서 잠시 접어 두라는 파격적인 처방을 제시한 것이었다. 이는 그들이 앓고 있는 심기의 병에는 무엇보다 사경이 아닌 활경으로서의 경을 체인토록 하는 것이 가장 절실하고 긴요한 치료법이었기 때문이다.

반면 이덕홍은 초학 단계에서 심기가 안정되지 못해 "마음속에서 물레방아가 돌아가는 것과 같은 일이 자주 있다"고 하며 동시에 마음을 수습하기 어려운 병통을 지속적으로 호소하고 있었다. 이에 퇴계는 다단한 경의 공부법 중에서도 이덕홍의 병증과 기질을 고려해 초학자의 경 공부에 가장 기본이 되는 정제엄숙을 강조했다. 이덕홍이 21세에 퇴계에게 올린 아래 편지는 그의 병통과 기질을 이해하는 데 도움이 된다.

저에게는 어려서부터 세 가지 불행한 일이 있습니다. 저는 영천의 남촌에서 태어나 현의 오천에서 자랐습니다. 남촌은 이웃에 선한 풍속이 없고 재물 불리는 일에만 힘쓰게 했으며, 오천에는 저의 집만 홀로 있고 또 배운 사람이 없기 때문에 배우려고 한들 누구에게 배울 수 있었겠습니까. 그렇기 때문에 몸은 들짐승과 똑같아서 나가면 초동목부와 장난치고 놀며 매와 개를 따라 분주하게 돌아다니고, 들어가면 부모를 어기고 형이나 어른에게 거만해 쇄소응대와 진퇴의 예절을 알지 못했습니다. 거만하고 게으른 일에만 익숙하고 이욕을 탐하는 마음만 길러 분주하게 내달리고 사물에만 급급할 때는 자신이 어디 있는지도 깨닫지 못했으니, 간혹 글을 읽더라도 어디에 쓰겠습니까. 이것이 저의 불행 중에서 첫째입니다. …… 소자 나이가 이제 스물이 넘었습니다. 처음에는 과거 급제에 뜻을 두었으나 지금 문하에서 공부하고부터 비로소 「소학총론小學總論」의 주선생朱先生 말씀을 보고 감격해 발분하게 되었습니다. 올해부터는 다리를 붙이고 공부하려고 마음먹었으나 뜻을 세운 것이 확고하지 않고 기질이 혼미하고 어리석어 공부하는 선후의 순서를 모릅니다. 밝게 가르쳐 주시어 완고한 어리석음을 바로 잡아 주시기 바랍니다.76)

즉 그는 어린 시절 마땅한 스승을 구하지 못해 제대로 배운 적이 없었고, 비교적 늦은 나이에 공부를 시작했음을 알 수 있다. 연보에 따르면 18세에 금난수 문하에 들어가 청량산에 머물며 고문을 배웠으나 의리를 깨치진 못했고, 19세에 퇴계 문하에 들어가 비로소 『소학』을 읽고 학문에 뜻을 세웠다.77) 그는 늦게 공부를 시작한 대신 누구보다 독실한 노력을 기울였지만 노둔한 재질로 과연 학문을 성취하고 기질을 변화시킬 수 있을지에 대한 불안감과 열등감이 마음 한 편에 늘 자리하고 있었다. 이에 퇴계는 "목표는 이미 바르니 반드시 뜻과 기운을 굳게 정해 각고의 노력으로 공부한다면 반드시 성취가 있을 것"이라고 격려하면서, 다만 "지난날 배우지 못한 것을 공연히 후회하기만 하고 훗날까지 지금의 공부를 이어 가지 못한다면 결국 아무런 소득도 없게 될 것"이라고 경계했다.78)

그는 이덕홍이 유년 시절 배우지 못한 것에 대한 후회와 불안감을 떨

---

76) 『艮齋集』 권3, 問目, 「上退溪先生 辛酉」.
77) 같은 책 권8, 「艮齋先生年譜」, 가정 37년 무오; 가정 38년 기미.
78) 같은 책 권3, 問目, 「上退溪先生 辛酉」.

쳐버리고 앞으로 나아가도록 하기 위해 절대로 중도에 포기하지 말고 오래 걸리더라도 천천히, 고생스럽게, 남들보다 더 많은 노력을 기울일 것을 강조했다. 그는 "보통 사람의 학문이 늘 성취에 이르지 못하는 이유는 한 번 어려움을 느끼면 드디어 중단하고 하지 않기 때문이니, 매우 고생스럽게 공부하고 쾌활함이 없어야 바야흐로 좋은 소식이 있을 것"[79]이라고 했다. 또 "남이 열 번에 능하면 자기는 천 번을 노력하는 것이 바로 기질을 변화시키는 방법"[80]임을 역설했다. 하루는 이덕홍이 2년씩이나 『논어』한 책을 붙들고 있자 "『논어』를 2년 동안 읽으면 한 가지 책을 오래 읽는 병통이 없을 수 없으나 오래 읽는 것이 병통이 아니라 혹 오래 되어도 터득한 것이 없으면 병이 되는 것"[81]이라며 독서하는 속도는 조금 늦어도 괜찮지만 실득이 없어서는 안 됨을 강조했다. 즉 퇴계는 남들보다 비교적 공부를 늦게 시작한 이덕홍에게 아무리 오래 걸리더라도 무엇보다 기본부터 차근차근 공부 단계를 밟아나갈 것을 강조한 것이다. 『자성록』에서 강조한 경의 공부법과 달리 「계산기선록」에서 경 공부에 대한 논의가 '정제엄숙'을 중심으로 구조화되고 있는 것은 그러한 맥락에서 해석할 수 있다. 이제 「계산기선록」에 나타난 경 공부에 대한 논의를 살펴보자.

　이덕홍이 어느 날 "움직일 때 이 마음을 수습하기가 더욱 어려우니, 이곳에 대한 공부가 더욱 친밀하고 절실한 것 같습니다"라고 하자 퇴계는 "정靜을 주로 해 근본을 세우는 것만 못하다"며 이발 시에 흩어진 마음을 구하기 위해 더 근원이 되는 공부는 미발 시의 함양 공부임을 강조했다. 또 "경에 대한 설들이 다양한데 어떻게 해야 잊어버리거나 조장하는 병통에 빠지지 않을 수 있겠습니까"라고 묻자, 퇴계는 경의 공부법 중 초학자

---

79) 같은 책 권8, 「艮齋先生年譜」, 가정 41년 임술.
80) 같은 책, 같은 곳, 가정 40년 신유.
81) 같은 책, 같은 곳, 가정 44년 을축.

에게 가장 절실한 것은 사량좌의 '성성惺惺' 공부나 윤돈의 '불용일물不容一物'보다 정자의 '정제엄숙'이라고 했다. 정제엄숙을 오래하면 '성성'과 '불용일물'은 자연히 이루어질 것이라며 퇴계는 이렇게 말했다.

> 초학자를 위한 계책으로는 정제엄숙 공부만 한 것이 없다. 찾아 구하지도 않고 안배하지도 않으면서 다만 규율과 법도에만 입각해 잠깐 사이나 은미한 때도 계신공구戒愼恐懼해 자기 마음으로 하여금 조금도 방일放逸함이 없게 하면 오랜 뒤에 자연히 마음이 성성해지고 자연히 일물도 용납함이 없어서 조금도 잊어버리거나 조장하는 병통이 없어지게 될 것이다. …… 경에 대한 학설 중 동정과 표리를 모두 갖춘 것은 정자의 이른바 '의관을 바르게 하고 생각을 전일하게 하며, 정제엄숙해서 속이지 않고 태만하지 않는다'는 말만 한 것이 없으니, 또한 마땅히 이를 마음에 새겨야 한다.82)

초학자가 정제엄숙보다 성성 공부나 불용일물 공부에 먼저 집착하게 되면 무언가를 작위적으로 추구하거나 안배하는 데 마음을 두어 조장하는 병통을 면하기 어려우며, 또한 반대로 조장하지 않는 데 집착해 아예 마음을 쓰지 않는다면 방치해 잊어버리는 병통에 빠지게 된다는 것이다. 이에 퇴계는 주자와 정자의 말을 인용해 '경을 주재로 삼아 안팎에서 정제하고 엄숙하면 잊어버리지도 않고 조장하지도 않게 되어 마음이 저절로 보존되지만 경을 주재로 삼지 않으면서 마음을 보존하려고 하면 외면에 아무 일이 없을 때도 내면의 마음은 이미 두세 갈래로 갈라져 번잡스러움을 감당하지 못하게 되니, 마음을 쓰는 것도 아니고 마음을 쓰지 않는 것도 아닌 경을 유지하기 위해 가장 긴절한 공부는 정제엄숙'임을 강조하고 있다.

또 어느 날 이덕홍은 '정의관正衣冠, 일사려一思慮, 장정제숙莊整齊肅,

---

82) 같은 책 권5, 「溪山記善錄」上.

불기불만不欺不慢' 네 가지 중 어느 것이 동에 속하고 어느 것이 정에 속하는지, 그리고 경의 공부법으로 사량좌의 '성성', 주자의 '근외近畏', 이천의 '주일무적과 정제엄숙', 윤돈의 '기심수렴其心收斂 불용일물不容一物' 중 어느 것이 우선이며 어떻게 노력하고 터득해야 하는지 물었다. 이에 퇴계는 "마음의 체體는 유무有無를 통하고 동정을 관통하므로 공부 또한 유무를 통하고 동정을 관통해야 바야흐로 누락된 것이 없을 것"이라는 주자의 말을 인용하며 '정의관正衣冠, 장정제숙莊整齊肅'은 정靜 시의 일을 말한 것이지만 동動 시의 공부도 겸하는 것이며, '일사려一思慮와 불기불만不欺不慢'은 동動 시의 일을 말한 것이지만 정靜 시와 본원을 겸하는 것이라고 했다. 그러나 그중에서도 먼저 해야 할 것을 구한다면 "처음 배우는 사람이 마땅히 먼저 배워야 할 바로는 정제엄숙보다 더 절실한 것이 없다"고 했다. 정제엄숙은 이천의 학설이지만 퇴계가 이를 초학자에게 가장 절실한 공부로 보는 근거는 다음과 같은 주자의 글에 근거하고 있다.

주 선생이 일찍이 「하숙경何叔京에게 답한 편지」에서 '경을 유지하려면 더욱 모름지기 보고 듣고 말하고 행동하는 것과 용모와 말과 사기辭氣에 나아가 공부해야 합니다. 대개 사람의 마음은 형체가 없고 드나드는 것도 일정하지 않으므로 법도와 표준에 따라 지켜 정착시켜야 곧 내외가 안정됩니다. 진실로 능히 장정제숙莊整齊肅한다면 방탕하고 편벽되고 간사하고 사치하는 것 등이 용납될 곳이 없다는 것을 단연코 알 수 있습니다. 이것이 일상 공부의 지극히 핵심적인 곳입니다. 여기서 징험해보면 안과 밖이 애당초 서로 분리되어 있는 것이 아니며 이른바 장정제숙이라는 것이 바로 마음을 보존하는 방법임을 알게 될 것입니다'라고 했다.

내가 가만히 생각건대, 네 분 선생이 경에 대해 말씀한 것 중 정자程子의 '정제엄숙'이라는 한 대목에서 곧 주자의 이 편지의 뜻이 유래되었으므로, 처음 배우

는 사람이 마땅히 먼저 배워야 할 바로는 이보다 더 절실한 것이 없다.83)

즉 다단한 경의 공부법 중에서도 정제엄숙이 초학자에게 가장 절실한 공부인 까닭은, 마음의 본체는 동정과 유무를 관통하므로 공부 또한 그러해야 하는데, 정제엄숙이 바로 정시뿐만 아니라 동시와 정시, 내외와 표리를 관통하는 공부이기 때문이라는 것이다.

한편 퇴계는 정제엄숙이 초학자에게 절실한 공부법이라고 했지만 그는 정제엄숙을 논한 주자의 편지를 손수 써서 벽에 걸어 두고 누구보다 이를 성실히 실천했다. 어느 날 이를 본 문인 조목이 "어째서 이렇게 하셨습니까?"라고 묻자 "내가 비록 이와 같이 남을 가르치지만 자신을 돌아보니 오히려 스스로 다하지 못했기 때문에 그렇게 한 것이다"라고 했다. 이처럼 경의 실천에 대한 스승의 경험담 역시 문인들에겐 중요한 관심사 중 하나였다. 어느 날 이덕홍이 석 달 동안 인仁을 어기지 않은 안자의 일화에 대해 논하다가 "선생님께서는 중단됨을 면하실 수 있습니까?"라고 묻자 퇴계는 이렇게 답했다.

내가 고요한 가운데 엄숙하고 경건할 때는 비록 혹 방심放心하고 전도順倒됨을 면하는 듯하지만 만약 연회에서 술잔을 주고받을 때는 혹 한두 번씩 중단되어 법도를 잃게 됨을 면치 못했다. 이것이 내가 평소에 두렵고 조심스러워 사람들의 술자리 초대에 나가기를 달갑게 여기지 않는 까닭이다.

그는 무리 중에 있을 때 경을 실천하는 일의 어려움은 비단 초학자만 겪는 병통이 아니며 스승인 자신도 아직 완벽에 이르지 못했음을 고백함으로써 이덕홍에게 동시動時에 마음을 수습하기 위해서는 정시靜時에 본

---

83) 같은 곳.

원을 함양하는 정제엄숙이 보다 긴절한 경 공부임을 자신의 체험담을 통해 더욱 핍진하게 깨우치고자 한 것이다. 또 퇴계는 과거에 급제해 날마다 연회에 끌려 다니던 젊은 시절을 회상하며 이렇게 말했다.

> 내가 과거에 급제한 초년에 서울에 있을 때 늘 사람들에게 이끌려 날마다 연회에 갔다. 잠깐 한가한 날에는 문득 무료한 마음이 생겼는데, 밤이 되어 생각해 보니 부끄러운 마음이 들었다. 근년 이래 다시는 이런 마음이 생기지 않아 또한 부끄러움을 면하게 되었으니, 이른바 '처하는 곳이 기질을 변화시키고 생활이 몸을 바꾼다居移氣養移體'는 맹자의 말은 믿을 만한 말이라 하겠다.84)

그러나 부끄러움을 면하게 된 중년 이후에도 퇴계는 "수작하고 응접하는 사이에 너무 동요되면 실체가 중단됨을 면하지 못할까 두렵다"고 하며, 여전히 잔치의 초대에 가는 것을 즐겨하지 않았다. 또 하루는 이덕홍이 "항상 조용히 혼자서만 지내고 싶고 사람들과 어울리는 것이 싫으니 이는 편벽된 것이 아닙니까?"라며 걱정하자 "편벽된 듯하지만 배우는 자에게는 유익함이 없는 것도 아니다. 나도 초년에 그러한 병이 있었는데, 유익함이 없지 않았다"고 하며 무리 중에 있을 때 "경을 지키는 일의 어려움"과 홀로 있을 때 "본원을 함양하는 공부"의 중요성을 강조했다.

어느 날 이덕홍이 "법도에 어긋남 없이 하루는 경을 지킬 수 있으나 왕왕 혼매해 광명한 기상이 없어지는 병통이 있다"고 고백하자 퇴계는 이는 "지경이 익숙하지 못해 억지로 잡아 두려고 해서 생기는 병폐이니, 정자가 말한 대로 지경의 방법을 찾는 것이 곧 경을 유지하는 방법"이라고 했다. 또 이런 병폐의 원인은 조장하거나 잊어버리는 데서 생기는데 잊어버려서 생기는 병폐가 더 많으니, 조장하지 않고 망각하지 않으면 혼매한

---

84) 같은 곳.

병폐도 곧 사라질 것이라고 충고했다. 또 스스로의 재질이 노둔한 것을 늘 걱정하는 이덕홍에게 학문에서 중요한 것은 오직 부지런하고 독실한 태도이니, 잠시라도 중단하지 않는다면 의지가 날로 강해지고 학업이 날로 넓어질 것이라고 격려했다. 그는 "공자 문하에서 도道를 전한 이는 바로 재질이 노둔한 증씨曾氏였으니, 노둔한 것을 굳이 걱정할 필요가 있겠는가. 다만 노둔하면서도 독실하지 않다면 바로 그것이 걱정될 뿐"이라며 이덕홍에게 다음과 같은 시를 지어주었다.85)

네 사람이 김을 매는데 한 사람이 더디니	四兵耘草一兵遲
손이 빠른 세 사람이 깔깔대며 비웃었네.	捷手三兵共咥伊
빨리 맨 이 뿌리 남아 다시 또 뽑아야 하니	捷者留根煩再拔
애당초 말끔히 뽑았던 더딘 이만 못하구나.	不如遲者盡初時

이처럼 『자성록』에서 남언경에게는 예술과 자연에의 감응을 통해 사경이 아닌 활경으로서의 경의 체인을 강조하고, 심지어 정유일에게는 조존성찰 공부에 대한 생각조차도 잠시 마음에서 접어 두라고 했던 퇴계가 이덕홍에겐 초학자에게 가장 절실한 공부법으로 시종일관 정제엄숙을 강조한 것은 각자 자질과 병통, 학문 수준과 상황에 따라 급선무가 되는 처방책이 서로 달랐기 때문임을 알 수 있다.

4   퇴계 문인들의 서당 교육과 심학적 공부론의 계승

이상에서 살펴본 바와 같이 조선 고유의 심학적 공부론의 확립을 위한 퇴계의 교재 편찬과 도산서당의 교육 실천은 이후 조선 성리학의 학문 체

---
85) 같은 곳.

계와 교육에 어떤 영향을 끼쳤을까? 이는 문인들의 서당, 서원 건립과 교육, 저술 및 간행 사업을 통해 확인할 수 있다. 퇴계 사후 사림의 정계 진출이 본격화되면서 관계에 진출한 문인들은 퇴계를 향사하는 서원을 건립하고 그의 저서를 간행함으로써 각 지역에 퇴계학을 부식시키고자 했다. 또한 과거나 관직에 뜻이 없던 문인들은 향리에서 정사나 서당을 지어 학문 연구와 교육을 통해 퇴계학을 전파해갔다. 16세기에 안동 지역에 서당을 설립한 퇴계 문인들로는 양정서당을 설립한 구봉령, 이계서당을 설립한 권대기, 청성정사와 한서정사, 경광서당을 설립한 권호문, 가야서당을 설립한 김언기, 구담서당을 설립한 김수일, 팔우서당을 설립한 배용길, 봉산서당을 설립한 이개립, 오계서당을 설립한 이덕홍 등을 들 수 있다.[86] 이처럼 안동 지역은 16세기부터 서당이 활발하게 건립되기 시작해 이후 상당수 서당이 서원으로 확대, 발전해가는 경로를 거치며 퇴계학파의 형성 및 초기 사림파의 형성 과정에 결정적 기여를 한 발원지가 되었다.

〈안동 지역 서당 목록〉('※' 표시는 『영가지』에 수록된 서당 목록)

번호	서당명	건립연도	설립자	소재지
1	※풍악서당 豊岳書堂	1563년	권경전權景銓	풍산현 북쪽1리
2	※양파서당 陽坡書堂		유치명柳致明	부府의 동쪽 50리
3	※도생서당 道生書堂		배용길裵龍吉	임하현 북쪽 본골리
4	※팔우서당 八隅書堂		배용길裵龍吉	임하현 북쪽 검암 동남쪽 임연대 아래
5	※양정서당 養止書堂		구봉령具鳳齡	와룡산 서쪽
6	※용천서당	1600년	권복형權復亨	용정산 동쪽 물아촌 뒤

---

[86] 16세기의 안동 지역 퇴계 문인들의 서당 설립과 운영에 대한 상세한 내용은 정순우(2013), 같은 책, 91~96쪽 및 120~143쪽을 참조.

	龍泉書堂			
7	※이계서당 伊溪書堂 (이계재사 伊溪齋舍)		권대기權大器	부府의 북쪽 이화어촌 위
8	※서간서당 西磵書堂		이한李漢	부府의 북쪽 서가촌
9	※지양서당 芝陽書堂		정사성鄭士誠	부府의 북쪽 말바우(馬岩)
10	※경광서당 鏡光書堂	1569년	권호문權好文	서후면금계마을 동쪽
11	※가야서당 (원강서당 遠岡書堂)		김언기金彦璣	부府의 동쪽 가야촌 남쪽
12	※면제서당 面提書堂		현인縣人	일직현 서쪽 2리
13	※龍峽書堂			임하현 서쪽 나천촌1리
14	※구담서당 龜潭書堂		류경심柳景深, 장문보張文輔, 김수일金守一, 이중립李中立, 이종선李種善 등.	일직현 귀미촌 북쪽 5리
15	※봉산서당 鳳山書堂		이개립李介立	감천현 서쪽 진장동 봉대 아래
16	※청성정사 靑城精舍	1573년	권호문權好文	
17	※한서서당 寒棲精舍		권호문權好文	
18	※석문정사 石門精舍		김성일金誠一	
19	※옥연정사 玉淵精舍		유성룡柳成龍	
20	※겸암정사 謙嵒精舍		유운룡柳雲龍	
21	※원지정사 遠志精舍		유성룡柳成龍	
22	※옥병서재 玉屛書齋			
23	오계서당 迂溪書堂 (오계정사 迂溪精舍)	1570년	이덕홍李德弘	녹전면 원천리 오천 마을

24	구천서당 龜川書堂		이광정 李光靖	일직 소호리
25	유암서당 流巖書堂	1556년		와룡면 마창 남쪽에서 영조 때 주촌 유암으로 이건.
26	석남서당 石南書堂		이경준 李敬遵	부府의 동쪽 서가촌
27	지남서당 芝南書堂		이정회 李庭檜	와룡면 주촌
28	명계서당 明溪書堂		현인 縣人	와룡면 감애 명계
29	기양서당 岐陽書堂	1615년	유복기 柳復起	임동면 수곡동
30	은곡서당 隱谷書堂		박진 朴璡	월곡면 노산동
31	福川書堂		박빈 朴鑌, 박홍운 朴弘運 부자父子	월곡면 도곡동
32	지산서당 芝山書堂		김방걸 金邦杰	임하면 망천동
33	용산서당 龍山書堂		구봉령 具鳳齡	와룡면 주계동 와룡산 아래.
34	동강서당 東岡書堂		구봉령 具鳳齡	와룡면 지내동
35	후산서당 后山書堂		이재 李栽	임하면 오대촌
36	도산서당 陶山書堂		이황 李滉	
37	백동서당 栢洞書堂		첨정僉正 이준 李寯	토계동 도산 동쪽 기슭
38	월천서당 月川書堂		조목 趙穆	예안면 월애리
39	성악서당 星岳書堂			예안 청구촌
40	죽암서당 竹巖書堂		풍산豊山 김씨金氏 문중	풍산 오미동 뒷산 죽암봉
41	금곡서당 金谷書堂	1569년	김복일 金復一	예천 덕진동

위의 표에서 볼 수 있듯이 17세기 초에 간행된 『영가지』에 수록된 안동 지역 서당 수만도 22개소이며, 그 외 현재까지 확인된 서당이 40개소

가 넘는 사실이 이를 뒷받침한다. 그리고 그 중심에는 퇴계 문인들을 중심으로 이루어진 16세기 서당의 수준 높은 강학 활동이 있었다.

서당 교육 외에 퇴계학의 확산에 기여한 또 다른 한 축은 바로 퇴계의 저서 간행과 문인들의 저술을 통한 연구사의 축적이었다. 퇴계 저서 간행은 주로 관계에 진출한 문인들에 의해 이루어졌다. 먼저 『주자서절요』의 간행은 퇴계 생전인 1561년에 문인 황준량에 의해 처음 이루어졌다. 성주목사로 부임한 그는 영천의 임고서원의 활자를 빌려오고 경상감사의 도움을 받아 『회암서절요』를 간행했다. 3년 뒤인 1564년에는 유성룡의 부친 유중영이 황해도관찰사로 있을 때 해주에서 다시 활자로 이를 간행했다. 그러나 활자본으로는 수요를 충당할 수 없게 되자 유중영은 1567년에 정주목사가 되어 퇴계의 견해에 따라 제목을 『주자서절요』로 바꾸고 다시 목판본으로 이를 간행했다. 평안도 정주에서 목판본이 간행되기는 했으나 정작 영남 지역에는 이 책이 보급되지 못하다가 1575년에 성주의 천곡서원에서 퇴계의 「서문」과 기대승의 후지後識를 붙여 목판본으로 중간됨으로써 직전 문인들 사이에서만 전사해 돌려보던 『주자서절요』가 드디어 영남 지역에서도 널리 읽히게 되었다.87)

『자성록』 간행은 김성일에 의해 처음 이루어졌다. 1584년에 나주목사로 부임한 그는 나주목에 퇴계를 향사하는 서원을 세우고 『자성록』과 『주자서절요』를 동시에 간행함으로써 퇴계학을 지역에 부식시키고자 했다. 『자성록』의 간행은 이때가 처음이었고, 『주자서절요』는 다른 지방에서는 간행되었으나 호남 지방에서는 처음이었다. 서북 지방에는 정주본이, 영남에는 천곡서원본이 있어 『주자서절요』가 보급되었으나 호남의 학자들은 지역이 멀어 구득하기가 어려운 형편이었다. 김성일은 "나주는

---

87) 柳鐸一(2003), 「朱子書節要의 編纂 流通과 朴光前의 位置」, 『退溪學과 韓國文化』 32집, 103~117쪽.

본래 선비가 많다고 일컬어졌으나 아직 공부할 만한 곳이 없다"며, 성의 서쪽 5리에 있는 금성산 기슭에 터를 잡고 김굉필, 정여창, 조광조, 이언적, 이황 등 5현을 향사한 뒤 백록동규를 모델로 삼아 대곡서원大谷書院을 건립했다.88) 2년 뒤인 1586년에는 "선생의 글을 사사로이 책 상자 속에 감춰두어 후학들로 하여금 일찌감치 보지 못하게 하는 것은 실로 사문斯文의 흠이 되는 일"이라며 나주목에서『자성록』과『주자서절요』를 동시에 간행했다.89) 이처럼 퇴계 사후 관계에 진출한 문인들은 각 지역에 퇴계학을 부식시키는 한 방편으로 퇴계를 향사하는 서원을 건립하고 퇴계의 저서를 간행하기 위해 지방관이라는 위치와 권한을 적극 활용했다.

또 남치리, 권우, 유운룡(1539~1601년), 정구 등의 문인들은『계몽전의』를 교정, 간행한 뒤 출판된 이후에도 개간을 위해 지속적으로 힘썼다.90) 그 결과 이 책은 조선후기까지 문인들 사이에 널리 읽히며 퇴계학파의 역학 연구에 한 이정표가 되었다. 특히 '호학湖學'이라고 불리며 조선후기 영남 퇴계학파의 한 학맥을 이룬 대산 이상정과 그의 문인들은 이 책을 열심히 강론했고, 그중 배상설, 유휘문, 최상룡은 관련 저술을 남기기도 했다. 호학湖學의 학자들이 주고받은『계몽전의』관련 문답으로는 이상정이 문인 김종석과 주고받은 문답, 이상정 문인 남한조가 조승수와 주고받은 문답 등이 확인된다.91) 그 외 퇴계의 직전 문인인 배용길, 재전 문인 정경세, 노경임, 이휘일 등도『계몽전의』와 관련된 연구서를 편찬해 퇴계의 저술에서 해결되지 않은 문제들을 다시 쟁점화하고 보완함으로써 퇴계학파의 역학 연구를 한층 더 심화, 발전시키는 데 기여했다. 퇴계학파

---

88)『鶴峯集』, 부록, 권1,「年譜」, 만력 12년 갑신.
89) 앞의 책, 만력 14년 병술.
90)『寒岡續集』권7, 書,「與洪唐興府院君」;『謙菴集』,「謙菴先生年譜」권1.
91)『大山集』권24, 書,「答金道彦」및『損齋集』권7, 書,「與趙子希」.

의 『계몽전의』 관련 연구서의 목록과 특징을 간략히 정리하면 다음과 같다.92)

〈퇴계학파의 『계몽전의』 관련 저술 목록〉

저자	제목	특징
배용길 (1556~1609년)	「계몽전의고의 啓蒙傳疑考義」	• 퇴계의 『계몽전의』에 대한 최초의 논설. • 『계몽전의』에서 해결되지 않은 몇 가지를 보완, 설명.
정경세鄭經世 (1563~1633년)	「역학계몽 易學啓蒙」	『계몽전의』에서 해결되지 않은 부분, 퇴계와 견해를 달리하는 부분을 재론. 이학적 관점이 투영.
노경임盧景任 (1569~1620년)	「역학계몽설 易學啓蒙說」	• 의리학적, 주리主理적 관점에서 『역학계몽』을 해석.
이휘일李徽逸 (1619~1672년)	「계몽도설 啓蒙圖說」	「하도河圖」에 대한 해석에서 태극의 주재력을 강조한 퇴계의 입장을 계승.
김해金楷 (1633~1716년)	『역학계몽복역 易學啓蒙覆繹』	• 조선후기 퇴계학파 역학 연구 중 가장 방대하고 종합적. • 중국 학자의 견해뿐만 아니라 당시 조선의 『역학계몽』 관련 논의를 종합. • 『계몽전의』에서 문제되었던 항목을 상세히 보완. 주자와 퇴계의 견해에 대한 이견 제시.
배상열裵相說 (1759~1789년)	「계몽전의고의啓 蒙傳疑攷疑」	퇴계의 견해에 대한 보완, 설명.
유휘문柳徽文 (1773~1827년)	「계몽고의 啓蒙攷疑」	이학보다 상수학적 관점에 초점.
	「전의여론 傳疑餘論」	역법 관련 주제에 초점.
최상룡崔象龍 (1786~1849년)	『계몽차의』 『啓蒙箚疑』	퇴계 『계몽전의』와 정경세의 『역학계몽』을 표준으로 삼아 중국 학자들의 논의와 비교, 검토

이들은 큰 틀과 범위에서는 『계몽전의』의 논의와 연구 방법을 중요한 지침으로 삼되 이를 묵수하는 데 그치지 않고 퇴계의 학설 역시 검토와 비판 대상으로 삼아 연구를 축적시켜 나감으로써 의리학과 이학의 관점에서 조선시대 고유의 역학 연구 체계를 확립하는 데 기여했다.

---

92) 이 표는 이선경(2011), 같은 글 3장을 참조해 작성했다.

또 도산서당에서 퇴계에게 『심경』과 『주자서절요』를 배운 문인들 역시 퇴계 사후 강학과 저술을 통해 스승의 심학을 계승, 전파했다. 예를 들어 이덕홍은 도산서당에서 퇴계와 『심경』, 『주자서절요』를 강론한 내용을 엮어 후일 『심경질의』와 『주자서절요강록』을 편찬했다. 그중 『심경질의』는 유운룡 등 퇴계 문인들 사이에서 서로 돌려보며 토론하다가 1596년에 수찬 이숙李塾이 『심경』을 진강할 때 홍문관에 소장되어 있던 이덕홍의 『심경질의』를 갖고 진강해 선조에 의해 간행되었다.93) 그 외 퇴계의 직전 제자 중 김부륜의 『심경차기心經箚記』, 이함형李咸亨의 『심경강록心經講錄』, 조호익曺好益(1545~1609년)의 『심경질의고오心經質疑考誤』, 정구(1543~1620년)의 『심경발휘心經發揮』 등 다양한 『심경』 주석서가 간행됨으로써94) 조선 주자학의 심학화 경향에 큰 영향을 끼쳤다.

특히 『주자서절요』는 퇴계 사후 서당뿐만 아니라 조선후기까지 서원 강학의 핵심 교재로 폭넓게 활용되면서 조선 서원의 공부론에도 큰 영향을 끼쳤다. 즉 『주자서절요』는 남인계 서원은 물론이고 서인계 서원인 자운서원紫雲書院, 노강서원老江書院 등 학파를 무론하고 이후 조선 서원 교육에서 '과업科業'이 아닌 '도학'과 '위기지학'을 위해 공부해야 할 상징적 텍스트처럼 활용되기 시작한 것이다. 그리고 이는 '도학적' 서원으로서 조선 서원의 성격을 확립하는 데 영향을 끼쳤다. 그 실례를 조선후기 소수서원 강학에서 찾아볼 수 있다.

---

93) 『艮齋集』 권8, 「艮齋先生年譜」.
94) 퇴계 문인들의 『심경』 연구에 대해서는 홍원식(2007), 「이황과 그의 직전 제자들의 『心經附註』 연구」, 『퇴계학보』 제121집을 참조.

〈18세기에 소수서원에서 활용된 통독通讀 교재〉

연도	거재居齋 기간	통독 교재	수록처
1720~1721년	1720년 11월~1721년 1월	미상	『거재록居齋錄』
1727~1728년	1727년 10월~1728년 3월	미상	「거재정규居齋定規」
1729년	11월~12월	미상	『거재록』
1730년	11월~12월 16일	『소학』, 『심경』, 『근사록』	「거재절목」
1737년	11월~12월	미상	『거재록』
1744년	11월~12월	미상	『거재록』
1749년	10월 16일~12월 19일	『소학』, 『심경』, 『주자서절요』, 『퇴계집』	「거재절목」
1750년	10월	미상	『거재록』
1754년	11월~12월	미상	『거재록』
1760년	10월 22일~12월 3일	『성리서』	「거재절목」
1761년	11월 24일~12월 13일	『심경부주』, 『근사록』	「통독일기通讀日記」 (『거재잡록居齋雜』)
1762년	10월 15일~11월 29일	『근사록』	「통독일기」 (『거재잡록』)
1763년	11월 2일~12월 3일	『주자서절요』	「통독일기」 (『거재잡록』)
1766년	10월 15일~12월 13일	『주자서절요』	「통독일기」 (『거재록』)
1780년	10월 20일~12월 8일	『주자서절요』	「거재일기」 (『거재록』)
1789년	5월 10일~5월 16일	『대학』	「통독일」 (『거재록』)
1790년	10월 25일~11월 28일	『주자서절요』	「거재일기」 (『거재록』)
1792년	11월 한 달	미상	『운원재록雲院齋錄』
1793년	11월 13일~12월 16일	『주자서절요』	「거재일기」 (『거재록』)

    18세기 이후 소수서원에서는 '도학의 탐구와 실천'을 강학의 목적으로 정면으로 표방하고, 『심경』, 『근사록』, 『주자서절요』 등 과거시험 과목과 무관한 심학의 핵심 교재를 대상으로 통독을 개설했다. 위 표에서 볼

수 있듯이, 그중 가장 많이 활용된 교재가 바로『주자서절요』였다. 그런데 통독을 개설하면서 "지금 후생들이 오로지 과거 공부에만 몰두하고 옛사람의 위기지학에는 전혀 힘을 쓰지 않아『주자서절요』한 질을 읽지 못한 자가 많습니다"[95]라고 함으로써 과거 공부가 아닌 위기지학을 위해 공부해야 할 핵심 텍스트로 퇴계의『주자서절요』를 꼽고 있다.[96] 이처럼『주자서절요』는 조선후기 서원 강학에서 '도학과 위기지학'을 위해 공부해야 할 상징적 텍스트로 활용되고 있었고, 이는 조선 서원이 도학적 성격으로서 자리매김하는 데 큰 영향을 끼쳤다.

이상에서 살펴본 바와 같이 퇴계가 교재 편찬과 도산서당을 통해 의도한 심학적 공부론의 확립과 실천은 퇴계 사후 문인들의 서당 건립과 교육, 저술 및 간행 사업을 통해 계승, 심화되었다. 관계에 진출한 문인들은 퇴계를 향사하는 서원을 건립하고 그의 저서를 간행함으로써 각 지역에 퇴계학을 부식시키고자 했고, 과거나 관직에 뜻이 없던 문인들은 향리에서 정사나 서당을 지어 학문 연구와 저술, 교육을 통해 퇴계 특유의 이학과 심학적 공부론을 계승, 발전시켰다. 특히 16세기에 안동 지역은 문인들의 활발한 서당 건립과 교육을 통해 이후 퇴계학파의 형성에 결정적 기여를 한 발원지가 되었다. 또한 퇴계가 편찬한 교재는 이후 서원 강학에서도 광범위하게 활용됨으로써 서당뿐만 아니라 이후 조선 서원의 성격을 도학적 서원으로 자리매김하는 데 영향을 끼쳤다.

5 결론

이 연구는 16세기의 안동 지역에서의 서당의 강학 활동과 교육 내용

---

[95]『紹修書院誌』,「通讀時回文」.
[96] 김자운(2016), 같은 글, 141~151쪽.

을 밝히기 위한 연구의 일환으로 도산서당의 교육 내용과 공부론에 주목했다. 그와 관련해 도산서당의 설립과 교육이 과거시험 위주의 관학을 도학 위주로 바로잡고자 한 퇴계의 교육 개혁 운동이었으며, 도산서당은 도학적 서당의 한 전형으로서 조선사회 고유의 심학적 공부론을 확립하기 위한 교육 공간이었다는 기존 연구를 계승해 이 점이 계상서당과 도산서당에서 어떤 과정과 방법을 통해 실현되었는가를 구체적으로 논증하고자 했다.

이를 위해 첫째, 조선 성리학의 독자적 학문 체계와 심학적 공부론의 확립을 위해 퇴계가 구체적으로 구상한 도산서당의 교육 내용은 무엇이었고, 이는 계상서당 시절 그가 편찬한 교재의 내용과 특징 속에 구체적으로 어떻게 반영되고 있는가를 검토했다. 둘째, 「계산기선록」을 바탕으로 도산서당에서의 강학의 실제를 검토하고 도산서당의 교육 과정에 구현된 경의 공부론 및 문인들의 자질과 병통, 학문 수준과 상황에 따른 경 공부의 차이를 살펴보았다. 셋째, 퇴계가 도산서당을 통해 구현하고자 한 심학적 공부론은 퇴계 사후 문인들의 서당 교육과 간행 및 저술을 통해 어떻게 계승, 확산되었으며 이는 이후 조선 서원 교육에 어떤 영향을 끼쳤는지를 검토했다.

2장에서는 첫째, 퇴계의 『계몽전의』는 주자가 확립하고자 한 유가적 상수 역학에 대한 정합적 이해를 위해 편찬되었지만 동시에 상수학을 통해 리의 필연성과 주재성을 확보하고, 주자가 거부한 한대 역학의 이론을 보다 폭넓게 수용함으로써 태극에 관한 우주론, 본체론적 논의를 일상의 심신 수양 영역에까지 확장시키고자 했다는 점에서 주자 역학의 단순한 계승을 넘어 조선시대 고유의 역학 이해를 체계화하기 위한 시도였음을 확인했다.

둘째, 『주자서절요』의 편찬을 통해 퇴계는 사서삼경을 본원으로 삼았던 기존 유학의 공부론을 자신의 고유한 심학적 공부론의 체계 속에서 새롭게 재편하고자 했음을 검토했다. 이는 도산서당의 교육 과정을 통해 사서와 『근사록』, 『심경』과 『주자서절요』의 관계를 새롭게 규정하고, 각 교재가 다루는 심학의 층위를 재구조화하는 방식으로 구체화되었음을 확인했다.

셋째, 『자성록』에 나타난 심학적 공부론의 구조와 특징을 분석함으로써 퇴계의 공부론은 한 마디로 '경의 공부론'으로 집약될 수 있으며, 기본 특징은 '리의 주재성과 활동성', '사경'이 아닌 '활경'을 강조한 데서 찾을 수 있음을 해명했다. 그는 동정을 관통하는 경의 공부법으로서 '주일'의 의미를 "리가 절로 발현되고 작용할 수 있도록 마음의 환경을 조성하는 일"로 해석함으로써 그의 리동설과 관련시켰다. 또한 생활세계 도처에 흐르는 '활물로서의 리'에 대한 투철한 통찰을 강조함으로써 궁리 공부와 거경 공부를 연결시키고, 경의 의미를 엄격한 도덕성이나 자기통제를 넘어 예술과 자연에의 감응의 유연성으로 확대, 해석함으로써 '사경'이 아닌 '활경으로서의 경의 공부론'을 확립하고자 했음을 밝혔다. 그는 결국 계상서당 시절에 교재 편찬을 통해 조선사회 고유의 심학적 공부론을 확립하고자 했고, 도산서당은 바로 그러한 공부론을 실천하고 실험하기 위한 교육 공간이었다고 할 수 있다.

참고 문헌

『艮齋集』, 『啓蒙傳疑』, 『국조보감』, 『近思錄』, 『大東野乘』, 『大山集』, 『臨淵齋集』, 『紹修書院誌』, 『損齋集』, 『易學啓蒙』, 『愚伏集』, 『朱子語類』, 『退溪言行錄』, 『퇴계전서』(1996, 사단법인 퇴계학연구원), 『退溪集』, 『退陶先生自省錄』, 『鶴峯集』, 『寒岡續集』, 『晦庵集』

권오봉(1991), 「退溪書堂教育의 展開 過程」, 『퇴계학보』 제72집, 퇴계학연구원.
김자운(2014), 「16세기 소수서원 교육의 성격」, 『유교사상문화연구』 제58집, 한국유교학회.
김자운(2016), 「퇴계의 서원관과 조선후기 소수서원 講學의 변화」, 『퇴계학논총』 제18호, 영남퇴계학연구원.
신귀현(2001), 『퇴계 이황, 예 잇고 뒤를 열어 고금을 꿰뚫으셨소』, 예문서원.
유탁일柳鐸一(2003), 「朱子書節要의 編纂 流通과 朴光前의 位置」, 『退溪學과 韓國文化』 32집.
이선경(2010), 「『역학계몽』에 나타난 주자역학의 특징」, 『한국철학논집』 28집.
이선경(2011), 「퇴계학파의 『역학계몽』 이해」, 양명학 28호, 한국양명학회.
이우성(1978), 「退溪先生과 書院創設運動」, 『퇴계학보』 제19집, 퇴계학연구원.
이재곤(2007), 「간재 이덕홍의 『溪山記善錄』 내용 분석」, 『동양예학』 제17집.
정순목丁淳睦(1978), 「退溪의 書院教育論考」, 『퇴계학보』 제19집, 퇴계학연구원.
정순우(2001), 「초기 퇴계학파의 서당 운영」, 『정신문화연구』, 통권 85호.
정순우(2013), 『서당의 사회사』, 태학사.
한형조 외(2009), 『심경-주자학의 마음 훈련 매뉴얼』, 한국학중앙연구원 출판부.
홍원식(2007), 「이황과 그의 직전 제자들의 『心經附註』 연구」, 『퇴계학보』 제121집.
황병기(2014), 「퇴계 이황의 周易學과 『周易釋義』」, 국학연구 25권.

3장

16세기 안동 지방의 서당의 강학 의식
- 통독강회通讀講會를 중심으로

정경주

1 서설

성재惺齋 금란수의 『성재문집』에 실린 「도산서당영건기사陶山書堂營建記事」라는 제목의 글에 다음과 같은 구절이 보인다.

> 서당은 모두 세 칸인데, 마루를 암서헌巖棲軒이라 하고, 서재를 완락재玩樂齋라고 하여, 합쳐서 도산서당이라고 편액을 붙였다. 서쪽에 정사 8칸을 지어, 마루를 관란헌觀瀾軒이라고 하고, 서재를 시습재時習齋라고 하고 요사를 지숙료止宿寮라고 하여, 합쳐 농운정사隴雲精舍라고 편액을 붙였다. 당을 반드시 남향으로 해 방위를 바르게 한 것은 행례行禮에 편하게 함이다.[1]

도산서당을 처음 지을 적에 모든 건물을 남향으로 했는데, '행례를 위한 편의'를 고려한 것이라고 했다. 금란수의 이 기록 내용은 퇴계 선생이 처음 도산서당을 건립하려고 계획할 무렵에 이문량李文樑에게 보낸 다음

---

[1] 琴蘭秀, 『惺齋文集』 권3, 「陶山書堂營建記事」: 堂凡三間 軒曰巖棲 齋曰玩樂 合而扁之曰陶山書堂. 西構精舍八間 軒曰觀瀾 齋曰時習 寮曰止宿 合而扁之曰隴雲精舍. 其所以堂必南向正方位 便行禮也.

편지에도 보인다.

> 당을 반드시 남향으로 해 방위를 바르게 한 것은 행례行禮에 편하게 함이다. 재를 반드시 서쪽 편에 두어 원포園圃를 마주하게 한 것은 그윽한 운치를 숭상해서이다. 그 밖의 방실房室과 부엌과 벽장과 문정門庭과 창호窓戶에도 모두 의도가 있으니, 이 체제는 바꾸어서는 안 될 듯하다.2)

선현先賢을 향사享祀하는 사우祠宇를 중심으로 강당과 재사 등의 격식을 갖추어 건립되는 서원과는 달리 고려 말과 조선 초기 이래 민간에서 유지有志 학자들이 강학이나 특정 지역 학도의 일상 학습을 위해 임의로 설치하는 서당에는 대개 선현 향사를 위한 공간은 별도로 마련되어 있지 않았다. 그런데 퇴계 선생이 도산서당을 건립할 당시부터 사생師生이 모여 강학하는 서당 공간은 물론 학도들이 거접居接, 기숙하는 정사까지도 행례의 편의를 고려해 정방正方으로 앉혔다면 이 '행례'는 『소학』이나 『가례』 등의 문헌에 나오는 행례의 규범을 설명하고 이해하는데 그치는 것이 아니라 필시 학도들 사이에서 정례화된 일정한 집회 의식 또는 사생師生 사이의 강학 활동에 부수되어 거행된 모종의 의식을 염두에 둔 것으로 추정된다.

고려시대 이래 조선 초기까지 지방의 서당에서 학도들 모임이나 사생의 강학과 관련해 정식화된 특정 의식이 있었다는 기록은 지금까지 찾아볼 수 없다. 다만 조선중기 이후의 문헌 기록 중에는 서당이나 서원 또는 향교에서의 강학 절차를 규정한 「원규」, 「강규講規」 등의 각종 규정이 보이고, 그에 따른 「강안講案」이나 「강록講錄」 등의 고문서가 간간이 남아

---

2) 『退溪集』 卷15 「與李大成」: 其所以堂必南向正方位 便行禮也. 齋必西偏對園圃 尚幽致也. 其餘房室廚藏門庭窓戶 皆有意思 恐此制不可易也.

전한다. 그런 점에서 본다면 도산서당을 처음 지을 적에 '행례의 편의'를 고려했다는 말은 혹 이런 사정과 무슨 연관성이 있는 것이 아닐까?

본고에서는 이 점에 주목해 조선중기 이후 나타나는 서당의 강학 의식儀式에 초점을 맞추어 16세기 이후 안동 지방의 서당에서 거행된 강회講會의 실태를 살펴보고, 의의를 추론해보고자 한다. 조선중기 이후 전국에 널리 건립된 서당의 강학 의식은 국학인 성균관과 각 지방의 향교 및 서원의 강학 의식과 일정한 연관을 갖고 있었는데, 16세기의 안동 지방에서 서당의 강학 의식이 어떤 과정을 거쳐 구체화된 것인지를 살펴봄으로써 이를 통해 사설 서당을 통해 추구된 조선시대 도학道學의 학문 목표와 성격의 일단을 지적해낼 수 있을 것으로 기대한다.

2   16세기, 안동 지방 서당의 강학 양상

고려시대 이래 전국 각지에 민간의 일부 유지有志 학자나 일정 지역의 학도를 위해 설치된 사설 강학 장소로서 서당 또는 서원이라는 이름의 강학 시설은 16세기 중반에 이르러 설립과 운영이 상당히 다양하게 활성화되는 양상을 보여준다.

고려 초기 이래 수도에는 국학으로 성균관을 설치하고 각 지방의 거점 도시에는 향교를 설치해 학문을 권장했지만 조선 초기에 동몽의 강학은 대체로 사족의 가숙과 사설 서재를 중심으로 운영되었다.3) 이런 사정은 조선시대에 들어서도 15세기 중반까지 거의 다름이 없었다.4) 가숙이나

---

3) 『陽村先生文集』 卷31 「論文科書」: "前朝之時 在外閑良儒官私置書齋 敎訓後進, 師生各得所安 以成其學. 今者師儒或爲他州敎授 違離家屬 廢棄生業 皆欲苟免, 生徒逼令赴其鄕校 不得自便受業, 守令又或役以書寫之務 名爲勸學 實多廢弛. 自今在外儒官私置書齋敎訓者 毋敢定爲他州敎授, 生徒毋令強赴鄕學 監司守令仍加勸勉 使各安居講學 以神風化."
4) 柳方善, 『泰齋集』, 「行狀」: "泰齋先生姓柳 諱方善 字子繼 瑞山人也 曾祖思菴文僖公淑 以文章鳴世

사설 서재에서의 강학이란, 대개 정극인丁克仁(1401~1481년)의 서술처럼 동몽을 모아 놓고 자훈字訓과 구두口讀를 깨우치거나5) 김시습金時習(1435~1493년)의 술회처럼 『천자문』과 『초구抄句』, 『정속편正俗篇』, 『유학자설幼學字說』, 『당송현시초唐宋賢詩抄』6) 등을 읽고 외우며 동학과 어울려 연구聯句를 짓는 초급 단계부터, 다시 『소학』부터 사서오경의 경전과 제사諸史를 송독誦讀하는 중급 과정을 거쳐, 고금의 시문과 제가諸家의 서적을 두루 섭렵하면서 과거를 준비하기 위해 일정한 장소에 거접하며 하과夏課 또는 동과冬課로 시부詩賦의 제술製述이나 경서의 의의疑義를 강독 토론하는7) 등의 여러 수준에 걸쳐 다양한 형태로 이루어졌다.

　이러한 서당에서의 학업에는 당연히 글자 하나하나의 뜻을 짚어 가르치는 훈회訓誨부터 시작해 서사書寫, 임강臨講, 배송背誦, 강해講解, 의의疑義의 논변論辨과 시문의 제술을 통해 각자의 성취 수준을 평가하는 과정을

外曾祖牧隱先生 爲東方夫子 三韓道學 自此而盛 洪武戊辰夏 公生於松都 早承家庭之訓 好學能文 乙酉中司馬試 中羅家禍 庚寅 流寓永陽 乙未春 甫欽年未弱冠 與諸童冠摳衣 師受經書 丁未 遇赦還京 聲名升聞 庶將見用 而適罹風疾 命也 …… 大田居士李甫欽敬夫 書于北習書堂."

5) 丁克仁, 「不憂軒曲」: "晩生員 老及第 樂天知命. 再訓尊 三敎授 誨人不倦. 家塾三間 鳩聚童蒙 詳說句讀. 俾 諄諄善誘景何此多."

6) 金時習, 『梅月堂文集』 卷21 「上柳襄陽陳情書」: "僕乙卯年 生京都泮宮之北 生孩八月 自能知書 隣有族祖崔致雲 命名時習 作說以授我外祖 外祖不先敎方言 只敎以梁千文 口雖喔咿 而意皆通焉. 故至長口吃 猶不能言 以筆墨輿之 皆書其意. 故三歲能綴文 言伍歲者 言大達其文理時也. 丙辰春 外祖敎抄句 當時猶不能言 外祖每日 花笑檻前聲未聽 指屛畫花而啞啞. 又誨曰 鳥啼林下淚難看 指屛畫鳥而啞啞. 外祖知其能通也 故其歲抄句百餘首 唐賢宋賢詩抄畢讀. 至丁巳春 乃能言 謂外祖曰 何以作詩乎. 祖曰 聯七字 平仄對耦押韻 謂之詩. 僕曰 若如此 可聯七字矣. 祖呼首字可也. 祖呼春字 卽應曰 春雨新幕氣運開 蓋居舍是草廬. 望園中細雨 杏花初拆也 又曰 桃紅柳綠三春暮. 又曰 珠貫靑針松葉露. 如此作句不少 盡失其本故云忘矣. 從此讀正俗幼學字說等童稚之書畢. 至小學 通其大意. 能綴文至數千餘言. 己未歲 讀中庸大學 於隣修撰李季甸門下 與坡封之兄甽同學 年伍歲也. 隣司藝趙須命字說以授 其始聞名于京師者 此二三諸鉅公比隣. 而爲之首唱也. 虛名騰籍."

7) 趙浚, 『松堂先生文集』 卷4 「陳時務第二疏」: "學校風化之源 國家理亂. 政治得失 莫不由斯. 近因兵興 學校廢弛 鞠爲茂草. 鄕願之托儒名避軍役者 至伍六月間 集童子讀唐宋人絶句 至伍十日乃罷 謂之夏課, 爲守令者視之泛然 曾不介意."

거쳤다. 퇴계가 지은 금계錦溪 황준량黃俊良(1517~1563년)의 행장에 그 과정이 대략 묘사되어 있다.

> 이에 앞서 목사 노경린盧慶麟이 옛날 벽진碧珍 터에 영봉서원迎鳳書院을 세웠는데, 공은 그것을 증축해 꾸미고, 또 문묘를 중수하면서 옛날 규모보다 확장했다. 마침 사문斯文 오건吳健이 고을 교관이 되자 서로 뜻과 의견이 합치되어, 제자 약간 인원을 선발해 네 분기로 나누어 오건이 교육을 주관하고 자신은 검찰 감독을 책임지고, 매달 한 번씩 회강會講해 읽은 책을 배송背誦하게 하고, 그대로 의의疑義를 논란하게 하며 근면하고 태만한 정도를 상고해 상벌을 매겼다. 고을 동편에 공곡孔谷이란 곳이 있었는데, 학생들이 서당을 세우기를 원하자, 공은 기꺼이 건물을 지어서 공곡서당孔谷書堂이라고 편액을 붙였다. 또 팔거현八莒縣에 녹봉정사鹿峰精舍를 세워 여러 방면으로 가르쳐 인도하고 각기 자질의 높고 낮음에 따라 성취한 자가 매우 많았다. 당초 상산商山 주세붕周世鵬 공이 풍기군수가 되었을 적에 공은 후진으로서 그와 더불어 서신을 주고받으며 논변한 것이 많았는데, 의견의 같고 다름과 따르거나 따르지 않거나 간에 사람들이 식견의 밝음을 이미 알았지만 그러나 진실한 경지는 오히려 알지 못했다.[8]

각 고을마다 해당 고을의 교관과 수령이 학생을 매달 한 번씩 모아 회강하면서 각자 읽은 책을 배송하고 의의를 논란하게 해 상벌을 행하는 것은, 16세기 중반의 안동 지방 서당에서도 거의 다름이 없었을 것으로 추정된다. 16세기 중반 안동과 이웃 고을에는 다양한 형태의 서당이 설립,

---

[8] 『退溪先生文集』卷48「星州牧使黃公行狀」: "先是 盧牧使慶麟 建迎鳳書院于古碧珍之墟 公因而增飾致美 又重修文廟 恢拓舊規 會鳴斯文健爲州敎官 相與志同議合 揀取弟子若干員 分爲四等 令鳴主敎 而己任其檢督 每月一會講 令其背誦所讀書 因爲之論難疑義 考其勤慢 第其賞罰 州東有地曰孔谷 因諸生願立書堂 公欣然營構 扁曰孔谷書堂 又於八莒縣 立鹿峯精舍 訓迪多方 各隨其資之高下 成就者甚多 始商山周侯世鵬爲豐守 公以後進 多與之往復論辨 其異同從違之間 人已知其見識之明 然而猶未能造其堂而嚌其胾."

운영되고 있었는데9)10), 그중 특별히 눈에 띄는 것은 일부 학도가 사찰에 모여 서로 읽고 있는 책자를 놓고 돌아가며 강론하는 '통독通讀'의 관습이었다.

기유년[1549년] 겨울에 이비원李庇遠 이임중李任仲과 함께 산에 들어가 상선암上仙庵에 머물렀는데, 구경서具景瑞와 윤이직尹以直, 권자반權子胖, 김대보金大寶는 이미 여러 암자 사이에 우거하고 있었다. 날마다 구경서 등 여러 사람과 더불어 서로 모여 읽은 책을 강론했다. 경술년 봄에 또 이 암자에 머물렀다. 신해년 초가을에는 또 연대사蓮臺寺에 머물렀다.11)

31년 임자(1552년). 선생 29세. 11월 현사사에서 수계修稧했다. 권대기, 김팔원, 구봉령, 금란수 등과 수계입의修稧立議를 만들었는데, 요약하면 '우리 붕우들이 잠깐 모였다가 잠깐 헤어지느라 강론해 절차탁마切磋琢磨하는 보탬이 전혀 없기에, 매년 네 계절에 혹은 산사에서 혹은 촌사村社에서 여가가 날 때마다 가까운 곳에 모여, 부질없는 잡서雜書는 제하고 경사經史 가운데 한 책을 갖고 와

---

9) 權好文, 『松巖先生別集』 卷2 「上觀察使書 請城山寺爲書堂」: "儒術大成於近古 其肄業育材之所 則非但崇餙其學校 而煩或擇勝地立精舍 次爲羣居講習之地 爲政者亦或請於朝 詔賜榜額 稱爲書院者多焉. 自是列郡皆效 雖未能大擧 而私構小堂 以聚學徒者 在在咸然. 惟我安東府 本嶺外文明之鄕 士之鉛槧者 相觀奮興 絃誦之聲 比屋相聞. 然各私家塾 無日用師友之輔 有巷里孤陋之病. 其文會硏礱之有益於尋常間者 最愛建書堂. 故頃年以來 縣縣村村 悉創堂宇 講究事業者 洋洋可尚. 一縣則會一縣之學者 一里則會一里之童蒙, 又擇其年高有學力者爲之師 風勵後生, 人之子弟 皆知稽古之可貴 他技之可賤 握筆挾書 日以爲事 甚盛事也."

10) 黃俊良(1517~1563), 『錦溪先生文集』 卷8 外集 「紫陽書堂記」: "吳友永陽金君 …… 乃謀洞人鄭君允良等 協功出力 建堂于李椅書齋之舊址, 拓其隘而弘其規 始事於庚戌(1550)之秋 明春而斷手. 齋堂得所 庖廩有次 合十有餘間, 供饋之資 需用之利 皆取之私而費以公. 游學之士 皆樂歸之 乃課以講習 規以約條 使之警動感奮而成其業. 凡所施措 皆恢然有古人風, 及於壬子春 會洞人而落之, 躬邀簡請 余樂赴焉."

11) 琴蘭秀, 『惺齋文集』 권3 「普賢庵壁上書前後入山記」: "己酉(1549)冬 與李庇遠李任仲入山栖上仙庵 具景瑞尹以直權子胖金大寶 則已寓諸庵間 日與景瑞諸人 相會講論所讀書. 庚戌春又棲斯庵. 辛亥孟秋又栖蓮臺寺."

서 통독通讀한다' 운운했다(『월천선생년보月川先生年譜』).12)

임자(1552년) 11월에 현사사에서 수계했다. 조월천趙月川, 구백담具柏潭, 김지산팔원金芝山八元, 권인재대기權忍齋大器 등 여러분이 모두 모임에 참석했다. 입의立議를 요약하면 '무릇 우리 붕우들이 잠깐 헤어졌다 잠깐 모이면 전혀 도움됨이 없으니 혹은 산이나 혹은 사社에서 좋은 날 좋은 철에 각기 경사를 갖고 함께 모여 통독通讀한다'고 했다(『성재년보惺齋年譜』).13)

『월천연보』와 『성재연보』의 기록에서 약간 차이가 있기는 하지만 동일한 현사사 수계 내용을 적은 것을 모두 '통독'이라고 하고 있다. 청년 학도들이 사찰 등의 조용한 곳에 모여 각자 읽고 있는 서책을 가져와 내용을 토론한 '상회강론相會講論'의 통독 방식은 고려시대 이래 관행적으로 행해지던 학도들 사이의 사암寺庵 강론의 유습遺習을 반영한 것으로 보인다. 다만 주목되는 것은 월천 조목과 백담 구봉령(1526~1586년), 지산 김 팔원(1524~1589년), 인재 권대기(1523~1587년), 성재 금난수 등이 행했다는 '제회통독齊會通讀'이다. 이들은 모두 퇴계 문인 중에서도 연령상 선배에 해당되는 인물들로, 20대의 청년 학도들이 한 장소에 모여 각자 경사를 통독하기로 했다는 명종 임자년(1552년) 무렵은 퇴계가 계상서당을 막 지어 경영하기 시작할 무렵이었으니, 이런 강학 모임은 퇴계가 안동 예안에서 서당 교육을 시행하기 이전부터 학도들 사이에 전해지고 있던 일종의 독서 관행이었을 것이다.

12)「月川先生年譜」:"○ 三十一年壬子 先生二十九歲: 十一月 修契于玄沙寺 與權大器金八元具鳳齡琴蘭秀 修禊立議. 略曰 "凡我朋執 乍合乍分 殊無講論劘切之益 每以四節 或山寺或村社 逐間近處聚會 除閒雜書 經史中一册 持來通讀云云."
13) 惺齋年譜:"壬子 十一月修契于玄沙寺. 趙月川具柏潭金芝山八元 權忍齋大器 諸公皆與其會 其立議略曰 凡我朋執 乍分乍合 殊無資益 或山或社 佳辰勝節 各携經史 齊會通讀."

그런데 그러한 '통독'은 조선전기 당시 과거 조목의 하나로 시행된 강경講經의 '통독'이나 성균관에서 시행된 강학 방식의 하나로 '통독'과는 다소 구별되는 점이 있다.

중종 대왕 37년[임인년] 정월 대사간 침광언沈光彦의 상소 말단에 사신史臣이 말하기를, '대사성 송인수宋麟壽는 유자로서의 행실이 있고 옛일을 좋아하는 사람이다. 교화敎化가 밝지 않고 선비들의 습관이 단정하지 않음을 민망하게 여겨 통독할 즈음 의리義理의 교훈을 개발해 제생諸生을 인도하니, 생원 송구宋拘와 이순효李純孝 무리가 재齋로 물러나 논의하기를 "의리의 교훈을 어찌 지금 시대에 시행할 수 있겠는가? 의리의 교훈을 시행한다면 어느 때 과거 공부를 하겠는가?"고 하면서 서로 사장師長을 논의해 말하기를 "이제 우리 동방에 주자朱子가 다시 태어난 걸 보겠다"고 하며 서로 크게 웃었다'고 했다.14)

이 맥락에서 유의할 것은 규암圭菴 송인수(1499~1547년)가 대사성 직책을 맡았던 1542년(중종 37년)에 성균관에서 학도를 가르치면서 기존의 통독 방식을 행하면서 의리지훈義理之訓을 개발해 제생을 인도했는데, 제생 가운데 그것을 비난하는 자가 있었다는 점이다. 여기서 '통독'은 경전의 본문을 통틀어 읽는 것이다. 그런데 송인수가 성균관의 통독을 주관하면서 재래의 통독 과정에다 의리의 교훈을 따져서 논의하는 과정을 추가함으로써 일부 제생의 불만을 샀다는 말이다. 어찌되었던 이때 성균관에서의 통독은 아마도 선조 갑술년(1574년)에 미암眉庵 류희춘柳希春이 성균관 명륜당에서 행한 일강日講의 통독 방식과 크게 어긋남이 없었을 것이다.

14) 宋麟壽, 『圭菴先生文集』卷3 附錄 諸家記述: "中宗大王三十七年壬寅正月 大司諫沈光彦上疏末段 史臣曰 大司成宋麟壽 有儒行好古之人也 憫其敎化之不明 士習之不端 通讀之際 開發義理之訓 誘掖諸生 則有生員宋拘李純孝之輩 退議于齋曰 義理之訓 豈可行於今時 行義理之訓 而何時爲科擧乎 相與議其師長曰 今見朱子再生於吾東方也 遂大笑."

9월 21일에 성균관에 좌기坐起하러 갔다. 대사성 윤두수尹斗壽 이하 관원이 먼저 와서 기다리고 있었다. 내가 명륜당으로 들어가니, 여러 관원이 위에서부터 아래에 이르기까지 차례로 예를 행한 뒤, 동서재 유생들이 마당에 나와 읍을 했다. 그러고 나서 색장色掌 유생이 일강日講과 벌강罰講을 품신했다. 나는 『논어』학이學而 첫 장에서부터 증자삼성장曾子三省章까지 통독하게 하고 중지했다. 제생이 좌우로 문난問難함에 나는 모두 조리를 갖추어 변론하고, 날이 저물어 파했다.15)

을해년 봄에 허초당許草堂이 대사성이 되었을 때 류미암柳眉巖이 동지사가 되어 명륜당에서 통독했는데, 곧 『대학』의 경일장經一章 구절과 집주集註였다. 주註 가운데 '요령要領' 두 글자가 있었는데, 미암은 말하기를 '요要자는 사지四肢를 상대해 말한 것'이라고 했고, 초당草堂은 '요要는 곧 상요裳要의 요要'라고 했으나, 미암은 그래도 앞의 말을 고수해 상요가 아니라고 했고, 초당 역시 앞의 말을 고수했으며, 그 말이 보이는 곳을 지적해내지 못했다. 나는 상사생上舍生으로서 또한 가르침을 받는 대열에 있었는데, 의아한 마음이 없을 수가 없었다. 물러나 생각하니 위풍魏風의 「갈구葛屨」편의 시에 '요지극지要之襋之 호인복지好人服之'의 주에 '요要는 상요裳要이고 극襋은 의령衣領이다'라는 말이 있어 비로소 요령要領의 요要이지 사지四肢를 상대하는 말로서의 요가 아님을 알았고, 『서경』을 읽다가 '사상체요辭尙體要'의 구절에 이르러 구봉九峯이 '취완구이이지위체趣完具而已之謂體 중체소회지위요衆體所會之謂要'라는 구절이 있어 또한 미암이 요 자를 설명한 데도 또한 근거가 있음을 알았다.16)

---

15) 柳希春(1513~1577), 『眉巖先生集』 卷12, 日記 刪節○ 上經 筵日記別編 甲戌下: "九月二十一日 以坐起詣成均 大司成尹斗壽子昂以下先詣以待. 余入明倫堂 諸官自上而下 次次行禮後 東西齋儒生 出庭而揖. 旣而 色掌生請稟日講罰講. 余令論語 自學而首章 至曾子三省章而止. 諸生問難於左右 余皆辨析森然 日昳乃罷."

이처럼 성균관 관원이 정좌한 다음 동서재의 성균관 유생들이 마당에 나와 읍례를 행한 뒤 담당 색장이 일강과 벌강을 행할 것을 청하면 학관이 해당 서적의 일정 부분을 먼저 읽고, 제생이 따라 읽은 다음 제생과 해당 부분에 대한 질의와 논변을 벌이는 것이 성균관의 통독 방식이었다. 성균관의 '통독'은 다음 사례에서도 동일하게 적용된 것으로 보인다.

> 말씀해주신 『대학』 통독에 대한 논의를 들을 수 있으니, 이 같은 위안이 어디 있겠습니까? 제 생각에 편치 않은 곳은 일일이 알려드리고 싶지만 돌이켜보면 제 종적이 이런지라 다른 사람과 서찰을 주고받으며 변론할 때가 아니고, 또한 더위로 지쳐 누워 있는지라 생각대로 하지 못하니 참으로 깊이 미안합니다.17)

> 가정 41년 임술[1562년]년. 선생 40세. 봄과 가을 서원의 향사를 치른 뒤 경전을 잡고서 논변해 간혹 여러 날에 이르기도 했다. 먼 지방의 선비로서 학문에 뜻을 둔 자가 다투어 와서 가르침을 받았다. 선생은 이에 제생의 통독 규정을 정해 매달 초하루에 제생을 모아 강독하니 선비 가운데 성취된 자가 많았다.18)

---

16) 高尙顏(1553~1623), 『泰村先生文集』 卷3 雜著 「叢話」: "乙亥春 許草堂爲大司成 柳眉巖爲同知 于明倫堂 乃大學經一章之句及集註也. 註中有要領二字. 眉巖曰 '要字對四肢而言者也.' 草堂曰 '要乃裳要之要也.' 眉巖猶守前言 以爲非裳要也. 草堂亦守前言 而未能拈出其見在處. 余以上舍 亦與受學之列 未聞歸一之論 不無疑訝之心. 退而思之 則魏風葛屨篇曰要之襋之. 好人服之註曰 '要 裳要. 襋 衣領也' 始惡要領之要 非對四肢之要也. 讀書至辭尙體要. 九峯曰 '趣完具而已之謂體 衆體所會之謂要' 又知眉巖之說要字 亦有據也."

17) 李滉, 『退溪先生文集』 卷26 「答鄭子中」: "示喩大學 獲聞餘論 何慰如之. 其於鄙意未安處 欲一一報白, 自顧蹤跡如此 非與人往復辨論之時, 亦緣暑病疲臥 未果如意. 良深負負."

18) 姜翼, 『介庵先生文集』 下, 附錄, 「年譜」: "嘉靖四十一年壬戌(1562) 先生年四十歲 率諸生 春秋院享之餘 執經論辨 或至累日 遠方士子之有志於學者 爭騈趨而承學焉. 先生乃定諸生之規 每月朔 會諸生 講讀 士多有成就者."

개암介庵 강익姜翼(1523~1567년)이 정했다는 월삭月朔 통독의 규정은 제생을 매달 한 번씩 모아 독서 결과를 평가했던 것으로 보이는데, 이 역시 성균관의 통독 규정과 크게 다를 바 없어 보인다. 그런데 16세기 중엽에 학도들 사이의 상회강론相會講論이나 제회통독齊會 관습은 퇴계의 강학이 시작되면서 절차와 형식에 약간 변화를 겪은 듯하다.

○ 정사년[1557년]. 겨울 계당溪堂에서 강업講業했다. 당시 퇴계 선생이 『계몽전의』를 편집하고 있었는데, 시책도蓍策圖와 호옥재胡玉齋의 제설諸說을 강론 질의했다. ○ 정묘년[1568년]. 8월 도산으로 가서 뵙고 태극太極의 의의疑義를 강론, 질의했다. ○ 경오년[1570년]. 7월에 퇴계 선생을 모시고 역동서원에 모였다. 당시 동문의 여러 분과 더불어 『심경』을 7일 동안 수업 받았다. …… 9월에 송암松庵 권호문 공의 『청량유록淸凉遊錄』에 이르기를 '민백향閔伯嚮, 류응견柳應見 등 여러분과 계당에 모여 경전을 끼고 문난問難하고 있는데 금 첨지가 왔다고 알려 왔다'고 했다.19)

『성재연보』의 이 기록에 따르면, 퇴계와 그의 문도들의 강학은 대개 학업이 어느 정도 성취된 학도들이 특정 서책을 갖고 함께 모여 스승과 함께 서책을 읽으면서 의문 나는 곳을 질의하고 의리를 강론하는 형식을 취한 것으로 보인다. 그러한 강학의 모습은 학도들에게 깊은 인상을 남겼던 것으로 보인다.

위급한 병으로 누웠을 때 거실에 찾아뵈었더니, 먼저 연령이 노쇠해 시들하게

---

19) "惺齋年譜 ○ 丁巳(1557) 冬講業于溪堂: 時退溪先生編成啓蒙傳疑 講質蓍策圖及胡玉齋諸說. ○ 丁卯(1568) 八月 拜陶山講質太極疑義. ○ 庚吾(1570) 七月陪退溪先生 會易東書院. 時與同門諸公 受心經七日. …… 九月權松庵好文淸凉遊錄云 與閔伯嚮柳應見諸公 會溪堂 方橫經問難 報琴僉知到門."

된 사정과 진원眞元이 고갈되어 갑작스런 질병이 도졌음을 말씀하시고, 다음으로 평소 강회의 어려움을 말씀하시며 지난 일을 추억하시는 생각이 얼마나 간절하시던지, 어찌 이 말씀이 영원한 작별이 될 줄 알았겠습니까? 모습이 영원히 사라지니 뒷날을 어찌 기약하겠습니까?20)

구봉령이 언급한 퇴계 선생의 강회는 앞서부터 예안과 안동 지역에서 이루어지고 있던 사암寺庵 강론의 관습을 계승해 일정한 격식을 갖추어 가면서, 이후로는 '강회'라는 이름으로 정착된 것으로 보인다. 그것은 퇴계 선생 사후 그의 문생들에 의해 만들어진 『송소집松巢集』의 다음 강회 조약으로 미루어보아 짐작할 수 있다.

정해년[1578년] 12월 16일. 여직汝直과 익형益亨이 와서 이야기하다가 '우리들이 이전에 병으로 인해 학문을 폐해 현양顯揚할 수 없을 뿐만 아니라 늙어서 더욱 형편없이 되었고 또 자제를 가르칠 수도 없다. 이제부터 마음을 단단히 고쳐먹고 서로 책을 읽는 데 종사해 매년 3월부터 시작해 5일에 한 번 모여 통독 강토講討하되, 먼저 실학實學을 공부하고 다음으로 역사서에 이르기까지, 질병이나 큰 사고가 있지 않으면 그만두지 않고 영구히 게을리 하지 않도록 한다면, 비록 큰 보탬이 안 되더라도 또한 바둑 장기 두며 한담하는 것보다는 못하지 않으리라. 5일에 한 번 모이는 일은, 돌아가면서 서로 모이되, 혹은 사야구동沙野久洞의 재사 같이 비어 있는 장소나 혹은 화창한 봄날이나 서늘한 가을이면 들이나 산골짜기의 맑고 그윽한 곳도 합당하다. 들에서는 각기 점심밥을 마련하되, 매 1개월마다 한 사람이 직월直月이 되어 하루에 30~40장 정도로 한정해 강론하고, 혹 모임으로 말미암아 유숙하며 연일 강독도 한다'고 했

---

20) 『退溪先生年譜』 卷3 附錄 「祭文」 ○ 具鳳齡: "方寢危苦 往拜于室, 首言年齡 衰悴之端 眞元竭盡 暴疾遽干, 次言平日 講會之難 感念曠昔 意何拳拳. 豈知此言 而訣終天 儀刑永昧 後期何緣."

다.21)

　이 약조에 의하면 송소 권우와 그의 동지 등이 계획한 '통독강토강토講討'는 5일에 한 번씩 돌아가면서 일정한 장소에 모여 하루에 30장 내지 40장의 책을 읽으며 토론하는 모임이다. 경전의 본문을 함께 읽고 중요한 구절의 의미를 토론한다는 점에서 성균관의 강독 방식과 흡사하면서도, 일정한 기간을 정해 놓고 정해진 서책을 처음부터 끝까지 모두 다 읽고 마친다는 점에는 차이가 있으며, 특정 지역의 인물이 약조를 정해 정기적으로 강회를 개최한다는 점에서는 일반 서당의 월삭강회와 다름없지만 또한 월삭강회에서 행하는 고강의 규정이 없다는 점에서는 그것과도 구별되었다.

　이들의 이런 약속이 얼마나 지속되었는지는 알 수 없고, 또 절차와 형식이 어떻게 진행되었는지도 알 수 없지만 이런 형식의 서당 강회는 이후 일정한 격식을 갖추어 하나의 관습으로 정착되어 간 것으로 보인다.

　12년 갑신[1581년]. 선생 51세. ○ 3월에 도산서원에 가서 알묘하고 이몽재李蒙齋의 여막을 방문했다. ○ 조월천과 월천서당에서 모이기로 약속해 강설했다. ○ 4월에 김남악金南嶽, 눌헌訥軒 이희李憙 등 여러분과 초간정사草澗精舍에서 강회를 열었는데, 종자從子 건현鍵鉉 또한 와서 모시고 강학했다.

　18년 경인[1590년] 선생 57세. ○ 10월에 승문원참교參校로 직책을 옮겼다. ○ 상산의 여러 분과 수정당水晶堂에서 수계修禊했는데, 불기당不欺堂 노기盧麒, 이월간李月澗, 창석蒼石 이준李埈, 서대西臺 김충金沖, 정우복鄭愚伏 등과 함께 강

---

21) 權宇, 『松巢集』 卷3 「講會條約」: "丁亥(1578)十二月十六日 汝直益亨來 語及吾輩前此因病廢學 不惟無以爲麗澤之地 到老益成無狀 且無以敎子弟. 自今當惕念改圖 庶相以黃卷從事 期以明年三月爲始 伍日一會 講討, 先治實學 次及史 非有疾病大故 不得輒廢 庶永久不解. 雖不得大益 亦未必不勝博奕閑談 伍日一會事 輪次相會 或空處若沙野丘洞齋舍, 或當春和秋凉 則野次山壑淸幽處亦當. 野次則各自具吾飯, 每一月一人爲直月 一日限講三十丈或四十丈, 或因會留宿 連日講讀."

회 약속을 정해 해마다 한 번 수계하기로 했다.22)

초간草澗 권문해(1534~1591년)의 월천서당 강설이나 초간정사 강회가 있던 것이 선조 갑신년(1584년)이었고, 그가 월천 조목, 불기당 노기, 월간 이전李㙉, 창석 이준, 서대 김충, 우복 정경세 등과 1년에 한 번 강회를 갖기로 한 것은 경인년(1590년)이었으니, 권우가 말한 5일 1회 통독과는 차이가 있기는 하지만 16세기 후반에 이르러 예천과 상주 지방에서도 강회의 약조가 파급되고 있었음을 알 수 있다.

3___16세기 서당의 삭망강회朔望講會와 고강考講

16세기, 안동 지방에서의 강학 의식과 관련해 유의해 볼 것은 설월당雪月堂 김부륜(1531~1598년)의 「복천향교학령福川鄕校學令」이다. 선조 을유년(1585년)에 김부륜이 동복현감으로 부임했을 때 제정된 것으로 기록되어 있는 이 「학령」은 모두 21조목인데, 거기에 '예안향교학령중첨입십조禮安鄕校學令中添入十條'라는 단서가 붙어 있다. 본디 예안향교에서 이미 제정해 시행하던 11조 학령에다 10개 조목을 첨가해 만든 것으로, 당시 안동 지방에서 시행되고 있던 학교례學校禮를 반영하고 있다. 그중 강학 의식과 관련되는 것은 다음의 몇 조목이다.

一. 매달 삭망朔望에 교관이 제생을 인솔해 관대冠帶를 구비하고 묘정에 가서 알성謁聖하면서 사배례四拜禮를 행한다.

---

22) 權文海, 「草澗先生年譜」: "十二年甲申 先生伍十一歲. …… ○三月 往謁陶山院廟 訪李蒙齋于廬所 ○ 與趙月川 約會于月川書堂講說 ○四月 與金南嶽李訒軒憲諸公 講會于草澗精舍 從子鍵鉉 亦來侍講學. /十八年庚寅 先生伍十七歲 ○十月 內遷承文院參校 ○與商山諸公 修禊事于水晶堂 盧不欺堂麒李月澗 李蒼石埈 金西臺冲 鄭愚伏 同約講會 歲一修事."

一. 매일 교관이 강당에 앉으면 제생은 읍례揖禮를 행할 것을 청한다. 북을 한 번 울리면 제생은 차례대로 마당 가운데로 들어와 교관을 향해 서서 읍례를 행한 뒤 각기 서재 앞으로 가서 마주해 읍한다. 그런 다음 교관 앞으로 가서 일강日講을 행할 것을 청한다. 동재와 서재에서 각 두세 사람 또는 네댓 사람을 뽑아 읽고 있는 책을 강론하게 한다. 조粗와 불통不通에 해당하는 자는 차등을 두어 벌초罰楚를 시행하고, 통通과 략略은 아울러 장부에 기록한다. 두 번째 북소리에 제생은 각기 읽은 책을 갖고 교관에게 가서 먼저 앞서 수업 받은 것을 갖고 논란해 의문을 변론한 뒤 새로 수업을 받되, 많기를 힘쓰지 않고 모름지기 정밀하게 연마하도록 한다. 혹 책을 마주해 졸거나 가르침을 받드는 데 유의하지 않으면 벌을 준다.

一. 매달 보름 전과 보름 뒤에 수령이 직접 향교에 와 교관과 함께 고강하면서 간혹 제목을 내 제술製述을 명하고, 과차科次에 따라 상벌을 행한 뒤 장부에 기록해둔다. 그날 각 면의 학장學長이 가르치는 동몽도 또한 소집해 교생과 함께 고강하거나 간혹 제술하게 한다.

一. 수령 및 향당의 존중받는 노 선달이 향교에 오면 교관과 같이 행례行禮한다.

一. 매일 북 세 번을 울리면 제생은 차례대로 식당에 가고, 식사를 마치면 차례로 나오되, 질서를 지키지 않고 떠드는 자에게는 벌을 준다.23)

---

23) 金富倫, 『雪月堂先生文集』 卷4 雜著, 「福川鄕校學令」 「禮安鄕校學令中添入十條」: "一. 每月朔望 敎官率諸生 具冠帶 詣廟庭謁聖 行四拜禮.
一. 每日 敎官坐講堂 諸生請行揖禮. 鼓一聲 諸生以次入庭中 向敎官立 行揖禮後 各就齋前相對揖, 遂詣敎官前 請行日講, 東西齋各抽二三人或四伍人 講所讀書. 粗及不通者 差等罰楚. 幷通略置簿. 鼓二聲 諸生各執所讀書詣敎官, 先將前授 論難辨疑, 後承新授 不務多要 須硏精. 如或對卷昏睡 不留意承敎者 罰.
一. 每月望前望後 守令親至鄕校 同敎官考講 或命題製述 科次賞罰 後幷置簿, 其日各面學長所誨童蒙 亦召集 同校生考講或製述.
一. 守令及鄕黨尊老先達 至校行禮 如敎官.
一. 六朔通考講分數置簿 年終合計 不通最多者一人 又置簿 報本邑 轉報監司 或定醫律生 或定歲貢 以示罰辱. 勤學補過 則報還校籍. 須以通小學二書一經以上爲驗. 懶慢尤甚 終不能學者 永定. 通最多者 亦申報論賞 或完復戶役 不過一年.

이「학령」은 관학인 향교에서의 강학 규정이기 때문에 삭망에 문묘에 배알하는 예가 있고, 소속 제생의 학업을 평가하고 그에 따른 상벌 규정을 명시하는데 중점을 두고 있기는 하지만 일강과 삭망고강의 규정은 당시 서원이나 서당에서도 준용되었던 것이다.

　이「학령」에서 주목해볼 것은 매일 이루어지는 일강 의식 절차와 삭망의 고강 규정이다. 일강은 매일 교관이 강당에 좌정하면 제생이 마당에 들어와 교관을 향해 읍례를 행하고, 다음으로 각자가 기거하는 동재와 서재 앞에서 서로 마주해 읍례를 행한 다음, 먼저 제생 중 몇 사람을 추첨해 교관 앞으로 나아가 강독해 평가를 받고, 다음으로 각기 앞서 수업 받은 내용에 대해 문난問難한 뒤, 다시 새로 배울 부분을 전수받는 순서로 진행하는 것으로 규정했다. 이런 형식의 일강 의식은 서당이나 서원은 물론 성균관에서도 유사한 형식으로 시행된 것으로, 조선시대 학교에서 일반적으로 시행되었던 일과의 강학 의식이었다.

　삭망의 고강에서 대통大通, 통통, 약통略通, 조통粗通, 불통不通의 다섯 단계로 성적 등급을 매기는 것이나, 삭망의 제술에 고시古詩, 의疑, 의의, 논論, 부賦, 표表, 명銘, 잠箴, 송頌, 기記, 대책對策 등의 문체文體를 과제로 내는 것 등은 대소의 과거에 대비하기 위한 것으로, 역시 성균관을 비롯한

一. 每六朔通考製述科次 置簿分數最多者 申報論賞 或完復戶役 不過六朔.
一. 每月望前 古詩疑義論賦表中二, 望後 銘箴頌記對策中一 命題製述. 其體制 要須簡嚴精切辭達而已 勿使險僻怪異. 如或變更時體 倡率浮靡者 罰. 書字不楷正者 亦罰.
一. 諸生講經 句讀明詳 議論通達 該括一書綱領旨趣 縱橫出入諸書 融會貫通 到十分盡處爲大通. 雖不至十分盡處 句讀詳明 議論通豁 該括一書綱領旨趣 融會貫通者爲通. 雖不至融會貫通 句讀詳明 釋義通達 連上接下 能得一章大旨爲略通. 句讀明白 釋義分曉 雖得一章大旨 而議論有未盡爲粗通. 下此者爲不通. 各面童蒙 則文理已通者外 皆以誦之能否 定通略粗不.
一. 每日鼓三聲 諸生以次詣食堂 食畢以次出 失序或喧譁者 罰.
一. 各面學長所誨童蒙 亦依右行."

각급 학교에서 널리 통행되던 규범이었다.

이러한 월삭고강과 관련해 각종 「강안」 또는 「고강록考講錄」 등이 작성되었다. 현재 16세기의 강안으로 남아 있는 것을 찾아보기는 어려우나, 17세기 이후의 「강안」으로 현종 병오년(1666년)부터 작성된 예안 서촌西村의 「마곡서당고강록磨谷書堂考講錄」이나 순조 신유년(1801년)과 계미년(1823년)에 작성된 「은곡재사강생안隱谷齋舍講生案」과 순조 임술년(1802년)에 작성된 「은곡재사강안隱谷齋舍講案」을 통해 편린을 알 수 있다.

「마곡서당고강록磨谷書堂考講錄」은 예안 서촌의 마곡서원에 전해오는 고문서이다. 마곡서원당은 만력 임인년(1602년)에 예안 서촌에 건립된 마곡서당에서 유래한 사설 교육 시설로, 서촌의 7개 문중의 마곡리사麻谷里社로 바뀌었다가 순조 무자년(1828년) 때 마곡서원으로 개칭했다가 고종 때 이르러 훼철된 곳이다. 마곡서원의 경우 만력 임인년 창건 이후의 기록을 담은 「마곡서당안磨谷書堂案」이 있고, 이와 별도로 「마곡서당고강록」이 있는데, 여기에는 현종 병오년(1666년) 4월 15일부터 정미년(1667년) 12월 1일까지, 35회에 걸쳐 매달 삭망에 시행된 고강과 제술 성적이 기록되어 있다.[24]

은곡서당은 1537년(중종 32년)에 박진이 안동 임하면 천전동川前洞에 창건했다가 임진왜란 이후 소실된 것을 1645년(인조 23년)에 중건한 이래 반남박씨 문중 서당과 재사로 사용된 곳이다. 이 서당의 고문서 중에는 순조 신유년(1801년)과 계미년(1823년)에 작성된 「은곡재사강생안隱谷齋舍講生案」과 순조 임술년(1802년)에 작성된 「은곡재사강안隱谷齋舍講案」 등의 강록이 포함되어 있다.[25]

---

24) 「마곡서당안」과 「마곡서당고강록」에 대해서는 마곡서당 서촌 칠현의 한 분인 묵재默齋 박사희朴士熹의 후손인 동래예술고등학교의 박영진朴永鎭 선생이 제공한 자료에 의거해 서술했다.
25) 은곡재사의 「강안」은 한국국학진흥원 소장 고문서에 포함되어 있다.

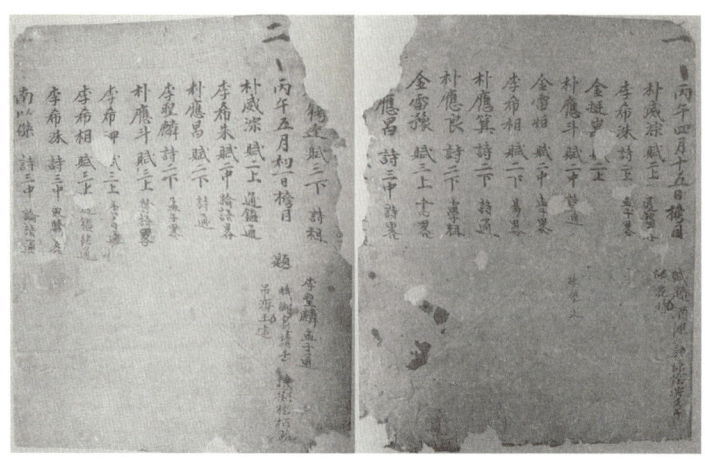

〈사진 1〉「마곡서당고강록」,(병오〔1666년〕 4월 15일 조).

　이처럼 관학인 향교나 일반 서당에서 행해진 일강과 삭망강회는 동몽이나 초학자를 대상으로 엄격하게 과정을 정해 학업을 독려하기 위한 수단으로 시행된 것으로, 정기적으로 시행된 고강과 그에 따른「강안」의 작성은 이들을 독려하기 위한 상벌 기준으로 사용되었다.

4 　조선후기 안동 지방의 통독강회와「통독회의會儀」

　앞서 언급한 바 송소 권우의「강회조약」에 '통독강토'라는 말이 있었듯이, 16세기 중반 이후 안동 지방에서는 학자들 사이에 이른바 '통독'이란 형식의 일종의 강회가 이루어지고 있었다. 이와 관련해 비록 후대의 문서지만 병산서원의 고문서 성책成冊 중『거재안居齋案』이 있다. 여기에는 정조 신축년(1781년) 5월 11~14일까지 4일 동안『대학』을 강독한 것을 필두로 그해 10월 16일~12월 초1일까지 각각 보름씩 4차, 이듬해 임인년(1782년) 10월 16부터 12월 초1일까지 보름씩 4차 그리고 기유년(1789년) 2월 초1일~4월 초2일까지 2차에 걸쳐 병산서원에서 행한 통독강회

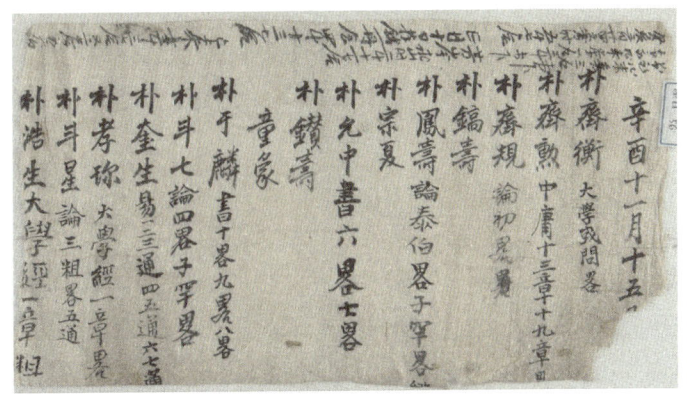

〈사진 2〉「은곡재사강안」,(신유〔1801년〕 11월).

의 기록이 들어 있다. 이 성책의 서두에 당시 병산서원 원임으로 행사를 주관한 외재畏齋 유종춘柳宗春(1720~1795년)이 작성한 「병산서원통독안서屛山書院案序」가 있는데, 거기에 이 강회의 전말이 서술되어 있다.

> 병산서원에 제생을 모아 『대학』을 강론했는데, 옛날 서원을 건설해 선비들에게 강학한 규범이 그러해서이다. 원외員外 남용진南龍震 공과 박사博士 정석태鄭錫台 공이 강講을 주관했고 종춘은 당시 서원의 소임을 맡고 있었기에 또한 참여했다. 이날 두 분이 새벽에 제생을 이끌고 마당 아래에 차례로 줄을 지어 상읍례相揖禮를 행하고, 마치자 유사인 이팽윤李彭胤 군이 동쪽 계단 위에 서서 주자 선생의 「백록동규白鹿洞規」를 읽고 들었으며, 그대로 제생을 인솔해 존덕사에 배알하고, 물러나 입교당에 앉아 강석講席을 설치했다. 이에 제생으로서 유건儒巾을 얹고 띠를 두른 자가 거의 60여인이었다. 각자 『대학』 한 책을 갖고 차례로 앉았으니 위의가 매우 숙연했다. 자리가 정해지자 한 사람이 두 분 앞으로 나아가 절하고, 꿇어앉아 수장首章을 한 번 읽고서 의의를 대략 강론했으며, 좌중의 여러 사람이 각기 견해가 미치는 대로 또한 서로 수차 반복했다. 그런 뒤에 다음 사람이 또 나아가 다음 장을 읽고 의의를 강론하는 것 또한 똑같이

했다. 이달 계미癸未에 시작해 4일이 지난 병술에 마쳤다. 이것이 강론한 일의 전말이다.26)

이 강회는 당초 60여 명의 인원이 5월 11일부터 4일 동안 병산서원에서 함께 거접하면서 『대학』을 처음부터 시작해 마지막까지 강독 토론한 것을 시발로 그해 10월부터는 각자가 읽고 있는 경서를 가져와 강론했는데, 참석한 사람의 성명과 통독한 경서의 명칭만 기록했을 뿐 고강의 내용이나 제술의 성적은 기록하지 않았다.

이와 비슷한 시기의 강회 문서로 도산서원 성책 중 정조 정미년(1787년)에 시행된 역동서원의 『심경』 강회와 관련해 이 일을 주관한 상유사 이사우李師愚가 작성한 「회문回文」 초안이 남아 있는데, 이 또한 안동 지방 통독 강회의 한 모습을 보여준다.

본 서원은 설립 당초부터 선현이 여러 문중의 제현을 여러 번 요청해 『심경』과 『역학계몽』 등의 책을 강론하고 또 시로 읊어 나타내기도 했으니, 시판詩板의 사운시四韻詩가 있어 지금까지 백여 년 뒤에도 오히려 상상할 수 있으며, 서원 기書院記 뒤에도 거듭 밝혀 놓기를 '후학은 마땅히 힘써야 한다'고 했습니다. 이는 선현이 후생을 위해 지은 구절을 추론해 말한 것으로 후생에게 무궁하게 깊이 바람이 있었던 것입니다. 애석하게도 근래에 우리 고장의 유풍儒風이 시대와 점차 멀어지면서 문아文雅가 텅 비어 폐기되고, 간혹 겨울 석 달 동안 거재居齋

---

26) 柳宗春, 「屛山書院案序」 (屛山書院古文書, 成冊 092): "集諸生講大學書于屛山書院 古者設院講士之規然也. 員外南公龍震 博士鄭公錫台主講士. 宗春時忝院席 亦與參焉. 是日也 二公晨引諸生序列庭下 行相揖禮 訖 有司李君彭胤 就東塔上立讀朱先生白鹿洞規以聽之. 遂引諸生謁尊德祠 退坐立敎堂設講席. 於是 諸生戴巾圍博者 僅六十餘員. 各持大學一部 以次而坐 儀甚肅然也. 坐旣定 一人進詣二公前拜跪 讀首章一過 講疑義大略 坐中諸君 各隨見解所及 亦相反復數次焉. 然後次者又進讀次章 講疑義亦如之. 自是月癸未始 越四日丙戌而畢. 此講事之顚末也."

하는 규정이 있지만 모이는 인원이 각기 제 책을 읽어 과거시험에 응시할 따름 강구 토론해 보탬이 되기를 구하는 일은 다시없으니 참으로 이는 하나의 큰 흠입니다. 오늘 후학 후생이 어찌 감히 당시의 성대한 일을 뒤쫓아 따르겠는가마는, 남긴 시의 후생에게 타이른 뜻과 서원기에 격려한 훈계를 재삼 읽고 읊조리노라면 감개가 일어나 흠칫 반성하면서 늠름해 두려운 마음이 생깁니다. 지금 세상은 비록 옛날과 다르지만 한 번 옛 고사를 준수해 거행해 선행이 남긴 법을 뒤따라 지금 행할 수 있는 것을 밝힌다면 애례존양愛禮存羊의 의리에 거의 가까울 것입니다. 이에 이달 초10일에 강당과 재실을 깨끗하게 청소해 온 고을의 옛 일을 좋아하는 모든 군자를 맞이해 함께 강학 토론의 논의를 듣고자 하니, 여러분께서 광림해주시면 다행이겠습니다.

정미 12월 초1일 상유사 이세원李世原, 재임 금상호琴象濩, 이사우.27)

"『심경』과 『역학계몽』 등의 강독 토론은 서원 건립 초기부터 거행했던 것"이라는 이 회문의 언급은 퇴계가 문도들과 강학한 내용을 회상한 것으로, 『심경』 강회의 오랜 전통을 계승하고 있다는 안동 지방 유림의 강회에 대한 오랜 관념을 보여준다. 그런데 퇴계가 문도들과 강학한 『심경』 강회의 강학 방식은 또한 통독강회로도 알려져 있었다. 그것은 선조 정미년(1607년)에 정구가 안동부사로 부임해 안동의 제생에게 알린 다음 글에 잘 나타나 있다.

---

27) 陶山書院古文書, 成册 013, 『易東文會』: "本院自設立初 先賢屢要諸門賢 講心經啓蒙等書 又發諸吟詠 有板上四韻 至今百載之下 猶可想像. 在書院記後 申之曰 後學之所當勉也, 此則就更覺先賢爲後生之句 而推以言之 深有望於無窮後生者也. 惜乎. 近來吾鄕儒風寝遠 文雅曠廢 間或有三冬居齋之規 而會員各讀其書 以應科擧曰 無復講討求益之事 誠是一大欠事. 今日後學後生 何敢追踵當日之盛事 而至於遺詩詔後之意 院記垂勉之戒 諷詠圭復 感慨繼之 未嘗不惕然而省 凜然而懼也. 今之世 雖曰不古 而一有遵擧古事 追先賢之遺法 明當今之可行 庶幾其爲禮愛存羊之義. 玆以今初十日 掃淨堂齋 奉邀一鄕好古之僉君子 與聞其講討餘論 惟僉尊之辱賜光臨 幸甚. 丁未十二月初一日 上有司 李世原 齋任 琴象濩 李師愚."

안동부 유생들이 심학心學에 뜻을 두어 마침 통독通讀 모임을 베풀고 있으니 지극히 가상합니다. 다만 늙은 수령이 스스로 득력得力한 것이 없는 처지에 제현을 이끌어 인도하지 못할까 걱정되지만 제현을 사랑하고 사모하는 마음이야 또한 스스로 그만두지 못합니다. 다만 강회에 참석한 제군은 모두 연소한 후학이고, 그중에 노성해 학문이 성취되고 기질이 두터운 권순權淳, 류복기柳復起 등 24인이 강석에 참여해 이 모음을 진중하게 해야 마땅한데, 아직까지도 모두 물러나 있으면서 따르려 하지 않으니, 늙은 이 몸이 함께 학문을 하기에 부족하다고 여겨서가 아닌가요? 이는 당연히 늙은 이 사람의 수치이지만 그래도 바라는 바가 없을 수 없는 것은, 비록 제가 기세가 넘쳐서 서로 진작 발휘하는 바탕으로 삼기에 부족하지마는, 제군이 안으로 반성해 스스로 힘쓰는 데는 당초부터 병든 이 사람을 기대하지도 않았으니, 이제 학도들이 학문을 즐겨하는 이때를 당해 서로 와서 모여 진취하도록 노력할 것을 돈독하게 권해, 몸에 실천하는 공부를 다 하는 것이 또한 좋지 않겠습니까? 이 뜻을 24인에게 타일러 24인으로 하여금 나의 애써 돌보며 서로 격려하는 뜻을 알게 해주시면 좋겠습니다.28)

한강이 안동부사로 부임해 『심경』을 통독하는 강회를 개최하고자 했는데, 당시 안동 유림 중 다수의 유능한 인사가 참여하지 않아 이를 독려했다는 내용이다. 이 강회가 제대로 성립되었는지는 알 수 없지만 한강이 『심경』을 강론하는 강회를 통독강회로 규정하고 있고, 앞서 퇴계 문인 중 학자들이 한곳에 모여 정해진 책을 강론하는 형식을 또한 통독이라고 했

---

28) 『寒岡先生續集』 卷5 「播諭安東諸生文」: "俯中儒生 有意心學 方設之會 至爲嘉尙. 惟恐老守自無得力之地 將不能尊迪諸賢 夙夜兢惕 而愛慕諸賢之心 則又不能自已焉耳. 但講會諸君 皆是年少後學 而其中老大成就 氣質厖淳如權淳柳復起二十四員 合在席上 以珍斯會, 而尙皆退坐 不肯追隨, 豈不以老物不足與共學也耶? 斯則當爲老僕之羞 而猶不能無怨者 雖僕氣勢凌替 不足相爲振發之資 而諸君內省自勵 則初不待於病夫矣. 方此菁莪樂學之時 相與敦勸來聚 努力進就 爲盡近裏之功 不亦善乎? 此意播論以二十四君 使二十四君 知我眷眷相勉之心 幸甚."

으니, 안동 지방의 통독강회에서 퇴계가 그의 문도들과 『심경』과 『역학계몽』 등을 강의했던 규범을 계승한다는 인식을 갖고 있었다고 보아도 무리는 아닐 것이다.

안동 지방 학자들의 '통독' 관행과 관련해 『한강속집續集』의 잡저雜著에 「통독회의」 조목이 있다. 이는 한강이 재래에 전해오던 통독강회 규범을 정식화한 것이다.

당일 이른 아침에 모인다. 사람이 모이면 유사가 선성先聖 선사先師의 유상遺像을 북쪽 벽에 설치한다. 제생을 인솔해 마당 가운데 북향해 서서 재배하고, 당에 올라가 향을 올리고, 내려와서 자리에 있는 자와 함께 모두 재배한다. 유사가 당에 올라가 유상을 보관한다. ○ 당상에 올라간다. 유사가 인도해 동쪽과 서쪽으로 향해 선다. 제생이 모두 재배한다. 답배한다. 강장講長 이하가 나간다. ○ 유사가 강장을 인도해 동서東序에서 서향으로 선다. 또 조금 젊은 자稍少者를 인도해 동쪽으로 향하되 북쪽을 상석으로 해 강장에게 절한다. 강장이 답배한다. 조금 젊은 자는 서서로 물러나 서는데 동향하되 북쪽을 상석으로 한다. ○ 연소자年少者를 인솔해 동북쪽으로 향하되 서쪽을 상석으로 해 강장에게 절한다. 강장은 의식대로 예를 받는다. 절한 자는 제자리로 돌아간다. ○ 또 어린 자幼者를 인솔해 같이 행한다. 예를 마친다. ○ 강장이 서향해 앉는다. 유사는 조금 물러나되 모두 서향한다. 나머지 사람은 모두 동향으로 앉는다. 강장과 유사는 함께 제생이 외울 부분을 점검한다. 만약 점검받지 못하면 책에 적어둔다. 점검을 마치면 강장과 유사는 함께 당으로 올라간다. ○ 차례로 제생을 인도해 송강誦講한다. 먼저 『소학』을 강하고, 『소학』 강을 마치고 본업本業을 강한다. 통략조불通略粗不을 모두 서책에 적어 둔다. 강을 마치면 강장 이하는 모두 나간다. ○ 점검받지 못하거나 불통을 받은 자는 별도로 집사執事를 정해 행초行楚한다. ○ 그중 삼가지 못한 자는 들어가 고해 앉힌다. ○ 행벌行罰을 마치면 유사가 들어가 고한다. ○ 이에 식사한다. ○ 식사를 마치면 조금 쉬었다가 다시 모인다. 강장과 유사는 각기 제생의 언행의 절도를 두루 물어보고 만약 잘못이 있으면 경중을 구분해 함께 규제한다. 사과하거나 고치기를 청하면 적어둔다. 만약 쟁변爭辨해 복종하지 않거나 끝까지 고치지 못하는 자는 들어가 고하고 처리하되, 가벼운 것은 행초行楚하고 무거우면 부황覆黃하고 심하면 출독黜讀한다. ○ 강장이 제생을 거느리고 들어가『소학』이나『여씨향약呂氏鄕約』혹은『동몽수지童蒙須知』를 통독한다. ○ 강장과 유사는 제생이 다음 달 읽을 책을 정해준다. ○ 해가 기울면 강장과 제생은 배사拜辭하고 물러난다.29)

한강이 정한「통독회의」에는 선성의 유상에 분향, 참배하고, 강장 이하 제생이 배답하는 절차가 좀 더 상세히 규정되어 있고, 제생의 강송에 대한 고강의 성적을 적어 상벌을 가하는 절도가 더해져 있는 외에 고강 이전에 유사가「백록동규」를 낭송하는 절도는 들어 있지 않아 후대에 안동지방에서 시행된 통독강회 규범과는 약간 다른 면모가 있다. 한강은「통독회의」규정뿐만 아니라 별도로 정한「강법講法」에서도 매번 모임에서 '『소학』등의 책을 통독한다'30)는 규정을 두었는데, 이는 오히려「통독회의」

---

29)『先生續集』卷4 雜著「會儀」: "是日早朝而會. 旣會 有司設先聖先師遺像於北壁. ○ 率諸生 就庭中北面立. ○ 再拜. ○ 升堂. ○ 上香. ○ 降. 與在位者皆再拜. ○ 有司升堂 藏遺像. ○ 就堂上 有司引立於東西向立. ○ 諸生皆再拜. ○ 答拜. 講長以下出. ○ 有司引講長東序 西向立. ○ 又引稍少者 東面北上 拜講長. ○ 講長答拜. ○ 稍少者退立於西序, 東向北上. ○ 引少者 東北向西上 拜講長, 講長受禮如儀. 拜者復位. ○ 又引幼者 亦如之. 禮畢. ○ 講長西向坐, 有司坐其次稍退 俱西向. ○ 餘人俱東向坐, 講長與有司共准諸生所誦. 如有未准 書之于冊. ○ 准畢, 講長與有司俱升堂. ○ 以次引諸生誦講. 先講, 講畢 講本業. 通略粗不 皆書之冊. ○ 講畢 講長以下俱出. ○ 未准與不通者 別定執事行楚. ○ 其有不謹者 入告而坐之. ○ 行罰訖, 有司入告. ○ 於是乃食. ○ 食畢 少休, 復會. 講長與有司 各詢問諸生行止言動之節, 如有所失 分輕重共規之. 謝過請改則書之. 如有爭辨不服與終不能改者 入告而處之, 輕則楚 重則覆黃 甚則黜讀. ○ 講長率諸生入 或呂氏鄕約或童蒙須知. ○ 講長與有司 勘定諸生開朔所讀之書. ○ 至晡 講長與諸生拜辭而退."
30) 先生 續集 卷4 雜著「講法」: "會之日 等書 各歸溫習 重講於後會."

의 '통독' 규정보다도 안동 지방의 통독 강회의 '통독' 개념에 가깝다고 할 수 있다.

5   16세기 서당 강학과 통독강회의 의의

조선후기 안동 지방에서는 학식을 갖춘 학자들이 일정 기간 한곳에 기숙하면서 특정 경서를 읽고 토론하는 통독 강회가 시대마다 하나의 성대한 행사로 거행되었는데, 거기서는 정읍례庭揖禮라는 독특한 강학 의식이 격식을 갖추어 거행되었다. 그런 사례는 여러 문헌에 보인다.

병인년[1744년] 9월 23일. 병술에 조정에서 중신重臣 원경하元景夏의 진달陳達로 인해 선조의 수진본袖珍本 『근사록』 작은 책자를 들이라고 명하고, 또 선조의 6세손인 병조정랑 권만權萬을 인견引見해 한참 동안 강론하고, 그대로 옛 책을 되돌려주고 또 새 『근사록』 한 질을 하사하셨다. 권만이 즉시 받들고 영남으로 돌아오니, 온 고을의 선비들이 모두 감동하고 흥기하면서 '이 책은 선생께서 평생토록 배워 사용한 책인데, 임금님의 눈길을 두 번이나 거치고 은혜가 중첩해 내렸으며 권면하는 말씀을 받기에 이르렀으니 참으로 성대한 은전이다'라며 선생의 사당에 참배해 글을 지어 사유를 고했다. …… 10월 갑신이 실로 기일이라 정랑공이 눌옹訥翁[눌은訥隱 이광정李光庭]에게 일을 주관할 것을 청했다. …… 눌옹은 북향해 꿇어앉고 정랑공正郎公이 고유문을 읽었다. …… 고유문을 읽고 나서 물러나 제생과 함께 재배하고, 차례로 정일당精一堂으로 나와서 상읍례를 행했는데, 눌옹이 남향해 강당 가운데 서고, 제생은 당 아래에서 차례대로 서서 북향해 읍하고는, 되돌아서 마당에서 나뉘어 상읍을 행하고, 또 읍을 해 올라가, 단정하게 앉아 떠드는 사람 없이 차례대로 일어나 강을 행했다. 정랑공은 태극도를 읽고서 성리性理의 원두源頭를 간략하게 논했다. 인해 탄식하기를 '성주聖主께서 신을 미욱하다 여기지 않으시고 이 책의 뜻을 굽어 물으시고, 인해 돌아가 사우師友들과 서로 강습하라고 명했으니, 성상의 부지런한 돌보심은 평소보다 천만 벗어난 일인지라, 신은 은총을 받고 감격을 견디지 못하고 이에 제군과 자리를 같이해 강의 토론함으로써 선사先師의 뜻을 우러러 실현하려 하니, 제군은 힘쓰도록 하라'고 했다. 정침正忱은 성무위誠無僞 장에서 귀신鬼神 장까지 강론했고, 제생은 각기 3장을 강했다. 그러고 나서 정랑공이 생지위성장生之謂性章을 뽑아 '정명도程明道는 재능이 높고 말이 간략해 학자들이 이해하기가 쉽지 않다'고 감탄했다. …… 강을 마치고 김동철金東轍이 경연經筵에서의 이야기를 들려주기를 청했다.31)

을유년[1765년] 윤2월 10일. 여강서원에서 문회를 베풀었다. 이때 참봉 김댁동金宅東이 동주洞主가 되어 여러 인사와 의논해 현감 이상정李象靖을 초청해 고비皐比에 앉히니, 사림으로 와서 모인 자가 90여인이었는데, 연소한 자로서 경전을 끼고 온 자가 삼분의 이를 차지했다. 12일에 묘우廟宇에 지알祗謁하고 제생을 인도해 정읍례를 행하고 서로 『대학』과 『심경』을 강론해 17일에 되어 파했으니 매우 성대한 행사였다.32)

---

31) 權正忱(1710~1767), 『平庵先生文集』 卷5 雜著 「記溪院」: "丙寅(1744)九月二十三日丙戌 朝家因重臣元景夏陳達 命進先祖袖珍近思小冊 又引見先祖六世孫兵曹正郞萬 講論移日 仍還 授舊冊 又賜新帙. 萬卽賫奉南還. 一縣章甫 皆感聳興起 以爲是錄 乃先生一生受用之書 而重經睿矚 恩數荐疊 至承勸勉之敎 儘盛典也. 齊詣先生祠 文告厥由. …… 十月甲申 實維其期 正郞公請訥翁主事. …… 訥翁北向跪 正郞公讀告由文. …… 讀訖 退與諸生再拜. 以次出精一堂 行相揖禮. 訥翁向南中堂而立 諸生序立堂下北向揖. 旋又分庭相揖. 又揖而升. 整坐無喧 以次起講. 正郞公讀太極圖 略論心性理源頭 仍歎曰 聖主不以臣迷劣 俯詢此書旨義 仍 命歸與士友 交相講習 聖意勤眷 出尋常萬萬 臣不勝受 恩感激 玆與諸君 合席論討 以仰體 宣賜之意 諸君其勉之. 正忱講誠無爲章 至鬼神章而止. 諸生各講三章. 旣而正郞公拈出生之謂性章 歎明道才高語約 學者未易領會. …… 講訖 金東轍請聞 筵說."
32) 李象辰(1710~1772), 『下枝遺集』 卷4 「虎溪書院題名錄序」: "歲乙酉(1765)閏二月十日 設文會于廬江書院. 于時參奉金公宅東爲洞主 謀諸多士 邀縣監李君象靖 坐之皐比 士林來會者 摠之九十餘人 而年少橫經 居三之二. 十二日 祗謁廟宇 引諸生行庭揖禮 相與講論 至十七日而罷 甚盛擧也."

신미년[1811년] 가을 8월 24일에 표계瓢溪 유범휴柳範休 어른이 고산서원高山書院 산장山長으로서 본 서원의 강당에서 강회를 베풀었다. 대개 신축년[1781년] 이후 30여 년 사이에 다시는 현송絃誦 모임이 없었는데, 이때 와서 유장柳丈이 선창하기를 '그 장소에서 그 글을 외어서 도를 밝힘으로써 선생의 학문을 실추시키지 않고 사람에게 있게 한다면 숭봉하는 도리에서 이보다 앞설 것은 없다'고 했다. 그리하여 날짜를 약속해 모임을 정하고 산장과 대언代言 김홍金埊 어른, 급문及門 선달先達이 엄연하게 고비를 주관했다. 원근에서 풍문을 듣고서 와서 참석한 자가 거의 백여인이었는데, 서로 문집 가운데 몇 단락을 서로 강론 질의했다. 오르내리며 절하고 읍하는 의식과 문난하고 답변하는 방도를 어렴풋이 다시 보는 듯했으니, 아아 서글퍼라.33)

조선후기 안동 지방에서 거행된 통독 강회는 동몽이나 젊은 교생을 대상으로 학업을 독려 권면하기 위해 시행된 일반 서당의 삭망강회와 달리 학문에 뜻을 둔 성년의 학자들이 학식과 덕망이 높은 사장師長을 모셔 놓고 학문을 강론하는 수준 높은 학문 토론 행사였다.

앞에서 거론한 충효당 성책 92의 『거재안』, 「서문」은 「병산서원통독안서屛山書院案序」로 되어 있다. 영조 신축년(1781년) 5월 11~14일까지 『대학』을 강론한 이 모임의 「서문」을 작성한 이는 전전 주부主簿 남룡진南龍震(1708~1786년)으로, 그는 1735년의 식년 문과에 급제해 좌랑을 역임한 사람이었다. 이 모임에 강장으로 추대된 전전 전적典籍 정석태鄭錫台

---

33) 李秉運(1766~1841),『所菴先生文集』卷14 雜著「高山錄」: "辛未(1811)秋八月二十四日 瓢溪柳丈 範休 以高山山長 設于本堂. 蓋自辛丑(1781)以後 三十餘年之間 不復作絃誦之會. 至是柳丈倡議 以爲卽其地誦其文 以明其道 使先生之學 不墜在人 則其於崇奉之道 宜莫有先於此者. 遂約日定會 山長及 金代言丈埊 以及門先達 儼然主皐比. 遠近聞風來會者 僅百餘人 相與講質遺集中數段. 其登降拜揖之儀 難疑答問之方 怳然如復見焉. 於乎唏矣."

(1713~1784년) 역시 1753년 식년문과에 급제해 승문원박사와 성균전적을 역임한 전직 관원이었다. 이 강회에는 외재畏齋 유종춘柳宗春(1720~1795년), 류즙柳楫(1710~?) 등 46인의 유지 인사와 정상호鄭象昊(1736~?), 이진李鎭九(1736~?) 등 62인의 유생이 포함되었는데, 참석한 유생의 연령층은 유지목柳志穆(1763~?) 남태복南泰復(1763~?), 유면조柳冕祚(1763~?), 유태조柳台祚(1763~?), 안원安愿(1764~?), 유목조柳穆祚(1765~?), 유달柳達(1766~?) 등 6인이 10대의 소년이고, 나머지는 모두 20세 이상 40대 중반에 이르는 성인이었다.

도산서원 고문서 성책 645의 「정원계첩貞元契帖」은 계사년(1953년) 11월 17일부터 갑오년(1954년) 4월 21일까지 7회에 걸쳐 도산서원에 모여서 행한 강회 기록이다. 이 모임에 참여한 인물은 유만식柳萬植(1881~?), 이문호李聞鎬(1881~?), 이일호李佾鎬(1881~?), 이지호李祉鎬(1882~1967년), 이재교(1884~1962년), 이중면李中冕(1885~?), 금학수(1886~?), 이원갑李源甲(1887~?), 심종소沈鍾韶(1898~?), 이탁李鐸(1890~?), 이균호李均鎬(1891~?), 김종구金鍾九(1891~1974년), 이발호李𤆑鎬(1892~?), 이규호李奎鎬(1893~?), 이원조李源祖(1893~?), 이훈호李壎鎬(1894~?), 이비호李丕鎬(1895~1961년), 김한구金翰九(1897~?), 이종무李鍾武(1897~?), 이범교李範敎(1898~?), 이기호李冀鎬(1901~?), 이돈호李燉鎬(1901~?), 이용구李龍九(1908~1998년), 이희덕李羲悳, 박하주朴廈柱 등 26인인데, 70대에서 40대 후반에 이르는 노년 내지 장년 학자 중심으로 구성되었다.

이와 같이 16세기 중반 이후에 서당과 서원의 강학에는 전 시대에 보지 못한 새로운 변화가 일어났는데, 그중 주목할 것은 통독강회라는 강학 내용과 정읍례라는 강학 의식의 정착이었다.

고려초기 과거시험 시행 이래 조선 초기까지 강학은 대개 동몽의 문자 교육과 성인의 과거 학습에 몰두해 있었다고 해도 과언이 아닐 것이다. 동몽의 문자 교육은 대체로 사대부 사족의 가정이나 가숙 또는 유지의 서재나 사설 서당에서 이루어졌고, 경전 교육과 과거시험을 위한 과문 제술 학습은 일정한 문학 교양을 갖춘 인재를 선발해 각 고을마다 설치된 서재나 향교에 모아 강학하는 경우도 있었으나 그 또한 가숙이나 저명한 인물의 서재에서 사장師長을 모시고 강학하거나 정사精舍나 사찰에서 상당한 수준에 이른 학도들이 모여 일정 기간 과정을 정해 함께 강독과 제술 과정을 연마하고, 소과나 대과에 급제해 관직에 진출하면 서책을 들고 학업을 청하는 경우는 매우 드물었다.

그런데 16세기 중반 이후 서원이 건립되면서 서원과 서당에서는 성리학의 새로운 학문 기풍이 크게 성행하면서 과거시험을 위한 공부와는 별도로 대소과에 통과한 사람들까지도 책을 들고 학문을 강론하고 도덕을 강마하는 서당과 서원이 생겨났다. 16세기 서당의 변화에서 특별히 주목해야 할 부분은 이 시기에 와서 학문 도덕이 높은 일부 학자의 서당이 성년 학자들의 학문 논변의 거점이 된 점이다.

이로 인해 강학 방식이 정세精細하게 규정되어, 초학자훈初學字訓과 구두강습句讀講習, 배송훈해背誦訓解, 문의강토文義講討, 의의문난疑義問難 등의 기존 방식 외에, 일정한 학문적 기초를 닦은 학자들이 학덕 높은 스승을 모시고 정기적인 학문 토론을 겸한 강회를 통해 의리를 논변하고 문목問目을 질의하며, 강록을 작성하는 등 학문 토론이 심화되었다.

강학 내용의 변화와 함께 주목해야 할 것은 16세기 중반에 설치되기 시작한 서원과 일부 서당이나 서재에서 강학에 부수된 강회 의식이 강구되고 있던 점이다. 고려시대 이래 국학인 성균관과 각 지방에 설치된 향교의 문묘에서는 정해진 격식에 따라 선성과 선사先師를 모시는 근엄한 의식과 함께 입학 인원을 선발하고 이들이 기숙하며 강학하는 일정한 규범이 정착되어 있었으나 사설의 가숙이나 서재 또는 서당에서는 강학에 수반하는 특별한 의식儀式이 있었다고 알려진 바가 없다.

그런데 16세기 중반 이후에는 일부 서원과 서당에서 제생이 회집會集해 경서를 강독하면서 집회를 소집하고 진행하는 과정을 규범화하는 강규, 강법 등의 규정과 강회, 통독회, 석채의釋菜儀 등의 의식이 강구되어 시행되었다. 이는 독서와 강학이 단순히 지식과 능력을 습득하는 데 그치는 것이 아니라 거기에 수반하는 규범과 의식이 또한 강학과 학문의 목표를 달성하는 중요한 수단이 된다고 생각함으로써 가능했다.

16세기의 서당과 서원의 강학 의식, 퇴계 이황과 한강 정구의 통독회의와 강법 등에서 드러나는 바와 같이 그러한 모임에서는 경서 내용에 대한 이해를 심화시키는 것은 물론 집단이 참여하는 의식을 통해 의식 참여자로 하여금 사장師長에 대한 존숭뿐만 아니라 학문 행위에 대한 경건한 태도를 요구하고 있었다. 이는 강학이 문자 지식의 습득이나 경전 이해와 문장 제술을 통한 입신출세에 그치는 것이 아니라 인격 수양을 통해 성현의 경지에 이르는 일종의 종교적 수련 과정으로 인식되었음을 의미한다. 그런 점에서 16세기의 서당과 서원 교육에서 강학 의식의 강구는 매우 중요한 의미를 가진다고 할 수 있다.

4장

16세기 안동 지역 서당의 경제적 기반

이수환

1 머리말

아래에서 저자는 16세기의 안동을 중심으로 한 퇴계학파의 서당과 서원 건립 활동과 서당의 경제적 기반에 대해 검토하려고 한다. 조선 왕조는 초기부터 문교 장려책의 일환으로 군현 단위로 '일읍일교' 원칙에 따라 관학인 향교를 설치했는데, 동시에 향촌에서는 서당, 서재 등 사학이 발흥했다. 그러나 향교로 대표되는 지방 관학은 15세기 후반부터 점차 쇠미의 징조를 보이기 시작하면서 교육 기능을 상실해나갔고, 정치적으로는 세조 정변 이후 집권 세력의 귀족화, 보수화에 따른 각종 비리가 드러나면서 이에 대한 견제 세력의 필요성이 제기되었다.

퇴계는 당시 조선사회에서 가장 시급한 과제는 권력을 이용한 집권층의 사리 추구를 배제하고 공도公道를 회복하는 것이라고 보았다. 그는 관료 사회의 부패는 사습士習의 부정不正에서 야기된 것으로, 이는 수기를 통한 정인심正人心한 인간형의 창출로서만 극복 가능하다고 보았다. 퇴계는 이처럼 치인治人의 전제로 위기지학의 필요성을 강조하고 이를 관학이 아니라 서당과 서원 등 새로운 학제를 통해 실현하려고 했다.

지방 사학은 그러한 분위기 속에서 발흥했는데, 이는 결국 일차적으로 향촌에 세력 기반을 둔 사림 세력의 성장과 궤를 같이 했다. 길재-김종직 金宗直(1431~1492년)으로 이어진 영남 사림파가 향촌 개발과 사학 교육을 기반으로 성장했듯이 서당과 서원 등도 영남 지방을 토대로 확산되었다. 16세기 중반에 퇴계학파의 형성과 함께 재지 세력이 확산되면서 퇴계 문인들은 거주지에서 또는 지방 수령으로 나간 현지에서 서당과 서원 등을 개설해 재지사족의 자제 교육에 힘썼다. 따라서 퇴계 문인들에 의한 새로운 교육 활동으로서의 서당과 서원 건립 활동에 대한 검토는 이 시기 교육 문화의 전환을 이해하는 데 일정하게 기여할 것으로 판단된다. 그러나 이 글의 주제인 16세기의 안동 지역 서당의 경제적 기반에 대해서는 관련 자료가 거의 남아 있지 않아 단편적으로 남아 있는 자료와 퇴계 문인인 황준량이 성주에서 건립한 녹봉서재의 사례 등을 통해 추론할 수밖에 없었다.

2   16세기 퇴계학파의 서당과 서원 건립

안동 지방은 조선시대에 경상도 내 4개 계수관 중의 하나로 강력한 사족과 이족을 확보한 가운데 영남에서 지방의 행정과 문화의 중심지일 뿐만 아니라 중기부터는 퇴계학파의 본산으로 도내 유림을 영도하며, 활발한 정치적·사회적 활동을 수행해왔다.1) 안동 지방은 고려 태조 때 안동부로 승격된 이래 영가군永嘉郡, 길주자사吉州刺史, 안무사安撫使, 지길주사知吉州事 등을 거쳐 1030년(현종 21년)에 다시 부府로 환원된 뒤 줄곧 도호부로 발전해왔다. 1018년(현종 9년)에 지방 제도를 정비할 때 안동부는 임하, 예안, 의흥義興의 3개 속군과 일직一直, 은풍殷豊, 감천甘泉, 봉화, 안

1) 이수건, 『영남학파의 형성과 전개』, 일조각, 1995.

덕安德, 풍산, 기주基州, 순흥, 영주, 의성, 예천의 11개 속현을 영속한 계수관이 되었는데, 이 지역은 뒷날 넓은 의미의 안동 문화권이 되었다. 이후 안동은 경주, 상주, 진주와 함께 경상도의 4개 계수관 또는 4진의 하나로 존재하면서 관내 군현을 영도하는 위치에 있었다. 하지만 안동부 영속 군현 14읍 중 영주, 의성, 예천, 순흥, 기주, 예안, 은풍, 의흥, 안덕, 봉화 등 10개 속군현이 1143년(인종 21년)에서 1390년(공양왕 2년)에 걸쳐 분리 독립되거나 소속이 변동됨으로서 조선 왕조에 들어와서는 안동부의 관할 영역도 크게 축소 조정되었다.

그러나 이후에도 안동부는 많은 속현과 부곡, '월경지越境地', '견아상입지犬牙相入地'와 같은 복잡한 구획을 갖고 있었다. 17세기 초에 편찬된 『영가지』에 의하면 안동부역은 본부와 10개의 임내 지역(속현 8개, 부곡 2개)을 갖고 있는 것으로 나타나는데, 이것이 안동 지역이 가진 특징 중 하나였다. 이들 임내 지역은 고려말기까지 미개발된 상태로 남아 있다가 14세기 말부터 17세기에 걸쳐 신흥 사족과 유우사족流寓士族의 복거와 이주에 따라 개발되어, 그들의 사회적·경제적 기반을 확대하고 다지는데 이용되었다.

인구 증가와 농지개간, 새 농법의 수용과 이앙법, 새 시비법 등의 보급은 각 주읍의 접경지대와 임내에 위치한 오지, 벽지의 개발을 촉진시켜 나갔다. 그러한 지역은 새 농법을 적용하기에 편리한 '강거江居' 내지 '계거 溪居' 지역으로 식수와 땔감 및 담수어 등을 쉽게 조달할 수 있고 또 산수자연의 승경이 있어 유한幽閑한 정취를 선호하는 재지사족의 별업別業, 정사亭榭, 서원 설치의 적지로 열읍 신흥사족의 주목 대상이 되었다. 안동부의 재지사족이나 유우사족이 그러한 곳으로 이주하면서 확산되는 동시에 그러한 곳이 여전히 월경지 또는 견아상입지로 존속된 것은 우연한 일이 아니었다.

경상도 71읍(17세기 말 기준) 중 안동부와 예안현은 호구와 전결수를 기준으로 도세와 비교할 때 중앙 정부나 위정자로부터 크게 주목받을 만한 위치에 있지 않았다. 그럼에도 불구하고 안동 유림이 조선시대 영남의 재지사족을 대표하는 위치에 있을 수 있던 것은 안동이란 지역성과 안동 유림이란 특수성 덕분이었다. 안동 지방은 퇴계학파의 본거지일 뿐만 아니라 일찍부터 혈연과 지연으로 얽힌 강력한 상경 세력을 확보하고 있었고, 또한 이들 유림을 조직하고 동원할 수 있는 경제적 기반을 확보하고 있었다.

퇴계와 안동 지역 유림 사이의 관계는 학문상으로서 뿐만 아니라 당쟁상으로도 중요한 의미를 갖고 있었다. 퇴계는 당쟁 전 사람이라 후학으로부터 당색의 혐의를 받지 않았고, 동서인이 공히 그를 '동방의 주자'로 인정하고 있었다. 따라서 그는 남인의 정신적 지주일 뿐만 아니라 그의 학문은 재조, 재야를 막론하고 관학의 위치를 유지할 수 있었다. 그리하여 나중에 안동 유림이 야당 위치에 있었음에도 집권 세력이 가볍게 다룰 수 없던 이유 중의 하나는 바로 퇴계의 존재였을 것으로 생각된다.

퇴계는 이곳을 중심으로 정통 성리학을 영남의 후학에게 전수시켜 주리학파를 확립시켜 놓았을 뿐만 아니라 서원을 비롯한 교학 체계를 정비하고 향약, 동약을 제정하고 실시해 주자학적 향촌 지배 질서와 윤리를 확립시켰다. 이를 통해 그가 제시한 교학 체계와 향촌 질서가 그의 문인들에 의해 적극 계승되어 퇴계 문인이 가는 곳마다 서당과 서원, 사묘가 새로 개설되고 그들이 사는 향촌에는 향약, 동약이 실시되어 갔다.

조선 초기에 문교 장려책의 일환으로 향교 등 관학이 확충[일읍일교一邑一校]되어 나가는 추세와 함께 향촌에서 서당와 서재 등 사학이 발흥했다. 사학은 결국 향촌에 일차적 세력 기반을 둔 사림 세력의 성장과 궤도를 같이 했다. 안동에서는 15세기에 이미 사림 세력이 형성되었고, 특히 16세기 중반 퇴계학파의 형성과 함께 재지사족의 형세가 급격히 신장되어 나가면서 이들 문도들이 지방 수령으로 나가 서당과 서원을 설립하기도 하고 또한 각각 거주지를 중심으로 서당을 개설해 자제 교육에 적극적으로 나섰다. 예를 들어 『영가지』 소재 서당의 건립년도 대부분이 퇴계학파의 형성기와 겹친다.

퇴계학파가 형성되는 16세기 중반은 향교로 대표되는 관학의 부진과 맞물려 새로운 교학 체제가 모색되던 시기였다. 즉 퇴계와 그의 문인들의 주도하에 서원 건립 운동이 벌어지고 있던 시기였다. 그런데 이 시기에는 그러한 서원 건립 운동과 맞물려 퇴계 문인들에 의해 서당과 정사 등도 활발히 건립되어 갔다. 그러한 서당과 서원의 건립은 퇴계의 시대 인식과 맥을 같이 하고 있었다. 퇴계는 당시 조선사회에서 가장 시급한 과제는 권력을 이용한 집권층의 사리 추구를 배제하고 공도를 회복하는 것이라고 보았다. 퇴계는 관료 사회의 그러한 부패는 사습의 부정에서 야기된 것으로서 수기를 통한 정인심한 인간형의 창출을 통해서만 극복 가능하다고 보았다. 퇴계는 이와 같은 치인의 전제로 위기지학의 필요성을 강조하고 이를 위해서는 관학인 향교가 아니라 새로운 학제가 필요하다고 보았다. 이 새로운 교학 체제가 서원이었다. 퇴계는 서원 제도의 필요성을 설명하면서 관학인 향교와 성균관은 항상 분답한 번화가에 위치해 있어 차분하게 공부할 수 없고, 또한 과거와 관련되고 학령擧令에 구애받기 때문에 출세주의, 공리주의를 떠난 자유로운 분위기 속에서 참다운 공부를 할 수 없다고 비판했다.

그는 당시의 정치 현실에 불신을 갖고 있었고, 이를 타개하기 위한 대안으로 당시 각 지방에서 성장하고 있던 의욕적인 신진 사림에게 희망을 걸었다. 따라서 그는 향촌의 사자士子에게 주자학적 정치 이념과 학문 체제를 훈도하고 수련시킴으로써 성리학적 향촌 질서를 구축하고, 이를 발판으로 다가올 사림의 시대를 준비하려고 했다. 그는 이를 실현하기 위한 방안으로 송대 주자에 의해 창안된 지방 사학으로서의 서원의 중요성을 강조했다. 그러한 새로운 교학 체제의 확립은 조선 초기 이래 있어온 중앙 통제 방식의 관학적 교화 체제를 부정하는 동시에 향촌 사림 위주의 새로운 교화 체제의 전개를 의미하는 것이었다. 조선에서 서원 제도는 주세붕의 백운동서원 설립으로 출현했지만 이후 서원을 조선사회에 보급, 정착시키고 성격을 규정해 발전의 토대를 마련한 것은 퇴계였다.

 퇴계 문인들은 그러한 퇴계의 서원론에 공감하고 서원 보급 운동에 적극 동참함으로써 서원은 단기간에 하나의 교육 제도로 자리 잡을 수 있었다.[2] 퇴계는 풍기군수 시절 백운동서원의 사액과 확충에 힘쓰고 더 나아가 고향 예안에서 향촌 사림과 제자를 총동원해 직접 서원 건립을 주관하는 등 창설과 보급 운동에 적극 나섰으며, 다른 한편으로는 「원규」를 직접 제정해 유생의 공부 영역과 학문에 임하는 자세, 서원의 운영 방향 등을 간명하게 제시했다. 퇴계 생전에 건립된 서원은 모두 18개소가 확인되는데, 그중 퇴계 본인과 그의 문인들이 건립에 관여한 서원은 13개소였다. 나머지 5곳은 함경도, 평안도, 황해도 등 지리적으로 먼 곳에 설립되었다. 퇴계는 예안에서 문인들과 함께 역동서원의 건립을 주관하고 원기를 지었으며, 이산(伊山)서원, 영봉서원 건립에도 깊은 관심을 기울여 「원기」를 지었다. 그 외 각지에서 이루어진 문인들의 서원 건립도 적극 지원했다. 퇴계는 이 시기 각지에서 문인이 주도하는 서원과 서당 건립에 깊은 관심을 갖고 적극 지원했는데, 퇴계 문인들은 서원 건립에서 제향 인물의 선정, 서원 규모, 절목, 교육, 출판 등 모든 문제를 퇴계의 교시와 자문을 받아 처리했고, 건립에 필요한 기문, 당호, 서적 등을 청하기도 했다. 서당 건립

---

2) 퇴계의 서원 보급 운동과 서원론에 대해서는 李佑成, 「李退溪와 書院創設運動」, 『退溪學報』 19, 1978; 『韓國의 歷史像』, 창작과 비평사, 1982; 鄭萬祚, 「退溪 李滉의 書院論 ―그의 敎化論과 관련해」, 『韓㳓劤博士停年紀念史學論叢』, 1981; 『朝鮮時代 書院研究』 집문당, 1997 참조.

에서도 마찬가지였다.

　이와 같이 퇴계는 생전에 신진 사림의 강학, 장수처로서의 서원에 주목해 서원의 건립과 보급에 적극 나섰고, 나아가「원규」를 지어 서원 건립의 당위성과 필요성을 설파하고 앞으로의 서원 운영을 위한 기초를 세웠다. 그러한 퇴계의 서원 보급 운동에 문인이 적극 나섬으로써 서원이 단기간에 하나의 교육 제도로 자리 잡을 수 있게 되었다. 그들은 생활 근거지뿐만 아니라 특히 지방관으로 재직하던 곳에서 서원 건립을 주도하는 경우가 많았다. 퇴계 문인들 중 17명이 지방관으로 22개소의 서원 건립에 관여했다. 이들은 부임지에서 입원立院 논의를 주도하거나 향인의 서원 건립을 독려, 권면하고 행정적·경제적 지원을 담당했다. 또 건립 후에도 서원에 필요한 경제적 지원을 다하고, 강학 활동에 참여하는 등 서원의 운영에도 적극적이었다.

　퇴계 문인으로서 서원 건립에 관여한 사람은 56명으로, 43개 서원의 건립에 직간접적으로 참여했다. 이를 해당 시기에 건립된 전체 서원 수와 비교해보면, 명종 연간에는 16개소 중 11개소로 약 69%를 차지했다. 11개소 중 9개소가 경상도에, 각 1개소씩 강원도와 전라도에 건립되어 이 시기 3도에 건립된 모든 서원에 퇴계 문인들이 관여하고 있었다. 선조 연간에는 전체 80개소 중 약 37%인 29개소에 관여하고 있었는데, 그중 임진왜란 이전에는 55개소 중 23개소로 약 42%를, 임진왜란 이후에는 25개소 중 6개소로 약 24%로 나타난다. 임진왜란 이후 비율이 떨어지고 있지만 이는 새로 건립된 서원만 대상으로 한 것이고, 이 시기에 퇴계 문인들은 임진왜란 후 폐허가 된 천곡川谷서원(성주), 금오金烏서원(선산), 쌍계雙溪서원(현풍), 남계灆溪서원(함양) 등의 중건에도 적극 나서는 등 서원 건립의 열의는 지속되었다. 이렇게 볼 때 퇴계 문인들은 그들이 활약한 선조 연간까지의 서원 건립에 중요한 역할을 담당했고, 나아가 서원 제도의

전국적 보급에 크게 기여했다.3)

이 시기 퇴계 문인들은 서원뿐만 아니라 서당과 정사 등도 활발히 건립해나갔다. 서당과 정사 등의 개설은 16세기 사림의 성장과 맞물려 확대되어 나갔는데, 특히 이 시기 관학의 부진과 연산군대의 양대 사화士禍를 거치면서 기성학자들의 은둔사상이 고조됨에 따라 더욱 활발해졌다. 『영가지』에는 퇴계 문인들의 본거지인 안동에 20여 개의 서당이 있는 것으로 실려 있다. 그리고 앞서 말한 대로 서당 설립을 주도한 인물은 퇴계 문인들이 다수를 차지하고 있다.4)

이를 보면, 퇴계 문인들인 김언기는 가야서당, 조목은 부용정사, 권호문은 한서정사, 청성정사, 경광서당, 류운용은 겸암정사와 빈연정사, 류성용은 원지정사와 옥연정사, 신내옥은 경광서당, 구봉령은 양정서당, 김성일은 석문정사와 옥연서재, 권대기는 이계서당, 김기는 북계정사, 김수일은 귀담서당, 이정회는 지남서당 등을 직접 설립했다. 물론 경광서당, 귀담서당 같이 문인이 아닌 사족과 함께 설립하거나 풍악서당, 월천서당 같이 운영에만 참여하는 경우도 있었다. 퇴계와 그의 문인들에 의한 서당과 정사 설립은 그들의 제자들에게도 이어졌다. 장육정사, 도생서당, 팔우서당의 배용길, 봉산서당의 이개립은 김성일 제자이며, 지양서당의 정사성은 김언기, 용천서당의 권복형은 권익창, 와운정사의 김택룡은 조목의 제자였다.

한편 이들 서당과 정사는 다양한 목적으로 건립되었다. 지양서당, 가야서당, 경광서당은 각기 정사성, 김언기, 권호문 등이 '훈회자제', '위훈후생', '자제면학'을 목적으로 설립했다. 한편 김성일은 1591년(선조 24

---

3) 권시용, 「퇴계 문인들의 서원 건립 활동」, 영남대학교 석사학위논문, 2009.
4) 16세기 서당과 퇴계학파의 서당 건립과 그 의미에 대해서는 정순우, 『서당의 사회사』, 태학사, 2013, 76~143쪽 참조.

년)에 임하의 낙연에 고을 사람들을 시켜 건립비를 마련한 후 어린아이들이 글을 배우고 익히도록 옥병서재를 설립하도록 했다.5) 또한 일직현 귀미촌에도 양몽과 강학을 목적으로 류경심柳景深, 장문보張文輔, 김수일金守一, 이중립李中立, 이종선李鍾善 등이 건립한 귀담서당이 있었다. 이처럼 사족 자제와 동몽의 교육을 목적으로 설립된 서당 외에도 개인의 퇴휴처로서 건립된 곳이 있었다. 봉산서당은 이개립이 퇴관 후 우거하기 위해 설립했는데, 배우고자 하는 이들이 분집했다고 전한다. 구봉령이 설립한 와룡산의 양정서당은 용산서당龍山書堂으로도 불렸는데, 그가 관직에서 잠시 물러나 있을 때 문인들과 함께 그곳에서 성리학을 강론했다.6) 1612년(광해군 4년)에 양정서당이 용산서원으로 승원되는 데는 그곳 문인들 역할이 컸다.

그 외에도 존양과 성찰 공간으로서의 정사가 있었다. 조목, 류운용과 류성용 형제, 김성일, 권호문 등 퇴계의 고제들은 장수처로 정사를 건립해 소수의 동문, 지인과 자제, 문인에게만 개방했다. 조목의 부용정사, 권호문의 한서정사와 청성정사, 김성일의 석문정사, 류운용의 겸암정사, 빈연정사, 류성용의 원지정사, 옥연정사 등이 이에 해당되었다. 반면 김기의 북계정사(1602년), 김택용의 와운정사(1608년)는 후생교회와 자제 교육을 목적으로 처음부터 설립되었다. 여기서 여전히 정사가 서당 같이 교육 장소로 기능했음을 확인할 수 있다. 다만 정사는 서당에 비해 보다 폐쇄적이고, 개인적이며, 은거적인 성격을 지녔다. 이들 서당과 정사는 설립과 교육 목표가 서원과 차이가 없었다는 점에서 볼 때 이 시기 서당 건립도 서원 보급 운동과 맥을 같이하고 있었다.

실제로 이 시기 서원 중에는 이산서원, 연경서원硏經書院 등 사묘 없이

---

5) 金誠一, 『鶴峯集』 年譜. 萬曆19年 辛卯(補). "至是令縣人聚資作舍, 爲蒙學肆業之所"
6) 具鳳齡, 『栢潭集』 年譜.

건립되는 경우도 있었다. 이산서원 건립에는 "제향 시설이 없어도 서원의 규모를 갖추었으므로 서원으로 이름해야 한다"는 퇴계의 의지가 직접 작용했으며, 연경서원도 퇴계 문인들인 이숙량이 주도적으로 참여해 퇴계에게 자문을 구해 건립되었다. 이렇게 볼 때 퇴계에게 서원은 강학이 일차적인 것이었다. 존현은 인정되나 구체적 형태인 제향과 사묘가 반드시 필요한 것은 아니라는 입장이었다. 따라서 초기에 많은 서원이 존현을 내세워 건립되었지만 향인들이 스스로 강학 장소를 구하기 위해 서원을 건립하는 경우도 있었다. 의성의 빙계서원氷溪書院도 건립 초기에는 제향 인물을 전면에 내세우지 않고 고을 선비들의 '장수처'로 서원이 필요하다며 설립되었다.7) 권호문도 큰 규모의 학교를 설립해 운영하는 것은 어려우므로 성산서당을 건립한다고 했다.8) 이 시기에 서당은 제향 기능이 없었다는 점에서 서원과 확연히 구별되지만 학문적 지향점에서는 서원과 별다른 차이가 없었다. 성리학적 사학 교육 기관의 확산이라는 측면에서 보면 서당과 서원이 동일한 역할을 했다.

그러한 생각은 당시의 서원, 서당 보급 운동을 주도한 퇴계 문인들에게도 그대로 계승되었다. 정구는 이광윤李光胤이 예천에 서원을 건립하는 문제를 자문해오자 이렇게 답했다.

> 대체로 서원으로 사당이 있는 곳은 학도로 하여금 그곳에 모신 선현을 모범으로 삼도록 하기 위한 것으로 이는 진정 서원의 다행스러운 일입니다. 그러나 만일 받들어 모시기에 적합한 선현이 없을 경우에는 무리를 해가면서까지 굳이 사당을 세울 필요가 없으니, 사당이 없는 곳도 많이 있는 편입니다. 서원의 기

---

7) 申元祿, 『悔堂集』, 「年譜」.
8) 權好文, 『松巖別集』 卷2, 書, 「上觀察使書」. "爲政者亦請於朝 詔賜榜額 稱爲書院者多焉 自是列郡皆效 雖未能大學 而私構小堂 以聚學徒者 在在咸然."

본 의미는 사당이 있고 없는 데 그다지 관계되지 않으니 우리 사류가 부끄러워 해야 할 일은 아마도 애당초 다른 문제에 있을 것입니다.9)

정구는 서원에 사당이 있어 학도로 하여금 모범으로 삼을 수 있는 선현을 모신다면 다행스런 일이지만 사당이 없는 서원도 많으니 적합한 선현이 없다면 굳이 무리를 해서 사당을 세울 필요가 없다고 했다. 이렇게 볼 때 이 시기에 퇴계 문인들이 주도한 서당과 서원 보급 운동은 동일한 의미를 갖고 있었다. 이 시기에 퇴계 문인들에 의해 건립된 청성정사, 경광서당, 용산서당, 우계정사 등은 제향 시설 없이 서당과 정사로 건립되었다가 후일 건립인을 제향해 서원으로 발전해나갔다.

퇴계의 대표적 제자인 황준량의 경우 그는 신령, 단양, 성주 등의 지방관 재직 시 백운동서원과 영봉서원 운영에도 깊이 관여했고, 나아가 신령의 백학서당白鶴書堂과 성주의 녹봉정사鹿峰精舍, 공곡서당孔谷書堂을 건립하며 퇴계의 교육론 확산에 중요한 역할을 했다. 황준량은 백학서당 건립 과정에서 당시 사림계의 향촌 내 교육 활동의 방향을 이끌고 있던 이황에게 여러 차례 질문해 절목節目을 상정詳定하고, 나아가 이름을 청해 '백학서당'이라는 명호名號를 받았다. 이후 황준량은 퇴계가 정한 「학규」로 학문을 권장하고 권면하는 본보기를 보였다.10) 이렇게 볼 때 백학서당 건립은 퇴계 문인들이 스승의 뜻을 따라 서당과 서원 건립을 활발하게 추진해 나간 당시 분위기에서 이루어진 것이었다. 또한 서당 편액을 퇴계가 한 데서도 알 수 있듯이 황준량은 당시 퇴계의 뜻을 이해하고 있었고, 이를 외직에 나가면서 실현시켰던 것이다.11)

---

9) 鄭逑, 『寒岡集』 卷4, 「答李克休書」.
10) 鄭棨, 『南窓集』 卷3, 記, 「白鶴書院風詠樓重修記」.
11) 이수환, 「금계 황준량의 서원활동과 교육론」, 『영남학』 66, 경북대학교 영남문화연구원, 2018, 117~129쪽.

백학서당은 건립 당시부터 안정적인 교육을 위해 장서를 마련하고, 서당 운영을 위한 토지와 노비를 확보했으며, 원장과 학장 등의 조직 체계를 갖추고 있었다. 그리하여 매달 학생 교육을 평가할 정도로 안정적인 교육 기관으로 자리 잡고 있었다. 이렇게 볼 때 이 시기 백학서당은 서원이라고 명명하지는 않았지만 초창기 서원과 같은 체계를 갖추고 있던 것처럼 보이며, 황준량 또한 서원으로 인식한 것이 아닌가 생각된다. 이는 황준량이 시제詩題를 '백학산서원'이라고 한데서 단적으로 드러난다. 이 같은 백학서당 초기의 모든 조치는 현감인 황준량에 의해 마련된 것이었다. 백학서당은 이후 퇴계와 황준량을 제향하는 서원으로 발전되었다.12)

　　『칠곡지漆谷誌』에 의하면 녹봉정사에는 건립 초기에 성정당誠正堂, 시습재時習齋, 양정헌養正軒, 양호루養浩樓, 관물대觀物臺, 천연지天淵池 같은 시설이 있었는데, 모두 이황이 명명하고 손수 편액을 썼다.13) 나아가 퇴계는 황준량의 낙성시落成詩에 차운하기도 했다. 녹봉정사는 규모로 보아 서원 못지않은 큰 규모였던 것처럼 보인다. 이렇게 볼 때 녹봉정사도 이 시기 퇴계 문인들의 서당과 서원 보급 운동의 일환으로 건립된 것이었다.

　　특히 녹봉정사에 대해서는 현전하는 『녹봉정사영모계안첩鹿峰精舍永慕契案帖』에 기록된 『강사록講舍錄』과 『입사록入舍錄』을 통해 초기 녹봉정사에서 활동한 인사를 살펴볼 수 있어 주목된다. 녹봉정사는 1561년(명종 16년) 2월에 목사 황준량과 교수 오건吳健이 도순신都舜臣, 송세례宋世禮, 이진경李進慶 등 향내 인사와 함께 성주의 속현 팔거현八莒縣 건령산建靈山 아래 건립했다.

---

12) 『列邑院宇事蹟』, 경상도, 「白鶴書院事蹟」에 의하면 1675년(숙종 1년)에 읍사邑士 이양욱李暘郁 등이 역사役事를 시작해 1678년(숙종 4년)에 봉안했다. 봉안제문奉安祭文은 목사 남몽뢰南夢賚, 상향축문은 참봉 이영세李榮世, 묘우상량문廟宇上樑文은 별검 이채李埰, 편호扁號는 판서 오도일吳道一이 했다.
13) 『漆谷誌』, 學校, 鹿峰精舍.

『강사록』에 의하면 모두 43명이 강사로 활동한 것으로 나타나는데, 입록자의 면면을 살펴보면 황준량을 비롯해 김취문金就文, 하진보河晉寶 등 목사 3명, 오건, 황수량黃秀良, 곽응기郭應機 등 교수敎授 3명, 훈도 1명, 정자正字 1명, 진사 4명, 생원 2명, 유학 29명으로 확인된다. 강사講舍는 녹봉정사를 출입하며 그곳을 장수의 장소로 삼거나 학생을 대상으로 강학활동을 한 인사로 여겨진다.

『입사록』에는 녹봉정사에서 공부한 학생 126명의 성명을 수록해 놓았다. 이들을 거주지 별로 분석해보면, 성주가 83명으로 대부분을 차지하고 인근 대구 15명, 인동 12명, 개령開寧 4명과 상주 3명, 청도, 거창, 영천, 청주 각 1명으로 확인된다. 『입사록』에 수록된 학생 중에는 정구, 정사철鄭師哲, 정광천鄭光天, 서사원徐思遠, 이천봉李天封 등 영남학파의 학통을 계승한 저명한 학자로 성장하는 인사도 많았다.

황준량의 그러한 교육 활동에 대해 퇴계는 그의 행장에서 "녹봉정사에서 다양한 방면으로 훈도시켜 성취한 사람이 매우 많았다"14)고 했다. 녹봉정사에서 수학한 정구도 안동부사로 제수되어 부임하는 길에 황준량 무덤을 찾아가 올린 제문에서 " …… 우리 성주 고을에 오셔서 후생을 잘 훈도했으니 지금도 선비들이 끼친 교화를 감격해 추대한다네. 오래되어도 잊지 못하니 우리 어리석은 유생들은 일찍 알아주고 권장함을 입었으니 나를 아끼는 뜻을 기대하며 허여했구나. ……"15)라며 성주에서의 황준량의 교육 활동을 찬미했다. 이렇게 볼 때 16세기 중반 이후 퇴계 문인들은 동일한 교육 목표를 갖고 서원과 서당 설립 운동을 주도하면서 새로운 교육 환경을 만들어 나갔다.

---

14) 黃俊良, 『錦溪集』內集 卷4, 雜著, 「與鹿峯精舍諸生書」; 外集 卷9, 附錄, 行狀.
15) 黃俊良, 『錦溪集』外集, 卷9, 「祭文」.

3   서당의 경제적 기반

안동 지방에서는 16세기 중후반부터 향촌 자제의 교육 기관인 서당과 정사가 문중 단위로 도처에 건립되었다. 이를 문중별로 보면 안동권씨 6개소, 의성김씨와 풍산류씨 각 5개소, 진성이씨 4개소, 흥해배씨 3개소, 광산 김씨와 횡성조씨, 경주이씨 각 2개소, 반남박씨, 능성구씨, 영천이씨, 청주 정씨, 순천장씨, 영월신씨, 한산이씨, 파평윤씨 각 1개소로 확인된다.

이들 서당의 경제적 기반은 자료상의 문제로 구체적 내용은 파악하기 어려우며, 다만 현재 단편적으로 남아 있는 자료를 통해 유추해볼 수밖에 없다. 먼저 서당의 경제적 기반을 같은 시기에 건립되기 시작한 서원과 비교해볼 필요가 있다. 양자 간에는 규모 차이는 있겠지만 서당과 서원이 건립 주체나 목적이 같았던 점에서 경제력 확보 방법에는 유사한 점이 있었을 것으로 보인다.

먼저 참고로 16세기 중반의 예안의 역동서원의 토지와 노비를 비롯한 경제적 기반을 살펴보자. 역동서원은 초창기 서원 보급 운동을 주도한 퇴계 주관 하에 일향 사림이 공동 참여해 건립된 서원이었다. 먼저 16세기 중반의 『전답안』을 내용별로 통계하면 다음과 같다.

〈표〉 16세기 중반 역동서원 『전답안』 분석

구분 \ 전답량	전	답	합
사사위寺社位	1-64-7	0-55-1	2-19-8(35%)
속공屬公	1-5-1	0-35-3	1-40-4(23%)
면역免役	0-90-3		0-90-3(14%)
원입願入	0-27-5	0-49-4	0-76-9(12%)
매득買得	0-41-4	0-46-5, 1두락	0-87-9(14%), 1두락
상환相換	0-8-3		0-8-3(1%)
합	4-38-3	1-85-3, 1두락	6-23-6(100%), 1두락

* 단위: 결結-부負-속束

위 『전답안』 분석표에 의하면 역동서원 원위전은 사사위전, 속공전, 면역전, 원입전, 매득전, 상환전 등 다양한 유형으로 확보되고 있었다. 여기에는 원입전, 매득전 등 서원 자체에서 마련한 것도 있지만 특히 사사위전, 속공전이 가장 큰 비중을 차지하고 있다. 사사위전과 속공전은 지방관이 획급한 토지로서 규모는 각 서원에 따라 차이가 있었지만 초창기 서원에서는 일반적인 현상이었다.

역동서원 초기 노비의 경우에서도 정후소송鄭侯所送 노비 각 1구, 장은수張銀守 면역소납免役所納 노 1구, 서원 매득買得 비婢 3구, 우정수禹廷壽 진고원납陳告願納 비 2구, 속공래속公來屬 비 1구, 생산生産 비 2구 등 모두 11구로 나타난다. 이렇게 볼 때 역동서원의 2대 경제적 기반인 토지와 노비 중 토지는 사사위전, 속공전 등 관의 조치로 확보된 것이 58%로 나타나고, 노비도 생산을 제외한 9구 중 2구가 관의 조치로 확보되어 경제적 기반에서 관의 조치가 크게 기여하고 있음을 알 수 있다.[16]

초기의 서원은 그러한 토지와 노비 외에도 장인匠人, 수호군守護軍, 보인保人 등 원속院屬과 소속 사찰, 승려 등을 관의 획급이나 묵인 하에 소속시키고 있었다. 역동서원은 건립과 동시에 본현 현감으로부터 장점匠店 중 유실자有實者 20명과 보인 7명을 지급받았고, 도산서원 또한 설립과 동시에 조가획급으로 장인 15명, 수호군 20명, 보인 7명을 확보하고 있었다.

16세기 서당의 경제적 기반을 서원과 비교할 수는 없다. 이 시기에 서당과 서원의 설립 목적은 비슷했지만 건립 주체에서는 차이가 있었기 때문이다. 일향 사림이 공동으로 참여해 건립한 서원과 달리 서당은 대부분 문중, 촌 단위 또는 재지사족 개인이 개별적으로 건립해나갔다는 점에서 양자 간의 경제적 기반은 많은 차이가 있었다. 다만 경제력 확보 방법에서는 서당과 서원의 건립 주체가 같은 재지사족이었던 점에서 유사한 점이

---

16) 이수환, 『조선후기 서원연구』, 일조각, 2001, 158·171쪽.

있었다.

16세기 서당의 경제적 기반과 관련된 자료는 거의 남아 있지 않아 구체적 분석은 불가능하다. 단편적으로 남아 있는 자료에 의하면 이 시기 서당의 경제적 기반은 앞서 언급한 서당의 성격이나 설립 주체에 따라 매우 다양했던 것으로 추측된다. 먼저 병산서원의 전신인 풍악서당의 경우『영가지』권4, '서원'편에서 이렇게 기술하고 있다.

> 풍악서당은 풍산현 북쪽 1리가량 떨어진 곳에 위치해 있다. 가정嘉靖 계해癸亥 년[1563년]에 창립되었다. 생원 권경전 등이 상소하고, 그로써 학전을 내려주었다. 그 후 서애 류성룡이 서원이 노방路傍에 있어 장수藏修 장소로 합당하지 않다고 해 여러 학생에게 권해 병산으로 이복伊卜했다.

풍악서당은 1563년(명종 18년)에 퇴계의 영향을 받은 풍산현의 유력 사림 주도로 건립되었다. 특히 지역 사회에서의 교육 진흥에 대한 공을 인정받아 조정으로부터 토지를 하사받은 점에서 여타 서당과는 사회적 위상이 달랐다. 이때 받은 학전은 미흘사彌屹寺 위전位田이라고 했다.17) 풍악서당의 그 외의 경제적 기반에 대해서는 자료가 없어 확인할 수 없지만 풍악서당에서 발전한 병산서원의 1663년(현종 4)의 노비안을 보면 총 144구(도망 21구, 고故 16구 포함) 중 전신인 풍악서당 소속의 노 4구, 비 3구(도망 1구 포함) 등 모두 7구가 확인된다. 이는 퇴계에 의해 건립된 16세기 중반의 역동서원의 초기 노비가 11구였던 점과 비교하면 상당한 규모였다.

풍악서당의 전답은 규모를 알 수 없지만 조정으로부터 학전을 하사받

---

17) 金彦璣,『惟一齋實紀』,「上府伯權草澗」을 보면 풍악서당이 당초 서원이라 칭하고 조정에 누차 아뢰어 토지를 하사받은 것은 과한 조치였다고 비판하고 있는 것을 알 수 있다.

았다는 점을 고려하면 상당한 수준이었을 것으로 보인다. 규모의 차이는 있겠지만 이 시기 서당의 안정적 운영을 위한 전답 마련은 충분히 예상된다. 퇴계 문인인 금난수의 1600년(선조 33년) 자녀분깃기를 보면 "고산정사는 명승지로 분깃하지 않고, 세 아들이 공동 수호하면서 유상遊賞, 독서지소讀書之所로 활용하라"고 하고, 논 7두락을 정사에 소속시켜서 정사 보존에 사용하라고 했다. 안동 주촌周村의 이정회李庭檜가 건립한 서당도 보면 서당답書堂畓을 두어 재정을 튼튼히 했다고 하며, 또한 식리長利 활동도 했음이 확인된다.[18] 류성룡의 제자인 배용길이 1604년(선조 37년)에 건립한 도생서당에서는 전 부사 홍이상洪履祥이 사사전寺社田 중 관에 회수된 토지를 학전學田으로 획급하기도 했다.[19]

이 시기 서당 중에는 풍악서당 같이 관의 지원을 받거나 또는 지방관이 교육 활동의 일환으로 건립한 서당의 경우 초기 서원 못지않은 경제적 기반을 갖추고 있는 경우도 있던 것처럼 보인다. 퇴계 문인들의 교육 활동의 일환으로 전개된 서당과 정사 건립과 서원 창설 운동 초기에 중요한 역할을 한 황준량이 신령현감 재직 시 건립한 백학서당白鶴書堂의 경우 이렇게 말하고 있다.

> 몇 칸의 집을 얽어 퇴계의 편액을 걸었다. 도서를 수장하고 전답을 마련했으며, 기금을 넉넉하게 하고 노비를 두어 선비들이 노닐며 쉬는 곳으로 삼고, 원장과 학장으로 하여금 일을 주관하게 했다. 관동冠童들이 책을 끼고 다투어 달려와 비로소 독서의 즐거움을 알게 되었는데, 많게는 40여 명에 이르렀다. …… 매달 초하루마다 읽은 것을 시험해 학생들로 하여금 분발토록 했다.[20]

---

[18] 李庭檜, 『松澗日記』, 신해년 11월 18일과 19일의 기록에 "계납서당장리計納書堂長利", "봉장리捧長利" 등의 기사가 나타나고 있다.
[19] 정순우, 앞의 책, 176쪽; 裵龍吉, 『琴易堂集』 卷5, 記, 「道生書堂記」.

이런 식으로 건립 당시부터 서당에서의 안정적 교육을 위해 장서를 마련하고, 경제적 기초로서 토지, 노비, 기금을 확보했으며, 또한 서당 운영을 위한 원장, 학장 등 조직 체계를 갖추었다. 토지와 노비의 구체적인 규모는 알 수 없지만 지방관이 건립을 주도했고, 생도가 40여 명이었던 점에서 볼 때 이 시기 서원의 규모에는 미치지 못하겠지만 상당한 규모의 토지, 노비를 확보하고 있었던 것으로 보인다. 이 같은 경제적 기반 확보는 현감인 황준량에 의해 마련된 것으로 보인다.21)

성주목사 황준량과 교수 오건이 1561년(명종 16년)에 지역 사림과 더불어 건립한 녹봉서재鹿峰書齋도 백학서당 못지않은 경제적 기반을 확보하고 있었던 것처럼 보인다. 녹봉서재는 구 정토사淨土寺 터에 건립되었다. 폐사화된 정토사 터를 녹봉정사 터로 이용한 것은 목사 황준량에 의한 것으로 볼 수 있다. 녹봉서재는 건립 이후 운영에서도 승려들이 중요한 역할을 했다. 「녹봉정사기록鹿峰精舍記錄」에는 그러한 기록이 보인다.

[녹봉정사에는] 성정당誠正堂, 시습재時習齋, 양정헌養正軒, 양호루養浩樓, 관물대觀物臺, 천연지天淵池가 있는데, 모두 퇴계 선생이 명명하고, 직접 편액을 쓰셨다. 옆에 승사僧舍를 두고서 재곡齋穀을 관리하고 유생을 공궤供饋하도록 했다.

이처럼 건립 당시부터 5개 건물을 건립하는 등 서원 못지않은 규모를 갖추고 있었다. 따라서 운영을 위한 경제적 기반도 상당했을 것으로 추측된다. 또한 서재 옆에 승사僧舍를 두어 재곡齋穀을 관리하고 유생을 공궤供饋하도록 했다고 한다. 그러한 조치도 당연히 목사인 황준량에 의한 것이었다.

20) 黃俊良, 『錦溪集』 外集 卷1, 詩, 「白鶴山」.
21) 이수환, 앞의 논문, 120쪽.

이후 녹봉정사의 사정에 대해서는 자료가 없어 알 수 없지만 시간이 지남에 따라 여러 가지 이유로 퇴락해갔던 것 같다. 그러다가 1801년(순조 1년)에 이동급李東汲이 녹봉정사의 퇴락과 「학규」의 문란을 걱정해 사림의 여론을 수렴해 중수했다. 이로써 옛 「학규」가 회복되어 다시 많은 선비가 모여들어 주서朱書 등을 강론했다고 한다. 이어 1833년(순조 33년) 5월에 경상도관찰사 김양순金陽淳이 이황의 학문을 가르치는 녹봉정사가 퇴락한 것을 보고, 이를 정상화하기 위한 몇 가지 규정을 제정한 「완문完文」을 칠곡부에 발급했다. 이 「완문」은 후대의 기록이지만 초기 정사의 경제적 운영을 유추해볼 수 있다는 점에서 이를 간단히 적기해보면 다음과 같다.22)

— 재생은 10원, 속인贖人은 20원을 정식으로 하고, 양속良贖과 노속奴贖은 반씩 충당한다. 지금 이후로 관은 재생과 속인의 군역과 잡역을 탈급해 흩어지는 폐단이 없도록 할 것.
— 정사에 소속된 승려가 소수여서 많은 선비를 공양할 겨를이 없는데 혹 승군에 충당하고, 승려가 집을 비우고 도망할 때도 군기軍器롱, 승식繩索 등을

---

22) "一, 齋生以十員永爲定式是遣 贖人段置亦以二十人定式 而良贖奴贖茶半充數是矣 齋生與贖人每有雜役侵責之患 自今以後 本官惕念斗護 價布充軍等役 一幷填給 俾無渙散之弊是齋. 一, 本齋 數小僧徒 尚不暇於供養多士 而或充僧軍 有空齋逃躱之時 又於式年 責出軍器籠及繩索等物 至以本齋物力 買籠納官 此非愛惜重地之意也 從今以往 僧軍與軍器籠繩索等役 一切勿侵 以爲保存本齋之意是齋. 一, 本齋 山直四戶 庫子路僕 各一戶 僻處高山之絶頂 生涯艱乏 奔走儒宮之使喚 農作無暇 而每歲糶糴 亦及此輩 聞甚矜惻 特爲調頉 俾無離畔之弊是齋. 一, 本齋 僧徒零星 每年多士 居接之時 使喚極難 至有貰人之弊 境內各寺中 金谷靑蓮道德諸菴 僧徒幾名式 每依本齋分付 收聚盤器 以爲居接時 供養使喚之地是齋. 一, 本齋 四山局內 皆是先賢命名 遺躅之地也 某丘某壑 尚留杖履之痕 一草一木 摠被題品之光 則其所以守護禁養之爲 尤可各別惕念 若有窺覬丘壑 剪伐松楸者 自官從重 嚴治以爲 保護重地之道時齋. 一, 本齋 齋畓與接畓 皆是養士之具 而如有法久 生弊之端 自官釐正是齋. 一, 右完文作廳 一則揭于本齋門樓 以爲遵守奉行之地是齋."

부담하니 본재本齋 물력으로 매입해 관에 납부한다. 지금 이후로 승군과 군기룡, 승삭 등은 일절 물침勿侵해 정사를 보존할 것.
— 정사 소속 산직山直 4호戶, 고자庫子와 노복奴僕 각 1호는 높은 산마루에 살면서 가난할 뿐만 아니라 유궁儒宮의 잡일에 분주해 농사를 지을 여가가 없는데 해마다 조적糶糴이 미치니 불쌍하다. 특별히 견탈蠲頉해 떠나는 폐단이 없도록 할 것.
— 정사 소속 승려가 영성해 매년 거접 시 사환이 극히 어려워 세인貰人하는 폐단이 있다. 따라서 관내의 금곡암金谷庵, 청련암靑蓮庵, 도덕암道德庵의 승려 수명씩을 본재本齋의 분부에 따라 반기盤器를 수취해 거접 시 공양 사환하도록 할 것.
— 정사 주변 사산국내四山局內는 수호守護 금양禁養을 각별히 해야 한다. 송추松楸를 벌목하는 자는 관에서 엄중히 처벌한다.
— 정사 소유 재답齋畓과 접답接畓은 모두 양사養士를 위한 것이다. 만약 폐단이 생기면 관에서 바로 잡을 것.
— 이상의 「완문」을 녹봉정사 문루에 게시해 영구히 준수 봉행할 것.

이 「완문」을 보면 서재의 원활한 운영을 위한 경제적 기반으로 1) 규모는 알 수 없지만 재답과 접답이 있었고, 2) 물력을 제공하고 역을 면제받는 속인(양속, 노속) 20인과 각종 잡역에 종사하는 산직, 고자, 노복을 두었고, 3) 유생의 공궤와 사환을 위해 인근 각 사원의 승도를 확보하고 있었다. 그러한 경제적 기반과 운영 원칙은 녹봉정사 건립 초기부터 있어 왔던 것이 시간이 지나면서 제대로 운영되지 못해 정사가 퇴락해지자 이때 와서 감사가 「완문」으로 다시 한 번 확인했던 것이다.

이렇게 볼 때 이 「완문」에 나타나는 내용을 초기 녹봉정사의 경제적 기반으로 파악해도 무방할 것이다. 위의 「완문」에 나타나는 경제적 기반의 내용과 확보 방법, 운영 면에서 관의 적극적 지원이 절대적이었음을 고려하면, 위와 같은 모든 조치는 녹봉정사를 건립한 목사 황준량이 시행한 것으로 볼 수 있다.

여기서 주목되는 점 중 하나는 녹봉재사가 사원 터에 건립되었고 또 「완문」에서 보면 유생의 공궤와 사환을 위해 승도를 소속시키고, 그들에 대해서는 군역을 포함한 일체의 잡역을 면제하라고 명시하고 있는 점이다. 그러한 현상은 16세기의 서당과 서원에서 일반적이었다. 16세기의 재지사족의 유교적 교육 시설인 서당, 서재, 정사, 서원 등의 건립에는 사원의 인적·물적 기반을 인수한 것이 크게 작용했다. 먼저 안동과 황준량이 서재를 건립한 성주 지역을 중심으로 서당과 서재에서의 사례를 제시하면 다음과 같다.

영흥사永興寺: 임하현 서쪽 2리에 있었다. 고려때 창건했으나 터는 지금 임천향사로 바뀌었다. 옆에 석탑이 있다.23)

삼백암三百庵: 풍산현 북쪽 10리에 있었다. 지금은 선비들의 독서처로 건물을 다시 구축해 학록鶴麓이라고 이름 한다.24)

성산사城山寺: 부의 서쪽 15리 청성산에 있었다. 절터 서쪽 옆에 김성일의 석문정사가 있다.25)

남수암南水庵: 일직현 동쪽 7리에 있었다. 지금은 구담정사가 되었다.26)

법장사法藏寺: 영남산 남쪽에 있었다. 버려진 사찰 터에 부내의 선비들이 서당을 세웠다.27)

23) 『永嘉誌』 卷6, 古跡條. "在臨河縣西二里 乃高麗所創 遺址今爲臨川鄕社 傍有石塔."
24) 『永嘉誌』 卷6, 佛宇條. "在豊山縣北十里 …… 今改構爲士子讀書之所 名曰鶴麓."
25) 『永嘉誌』 卷6, 佛宇條. "在府西十伍里青城山 …… 寺基西傍 有金誠一石門精舍."
26) 『永嘉誌』 卷6, 佛宇條. "在一直縣東七里 今爲龜潭精舍."
27) 『永嘉誌』 卷6, 古跡條. "在映南山南 寺廢基在 府內士人立書堂."

미흘사彌屹寺: 감천현 서쪽 10리에 있었다. 사찰의 위토 전답은 풍악서당에 내사內賜 되었다.28)

경광서당鏡光書堂: 부의 서쪽에 있다. 금지촌 동쪽 사천 위에는 옛날 정광사가 있었는데, 1568년(선조 1년)에 서당을 창립했다.29)

녹봉서재: 칠곡 상지리에 있다. 1561년(명종 16년)에 목사 황준량, 교수 오건과 성주인들이 더불어 옛 정토사에 창건했다.30)

공곡서재孔谷書齋: 도오종리에 있다. 목사 황준량과 권응정 권응창이 의논해 창건하고, 승려를 모아 관리하도록 했다.31)

위의 자료를 보면 당시 폐사가 재지사족의 정사와 서당 등으로 탈바꿈하는 것을 볼 수 있다. 석문정사, 구담정사, 경광서당, 녹봉서재 등은 폐사터 위에 건립되었다. 또한 성주목사 황준량은 공곡서재를 건립하고 승려로 하여금 수호하도록 조치했다. 그러한 조치는 당시 서당과 서원에서 일반적인 상황이었다. 이렇게 볼 때 당시 폐사는 유불 교체기에 재지사족의 유교적 교육 시설의 경제적 기반 구축에 크게 기여했던 셈이다.

16세기에 안동 지역에서 경광서당과 성산서당을 건립해 활발한 교육 활동을 펼친 권호문의 경우 두 서당 모두 옛 사찰 터를 이용했다. 성산서당의 경우 성산에 있는 폐찰을 서당으로 만들어 유자 교육 공간으로 활용할 것을 안동부사에게 요청했다.32)

---

28) 『永嘉誌』 卷6, 古跡條. "在甘泉縣西十里 寺位田畓內賜豊岳書堂."
29) 『永嘉誌』 卷4, 書院條. "在府西 金池村東沙川上 古有定光寺 隆慶戊辰[1568] 創立書堂."
30) 『嶺南邑誌』 星州; 『京山誌』 卷2, 學校條. "在柒谷上枝里 嘉靖辛酉[1561] 牧使黃俊良, 教授吳健 與州人 因淨土寺舊而剏之."
31) 『嶺南邑誌』 星州; 『京山誌』 卷2, 學校條. "在道伍宗里 牧使黃俊良與權應挺, 應昌謀刱焉 募僧典守."
32) 權好文, 『松巖集別集年譜』, 「松巖先生年譜」.

우리 마을 여러 곳에 폐가 10여 간이 있는데, 참으로 승경이니 이를 고쳐서 집을 짓고 인재를 양성하는 것이 절실합니다. 한 고을의 공물을 개인의 뜻으로 임의로 하는 것은 의에 합당치 않으며 시세에 거리낄 일입니다. 합하에게 엎드려 바라건대, 공문을 특별히 허락하시어 여항의 선비로 하여금 도를 깨우치고 학문을 연구할 땅을 얻게 하심이 어떠하시온지. 대저 이 절의 모습이 빼어남은 이 군의 으뜸입니다. 그 산의 이름은 청성이라 낙동강이 띠를 두르고 있으며, 층층 만첩한 봉우리들이 눈앞에 공손히 읍하고 있으며, 거울 같은 못과 옥 같은 절벽이 좌우에 환하게 빛납니다. ……

당시 폐찰에 대한 처리 이용권은 수령에게 있었다. 따라서 재지사족이 수령의 허락 또는 묵인 하에 폐찰을 그들의 교육 기관인 서당으로 바꾸는 사례가 빈번하게 있었다. 특히 재지사족은 그들의 교육 기관인 서당은 읍내에 있어 분답한 향교와 다르게 차분히 성리학 공부에 전념할 수 있는 산수 승경이 좋은 곳에 위치해야 한다고 생각했다.

서원 또한 서당과 마찬가지로 폐사의 기반 위에 세워지는 경우가 많았다. 몇몇 사례를 들어보면 다음과 같다.

영봉서원: 폐허가 된 사찰 터를 씻어 부정한 것을 없애고 그곳을 새롭게 했다.33)

천곡서원川谷書院: 1558년(명종 13년)에 목사 노경린이 천곡서원을 세웠다. …… 지장사가 있었는데, 사찰이 폐허가 되어 서원으로 했다.34)

여강서원: 부의 동쪽 여산촌에 있는데, 곧 백련사의 옛 터이다. 1575년(선조

---

33) 李滉,『退溪集』卷42, 迎鳳書院記. "廢佛寺之基 滌祓而新之."
34)『嶺南邑誌』星州;『京山誌』卷1. "嘉靖戊吾[1558] 牧使盧慶麟創川谷書院 …… 有智藏寺 寺廢而爲書院."

8년)에 창건되었다. 여산촌의 일명 백련사(신라시대 대찰)는 1574년(선조 7년)에 고을의 모든 선비가 선생[이황]을 위해 그곳을 철거하고, 사당과 서원을 세웠다.35)

이강서원: 부의 서쪽 20리 이천 아래, 낙(동)강 위의 선사암 옛 터에 있다.36) 향인들이 모여 의논해 지묘사 옛 터에 (신숭겸) 사우를 창건했다.37)

빙계서원: 임진란 이후 원우가 무너져서 1600년(선조 33년)에 고을 사람과 감사 이광준이 현의 남쪽 40리 영산면 빙산사 옛 터로 옮겨 건립하고, 빙계서원으로 칭호를 고쳤다.38)

위의 자료를 보면 16세기에 건립된 영봉[천곡川谷]서원, 여강서원, 빙계서원 등이 폐사 건물을 새롭게 한다든지 사지를 이용했음을 알 수 있다. 서원 건립에 이처럼 절터를 이용한다는 것은 그만큼 경제적 부담의 감소를 가져올 뿐만 아니라 인력이나 설계 등 여러 가지 편리한 점이 많았을 것이다. 또한 당시 그러한 폐사 토지는 지방관에 의해 강제로 서원에 이속되는 경우가 많았다. 경상감사 윤근수尹根壽는 금산金山, 진흥眞興의 폐사 토지를 도산, 덕산[德川]에 분속해 원중의 수용지자需用之資로 했다.39)

이러한 현상은 최초의 서원인 백운동서원이 옛 숙수사宿水寺 터에 건립된 데서 볼 수 있듯이 초창기의 서당과 서원 등에서는 일반적 현상이었다. 조선 초기의 유불의 교체는 치국 이념의 교체인 동시에 종래의 불교

---

35) 『永嘉誌』卷4, 書院條. "在府東蘆山村 卽白蓮寺舊基也 萬曆乙亥[1575]刱建, 蘆山村 一名白蓮寺(羅代大刹) 萬曆甲戌[1574] 一鄕士人爲先生(李滉)撤去之 建院立祠."
36) 『慶尙道邑誌』1冊, 大丘, 學校條. "在府西二十里 伊川下洛江上 仙槎菴舊址."
37) 『書院謄錄』1冊, 庚戌(1670) 12月 29日. "鄕人會議 創建(申崇謙)祠宇於智妙寺舊基."
38) 『列邑院宇事蹟』卷4, 慶尙道 氷溪書院條. "壬辰亂後 院宇頹圮 萬曆庚子[1600] 邑人監司李光俊 移建于縣南四十里永山面氷山寺址 改稱氷溪書院."
39) 『德川書院誌』創建事實. "監司尹公 以金山眞興廢寺土地 分屬德山與陶山 以備院中需用之資."

시설과 사원 소유 전민田民이 유교적 시설 내지 사족의 경제적 기반으로 탈바꿈한다는 것을 의미했다. 당시 사원은 국가가 각 읍 단위로 인정하는 곳만 명맥을 유지했고, 그렇지 못한 곳은 다수가 훼철되어 향교, 역驛, 원院 등 관부官府 시설로 전용되거나 재지사족의 서당, 정사, 원당願堂, 재사 등으로 탈바꿈되기도 했다. 이와 같이 종래의 사찰 건물이나 사지가 유교적인 교육 기관이나 재지사족 소유로 넘어갔다면 해당 사찰 소속의 전민도 귀속이 변동되었음은 충분히 예상된다.40)

이러한 폐사의 이용은 수령권이 크게 작용했다는 점을 고려하면 지방관의 묵인 하에 이루어진 것임을 알 수 있다. 따라서 당시 재지사족들은 서당 건립을 위해 폐찰을 활용할 수 있도록 지방관에게 요청하기도 했다. 당시 관은 그러한 폐찰의 이용뿐만 아니라 서당 건립자의 위상에 따라 다양한 방법으로 이를 지원하기도 했다. 의성김씨 김진이 청계 지역에 서당을 건립할 때 부사 양사기楊士奇가 상량문을 쓰고, 관창官倉의 잉여미를 비용에 보태기도 했다. 이는 향내에 명망 있는 가문에 대한 지방관의 예우 차원으로 이해된다.41)

그러나 그러한 서당 건립과 운영에서 관의 지원은 특별한 경우로 보이고, 대부분의 서당은 문중 자체적으로 또는 향촌 사림의 기부 등으로 마련하는 것이 일반적이었던 것으로 보인다. 16세기에 안동 내 대표적인 가문은 각기 서당을 건립, 운영해 나갔는데, 그것은 이들 가문의 경제력이 뒷받침되었기 때문에 가능했다. 풍악서당을 건립한 풍산류씨, 경광서당을 건립한 안동권씨 권호문 가문, 청계 지역에 서당을 개설한 의성김씨 김연 가문, 주촌에 서당을 개설한 진성이씨 대종가 등은 토지 수백에서 천여 두락, 노비 수십에서 100~200여 구口 이상의 경제적 기반을 확보하고 있

---

40) 이수환, 앞의 책, 64~99쪽.
41) 정순우, 『서당의 사회사』, 태학사 2013, 124쪽.

었다.42)

퇴계의 제자인 김복일이 16세기 중반(1564~1570년 사이)에 예천의 덕진동에 건립한 금곡서당은 창립문에서 군내의 모든 부로가 빈부를 가리지 않고 동참할 것을 제안했다. 부자는 많이 출자하고 가난한 자는 조금씩 내며, 출역出役에 밝은 자가 주관하면 쉽게 공사에 성공할 수 있으리라고 기대했다. 사실상 전체 향민의 참여를 권장하고 또한 참여 여부는 자발적 결정을 따를 것을 강조했다. 이는 금곡서당의 성격과 무관하지 않았던 것으로 보인다. 금곡서당은 "배우고자 하는 자는 무리類를 가리지 않을 것"이라고 설립 배경을 밝히고 있다.43) 권호문이 남형南衡, 권덕윤權德潤, 신내옥辛乃沃과 함께 건립한 경광서원 건립에도 "재목을 모음에 천집이 도운 것"이라고 했다. 이 서당은 아동을 대상으로 건립되었다는 점에서 볼 때 이 시기 향촌 내 교육적 분위기와 맞물려 사림의 공동 참여를 이끌어 낼 수 있었던 것이다.44) 그러한 서당 건립 운영에서 청주정씨 정두가 아늘 정사성을 도산서당에 입문시키면서 동몽재를 지어 준 것과 같은 특별한 기부도 있었다.

4 맺음말

이상에서 16세기에 안동을 중심으로 한 퇴계학파의 서당과 서원 건립 활동과 서당의 경제적 기반에 대해 검토했다. 이를 간단히 요약하면 다음과 같다.

퇴계학파가 형성되는 16세기 중반은 향교로 대표되는 관학의 부진과

---

42) 이수건, 앞의 책, 121~125쪽; 137~161쪽 참조.
43) 정순우, 앞의 책, 125쪽; 『聯芳世稿』 卷8, 「金谷書堂創立文」.
44) 權好文, 『松巖集』 卷2, 詩, 「會話鏡光書堂」.

맞물려 새로운 교학 체제가 모색되던 시기였다. 퇴계는 당시 조선사회에서 가장 시급한 과제는 권력을 이용한 집권층의 사리 추구를 배제하고 공도를 회복하는 것으로 보았다. 이는 수기를 통한 정인심한 인간형의 창출로서만 가능하다고 보았다. 이를 위해서는 관학인 향교가 아니라 새로운 학제가 필요하다고 보았다. 그리하여 퇴계와 그의 문인들이 주도하는 서원 건립 운동이 등장하게 되었다.

퇴계는 신진 사림의 강학, 장수처로서의 서원에 주목해 서원의 건립과 보급에 적극 나섰고, 퇴계 문인들은 그의 서원론에 공감해 서원 보급 운동에 적극 동참함으로써 서원은 단기간에 교육 제도로 자리 잡을 수 있었다. 퇴계 문인으로 서원 건립에 관여한 사람은 56명으로 43개 서원 건립에 직간접적으로 참여했다. 이들은 생활 근거지에서뿐만 아니라 특히 지방관 재직 시에 서원 건립을 주도하는 경우가 많았다.

이 시기 퇴계 문인들은 이렇게 서원뿐만 아니라 16세기 사림의 성장과 함께 서당과 정사 등도 활발히 건립해 나갔다. 이들 선비들의 장수처로서의 서당은 설립과 교육 목표가 서원과 차이가 없었다는 점에서 이 시기 서당 건립도 서원 보급 운동과 맥을 같이하고 있었음을 알 수 있다. 퇴계는 이 시기 각지에서 문인이 주도하는 서원과 서당 건립에 깊은 관심을 갖고 적극 지원했다.

16세기에 안동 내의 대표적인 가문은 각기 서당을 건립, 운영해 나갔는데, 그것은 이들 가문의 경제력이 뒷받침되었기 때문에 가능했다. 풍악서당을 건립한 풍산류씨, 경광서당을 건립한 권호문 가문, 청계 지역에 서당을 개설한 의성김씨 김연 가문 등은 토지 수백에서 천여 두락, 노비 수십에서 100~200여구 이상의 경제적 기반을 확보하고 있었다.

16세기에 서당의 경제적 기반은 자료가 거의 남아 있지 않아 구체적인 내용은 알 수 없지만 서당의 성격이나 설립 주체에 따라 다양했던 것으로 추측된다. 대체로 관의 지원을 받은 서당이나 지방관이 건립을 주도한 서당과 향촌 사림이 주도한 서당은 경제적 기반에서 차이가 있었다. 지역사회에서의 교육 진흥에 대한 공을 인정받아 조정으로부터 토지를 하사받은 병산서원의 전신인 풍악서당의 경우 병산서원 노비안에서 확인된 서당 소속 노비가 7구 확인된다. 이 규모는 퇴계에 의해 건립된 16세기 중반의 역동서원의 초기 노비 규모가 11구였던 점에서 볼 때 상당한 것이었다. 퇴계 문인들인 황준량이 신령현감, 성주목사 재직 시에 건립한 백학서당과 녹봉서재도 건립 당시에는 이 시기 서원에 버금갈 정도의 규모를 갖추고, 안정적 운영을 위한 경제적 기반으로 토지와 노비를 확보하고 있었다고 한다. 그러나 서당의 경제적 기반은 이 시기에 건립되기 시작한 서원과는 규모에서 기본적으로 차이가 있었다.

특별히 주목할 만한 점은 이 시기에 건립된 서당 중 다수가 지방관의 허락 또는 묵인 하에 폐사의 기반 위에서 건립되었다는 점이다. 나아가 학전으로 사사전을 하사받기도 하고 운영에 승려를 이용하기도 했다. 그러한 현상은 이 시기 서원에서도 마찬가지였다. 이는 유교적 시설의 확충과 정비에 필요한 재정 기반을 민에 전가하지 않고 억불정책으로 혁파된 폐사나 폐사 직전에 놓인 사원의 유휴 시설을 활용하고, 한유閑遊한 처지에 놓인 승려를 활용하고자 한 조선왕조의 정책 방향과 일치하는 것이었다.

그러나 서당 건립과 운영에서 관의 지원은 특별한 경우로 보이고, 대부분의 서당은 문중 자체적으로 또는 향촌 사림의 기부 등을 통해 예산을 마련하는 것이 일반적이었던 것으로 보인다. 특별히 퇴계 제자인 김복일이 예천에 건립한 금곡서당은 군내의 모든 부로가 빈부를 가리지 않고 동참했고, 권호문이 건립한 경광서당의 건립에도 재목을 모음에 천집이 도왔다고 한다.

참고 문헌

1. 원문
『惟一齋實紀』(金彦璣), 『松巖別集』(權好文), 『寒岡集』(鄭逑), 『南窓集』(鄭棣), 『錦溪集』(黃俊良), 『琴易堂集』(裵龍吉), 『鶴峯集』(金誠一), 『退溪集』(李滉), 『悔堂集』(申元祿), 『栢潭集』(具鳳齡), 『松澗日記』(李庭檜), 『聯芳世稿』, 『永嘉誌』, 『嶺南邑誌』, 『京山誌』, 『慶尙道邑誌』, 『漆谷誌』, 『列邑院宇事蹟』, 『書院謄錄』, 『德川書院誌』

2. 단행본
이수건, 『영남학파의 형성과 전개』, 일조각, 1995.
정만조, 『조선시대 서원연구』, 집문당, 1997.
이수환, 『조선후기 서원연구』, 일조각, 2001.
정순우, 『서당의 사회사』, 태학사, 2013.

3. 논문
李佑成, 「李退溪와 書院創設運動」, 『退溪學報』 19, 1978; 『韓國의 歷史像』, 창작과 비평사, 1982.
鄭萬祚, 「退溪 李滉의 書院論 ― 그의 敎化論과 관련하여」, 『韓㳓劤博士停年紀念史學論叢』, 1981
권시용, 「퇴계 문인들의 서원 건립 활동」, 영남대학교 석사학위논문, 2009.
이수환, 「금계 황준량의 서원활동과 교육론」, 『영남학』 66, 경북대학교 영남문화연구원, 2018.

5장

•

16세기의 안동 지역 서당의 설립 양태와 '서원'화 과정

정순우

1   16세기에 안동 지역 서당의 교육사적 의미

1) 서언 — 관학과 사학, 그리고 서당

　　16세기에 안동 지역에서는 사림 세력이 주체가 되어 다수의 서당을 설립했다. 이 서당은 조선전기에 나타난 사치학당私置學堂이나 가숙과는 유형을 달리하는 새로운 형식의 서당이었다. 특히 퇴계와 그의 문인들에 의해 설립된 16세기 안동의 서당은 조선 교육사의 흐름을 바꿀만한 대단히 중요한 문화적 기획이었다. 필자는 다른 글에서 도산서당을 모델로 하는 그러한 종류의 서당을 이른바 '도학적 서당'으로 호명했지만 내부에는 상당히 이질적 형식들이 혼재하고 있는 모습을 보여주고 있었다. 동몽을 대상으로 『소학』류의 교재를 강의하는 곳에서부터 『춘추』, 『사서』, 『예기』 등에 관한 심도 깊은 학문적 강론을 담당하는 서당에 이르기까지 다양했다. 그러나 학습 과정의 편차에도 불구하고 모두 퇴계 이학의 계승이라는 공통적 기반을 버린 것은 아니었다.

　　그러면 이 시기에 안동 지역에서는 서당이 왜 갑자기 역사의 전면으로 뛰어 들어왔을까? 당시 다른 지역과는 달리 비교적 체계적으로 운영되던 향교를 멀리하고 왜 사학으로 사족이 몰려들었을까? 만약 서당을 단순히 동몽 교육 기관으로 자리매김할 수 있다면 이 문제는 비교적 간단하게 해결할 수 있다. 그러나 이 시기에 안동 지역의 다수 서당은 매우 높은 단계의 교육을 담당하는 이른바 '고제적高弟的 서당' 혹은 도학 서당이었다. 그리하여 향교 본연의 역할과 사실상 중첩되는 부분이 많았다. 따라서 당시 안동의 서당의 역사성을 이해하기 위해서는 향교의 실상에 대한 논의가 다소 필요하다.

주지하는 바대로 안동 지역은 사족의 영향력이 상대적으로 강력한 지역이었다. 16세기에 안동의 사족은 안정된 농장적 기반을 토대로 해 재지적 기반을 왕성하게 확대하고 있었다. 이 시기 들어 안동의 향권을 장악한 사족 계층은 대부분 조선 초기부터 첨설직, 동정직, 군공, 과거 등을 통해 이족吏族으로부터 사족으로 신분 상승을 이룬 계층이었다. 특히 안동 사족의 경우 향리 세력과 밀접한 관계를 갖고 있던 것처럼 보인다. 즉「향안」과「단안」이 병설되어 공동으로 관리되거나「향안」에 향리의 증손, 여서, 외손 등이 함께 등재되기도 했다. 그러나 이들 이족의 영향력은 16세기에 들어서는 급격하게 약화되기 시작하고 본격적인 사족 지배 체제가 형성되기 시작했다.1)

앞질러 말하자면 안동과 예안 지역에서는 이 지역에 살던 상층 양반이 향교를 대신해 그들만의 교육 공간을 필요로 했던 것으로 판단된다. 즉 16세기에 퇴계 문인들에 의해 설립된 도학 서당은 이들 집단의 교육적·사회적 요청에 부응하는 가장 이상적인 공간이었다. 이 사실을 좀 더 구체적으로 알아보기 위해서는 당시 안동 향교의 신분 구성을 눈여겨 볼 필요가 있다. 만력 7년(1579년) 3월에 작성된「학규」와 만력 9년(1581년)에 작성

---

1) 정진영,「朝鮮前期 安東府 在地士族의 鄕村支配」,『大邱史學』27집, 63쪽.

된 「교중완의校中完議」에는 당시 안동 향교의 실태를 알려 주는 몇 가지 사실이 실려 있다. 이 「학규」에 따르면 비록 재임의 구성은 유력 가문 출신으로 이루어지고 있었으나 향교 교생의 신분 구성에는 이미 상당한 변화가 있음을 알 수 있다. 안동 향교에서는 액내額內 교생과 액외 교생의 소임을 구분해 상대적으로 액내 교생의 지위를 높이고자 했다. 「완의」에 실린 몇몇 관련 조항을 살펴보면 다음과 같다.

가) 장의 2인, 서책유사 2인, 재유사 2인은 액내로서 정한다. 과년過年 2인, 보상유사寶上有司 2인, 액외유사 2인은 액외로 정하도록 한다. 각각 주년周年마다 교체하도록 하고 재유사는 전례에 따라 삼삭三朔에 서로 교체하도록 한다.2)

나) 석전제 집사는 액내에서 차정하도록 한다. 매년 정월과 칠월 16일에는 생원 유사와 장의 유사가 예복을 하고 명륜당에 제회해 장관長官을 청해 함께 의론해 차출하고, 헌관獻官은 망보望報하도록 한다.3)

다) 사직제, 여제, 성황제, 기우제, 기청제 등 교외의 일은 액외를 차정하도록 한다. 액외 유사가 맡을 일은 관에 고하고 차출하도록 한다. 삭망에 알성하는 것과 망궐례, 표전을 올리는 것, 사명赦命과 고명誥命에 관한 일의 집사는 현재의 입번 유생과 재임 유생이 거행하도록 한다.4)

---

2) 「校中完議」. "掌議二人 書冊有司二人 齋有司二人 以額內爲定 過年二人 寶上有司二人 額外有司二人 以額外爲定 各周年相遞爲乎矣 齋有司則 依前規三朔相遞事."
3) 상동. "釋奠祭執事則 以額內差定爲乎矣 每年正月七月十六日 生員有司及掌議有司 以禮服齊會明倫堂 請長官同議差出 而獻官則望報事."
4) 상동. "社壇城隍祈雨祈晴 凡校外之事 以額外差定爲乎矣 額外有司次知 告官差出爲彌 朔望謁聖望闕禮 及 拜表 一應無時 赦誥等 執事則 以見在入番儒生 及齋任儒生擧行事."

라) 액내 유생은 5인씩 10일간 입번하도록 한다. 혹 여러 이유를 거짓 들거나 뚜렷한 연유도 없이 궐번하는 자는 재유사가 장관에게 보고하도록 한다.5)

마) 병부재거인兵符賫去人은 이미 향임에서 충당하도록 했으니 이를 교생들에게 맡기는 것은 매우 미편한 일이다. 지금 이후로는 교유에서 차출하지 않도록 한다.6)

안동 향교의 교생이 불안정한 신분적 특성을 갖고 있었다는 것은 앞의 「완의」를 통해서도 볼 수 있다. 「완의」은 액내와 액외의 소임을 구분하도록 해, 액내 교생이 향교 잡역에 차출되어 사실상 평민층의 임역任役을 담당하지 않도록 배려한 것이다. 그러나 그러한 소임의 성격을 자세히 살펴보면 후대의 평민 신분의 교생이 담당한 역할과 크게 차이가 없었음을 알 수 있다. 앞의 「완의」에서 액내 유생의 역할을 규정한 것이 자료 가), 나), 다), 라), 마) 등에 나타나 있다. 장의와 서책 유사, 재유사, 석전제의 집사를 액내 유생에서 차출하도록 하고, 액외 유생은 전곡의 출납과 학전의 관리 등을 책임 지워 향내에서의 입지를 강화하도록 배려했다. 그러나 이들 액내 유생의 소임에는 입번入番 등의 조항이 실려 있어 사실상 역의 성격을 갖고 있었다. 그러한 액내 교생의 역할은 사실상 후대의 평민층 교생이 담당한 소임과 거의 대동소이한 모습을 보여주고 있다. 일반적으로 유생, 교생이 분화된 이후의 액내 교생은 비양반층으로 향교에서 공부하는 학생이 아니라 60세까지 각종 역에 종사하는 존재였다. 그러나 17세기까지 안동의 액내 교생은 그러한 일반적 흐름과는 달리 하층 양반 혹은 상층 향리 가문의 인물을 중심으로 구성되었던 것으로 추정된다. 따라서 평민층이

---

5) 상동. "額內儒生 伍人式 十日入番 無使一日空齋爲乎矣 或虛稱雜頉 或無緣闕番者 齋有司告于長官."
6) 상동. "兵符賫去人 旣以鄕任塡則 委諸校生 至爲未便 自今以後 校儒差出安徐事."

액내 교생으로 참가하는 예는 사실상 극히 제한되었던 것으로 보인다. 안동 향교의 경우 액내와 액외의 직역 구분이 뚜렷했던 것으로 보인다. 평민층이 곧 액외 교생의 주 신분 계층인 것으로 짐작된다. 이렇게 안동 향교에서 액내 교생은 상층 향리층이, 액외 교생은 평민층이 차지하자 안동의 상층 양반층은 서당 같은 그들만의 별도 교육 기관이 필요했던 것으로 이해된다.

이 시기에 안동 사림이 향교를 멀리한 또 다른 이유로는 관학에 개입하는 국가의 강한 전제적 성격을 들 수 있었다. 조선사회가 농민에 대한 국가의 강한 전제적專制的 지배 위에 기반하고 있었음은 주지의 사실이다. 그러한 사실은 조선시대 교육의 성격을 이해하는 데 매우 중요한 단서가 된다. 조선전기의 국가적 토지 소유와 지주적 토지 소유는 통일적으로 파악되어야 하나 소농민 경영의 불안정성을 들어 국가적 토지 소유의 규정적 역할을 강조해야 한다는 주장은 유념할 만하다.7) 특히 조선전기를 중앙집권적 봉건사회로 파악하는 논의에서는 그러한 국가적 토지 소유가 왕토王土 사상에 근거해 소경영의 생산과 잉여 노동 처분의 전 과정에서 직접적으로 개입되어 있던 것으로 간주하기도 한다.8)

조선사회에서 찾아볼 수 있는 그러한 국가적 토지 소유의 실태는 조선시대 교육의 성격 규정에서 중요한 역할을 했다. 즉 조선사회의 모든 교육 활동은 국가 대 소농민이라는 대항적인 규정을 기본 모순으로 중앙 집권적 사회를 강화시켜 주는 상부구조 역할을 담당한 것으로 생각된다. 교육에 관한 국가의 최종적이며 규정적인 지배권은 국가의 이데올로기적 지배라는 측면에서 조선후기까지 점차 약화됨에도 불구하고 꾸준히 유지되었다. 조선시대 교육이 지닌 국가 집중 형 교육 구조의 대표적 사례로는 과

---

7) 金鴻植, 『朝鮮時代 封建社會의 基本構造』, 博英祀, 1981, 9~17쪽.
8) 李鎬澈, 『朝鮮前期 農業經濟史』, 한길사, 1986.

거제 등의 관학 제도를 들 수 있다. 성균관과 향교 같은 관학의 기능은 국가의 배타적 지배권을 행사하는 데 중점을 두었다.

외방의 향교는 법적 보호 하에 향촌 지배층으로 하여금 과거 교육을 통해 국가의 지배 이데올로기를 수용하도록 하고 중앙 지향적인 가치 체계를 형성하도록 하는 상징적 역할을 했다. 향교 교육의 활성화는 지방의 지배 세력을 국가 권력 하에 편입시키고, 종국적으로는 향민의 역역力役과 전세의 국가 수취를 담보할 수 있는 토대가 되었다. 조선시대의 향교 교육이 강학 활동보다는 제향 활동에 중심을 두고 운영된 것도 향교 교육의 국가 지배력을 반증하는 것이었다. 관학이 지닌 그러한 통제력을 벗어나고자 한 것이 바로 서당과 서원이라는 사학 기구의 출현으로 이어졌다. 안동은 명문 문중의 연합으로 사족세력이 독자적으로 출현하기에 가장 용이한 지역이었다. 여기에 퇴계라는 걸출한 이학자의 출현이 사림 문화의 독자적인 출현을 촉진시키는 역할을 담당했다.

2) '가숙' 형 서당에서 '도학' 형 서당으로

15세기에는 아직 서당이란 용례가 개인 정사나 가숙 개념과 혼용되고 있었다. 사림파의 출현을 선도한 김종직의 경우도 예외가 아니었다. 그는 '경렴景濂'이란 정사를 서당이란 편액을 걸고 경영했다. 물론 김종직도 재지사족으로서 향내의 젊은 사족에 대한 교육에 각별한 관심을 기울였다. 밀양으로 낙향한 때 그는 「학규」와 함께 향촌 공동체에서 지켜야 할 「향헌鄕憲」 등을 작성하면서 후진 양성에 각별한 열의를 보였다.9) 그러나 김종직에게서는 아직 촌락 내부에 근거한 새로운 형식의 학교를 만들고자 하는 의지가 잘 드러나고 있지 않았다. 그는 오히려 관학인 향교를 중건하고 신축하는 데 더 큰 관심을 기울였다. 그가 안음현에서 향교 건립에 매

---

9) 『佔畢齋集』, 「年譜」. "書勸密陽諸子,以成學規,又作鄕憲,以定邑俗,列邑聞風遵行焉."

진한 것은 잘 알려진 사실이다.10)

또한 초기 사림의 일원인 정극인11)의 경우에는 전형적인 가숙을 서당이란 이름으로 범칭하고 있다. 그는 집안의 자질과 향리의 젊은이들을 대상으로 가숙을 운영했다. 그는 세조의 찬탈에 불복해 전주부교수로 낙향한 뒤에는 태인현훈도를 거쳐 만년에는 향학당을 설립하고 엄격한 「학규學令」을 시행했다.12) 또한 벼슬을 치사致仕하고 낙향해 다시 후학을 가르치는 일방, 향리에 고현동 향약古縣洞鄉約을 운영하기 시작했다. 당시 그의 서당 운영은 촌락 내부에 유가적 공동체를 실현하려는 보다 더 큰 구상과 맞물려 있었다. 다만 서당의 교육 내용에서는 아직 주자 성리학에 대한 강조가 눈에 띄지 않는다. 그가 제출한 성종의 구언求言에 대한 응지 상소의 내용은 전답의 측량, 정병正兵의 정선精選, 각 도의 도잠실都蠶室 상황, 조운漕運에 쓰는 선박의 건조에 관한 사항 등 민생과 관련된 매우 실무적이고 사실적인 내용이 중심을 이루고 있다. 이런 사실로 볼 때 서당의 교육 내용은 동리 아동을 주 대상으로 구두법을 익히게 하는 등 문리 파악에 중심을 둔 초급 수준의 단계로 추정된다. 그가 운영한 16세기 초반의 서당도 유가 공동체를 실현하고자 한 가숙 형태의 교육 기관이었다.

물론 16세기에 설립된 모든 서당이 가숙 형태를 띤 것은 아니었다. 조정의 흥학책에 근거해 지방관이 직접 설립한 서당의 사례도 발견된다. 관학과 사학의 경계선 상에 위치한 서당이 그것이었다. 당시 지방관으로 재직한 사림 중에서도 서당 설립에 각별한 관심을 기울인 경우가 있었다. 예를 들어 백인걸白仁傑(1497~1579년)13)의 경우에도 남평현감南平縣監을

---

10) 졸저, 『서당의 사회사』, 태학사, 2013, 2장.
11) 본관은 영광靈光, 자는 가택可宅이고 호는 불우헌不憂軒이었다.
12) 『신증동국여지승람』 제34권, 전라도 태인현.
13) 본관은 수원水原으로 자는 사위士偉, 호는 휴암休庵, 시호는 충숙忠肅이었다. 조광조 제자였다. 1537년에 문과에 급제한 후 주요직을 두루 역임했다. 1545년의 을사사화 때 소윤에 의해

제수 받았을 때 양사를 위해 네 곳 경계지에 서당을 세우고 사장을 선발해 동몽을 교수하도록 했다. 양곡을 지급하고 월삭마다 순행해 학과를 감독하고 직접 강좌에 앉아 아동들에게 올바른 구두법을 익히도록 했다.14) 16세기 후반기의 일이기는 하나 권문해15)의 경우에도 공주목사로 재직 시 노비 출신인 고청孤靑 서기徐起가 운영하던 공암서당孔巖書堂에 들러 각기 공주와 연고가 깊은 고려 후기 문신 석탄石灘 이존오李存吾, 조선중기의 학자 동주東洲 성제원成悌元, 한재寒齋 이목李穆(1471~1498년) 등을 배향하기 위한 묘우를 설립하는 것을 적극 지원한 특이한 경우이다.16) 이들 관료들이 설립한 서당도 도학 서당으로 분류하기는 어렵다.

  그러나 그러한 유형의 서당은 당시로서는 예외적인 경우였고, 16세기 초 대부분의 서당은 역시 '가숙' 형태였다. 초기에는 퇴계의 진성이씨 문중도 예외가 아니었다. 온혜에 세거하던 퇴계 집안의 경우에는 가숙보다는 오히려 용수사나 청량산의 사암 같은 사찰을 집안의 가숙처로 삼았다. 퇴계 집안에서 오랜 기간 서당을 운영하지 못하고, 주로 절을 이용한 이유는 몇 가지 점에서 찾을 수 있다. 우선 지적될 수 있는 것은 아직 독립적인 서당을 운영할 규모의 독립적 취락 구성이 이루어지지 않았던 데 한 원인이 있던 것으로 보인다. 16세기 초엽의 온계 마을은 아직 동계가 구성되

파직당했다. 1547년의 정미사화에 연루되어 안변安邊에 유배되었다. 동서분당의 폐단을 지적했다.
14)『牛溪先生集』卷六, 雜著,「議政府右參贊白公行狀」. "除南平縣監, 陪安興上官. 始至, 以興學養士爲先務,建書堂于四境,擇脩士爲師. 敎授童蒙. 頒廩課學. 月朔巡至其所. 登講坐. 兒童所讀書, 親爲正句讀. 由是士皆知學."
15) 본관은 예천, 호는 초간草澗이다. 1560년에 별시문과에 급제한 후 사간, 관찰사 등을 역임했다. 이황 문하에서 수학했으며, 유성룡, 김성일 등과 친교가 있었다.『대동운부군옥大東韻府群玉』을 저술했다.
16)『草澗先生文集』卷四, 雜記. "余在公州時, 到孔巖書堂. 徐學長起及堂儒生等. 欲爲李石灘存吾, 成東洲悌元, 李評事穆立廟. 余亦勸成之. 立廟諸事. 專數皆給. 先下米豆伍十餘斛. 以爲供費之需. 蓋徐起出卑微. 居孔巖洞裏. 精於學問. 學者多從之. 號孤靑云."

기 어려울 정도의 취락 형태를 지니고 있던 것으로 보인다. 그러나 16세기 중반에 동계가 구성될 수 있을 정도로 문중의 조직력과 경제력이 커지자 퇴계 가에서도 서당의 필요성이 증대되었던 것으로 보인다.

'가숙' 형 서당은 시간이 경과하면서 문중 서당으로 진화하는 경우가 많았다. 족인이 광범위하게 참가하고, 이어 학연과 혼반으로 맺어진 타 문중 사람도 설립과 운영에 관여하는 양상을 띠게 되었다. 이렇게 동족 마을이 관여하는 서당은 18세기에 두드러지게 나타나지만 빠른 경우에는 17세기부터 발견된다. 진성이씨 안동파의 대종손이 세거하던 주촌의 경우가 그러한 사례에 해당된다. 주촌리에 세거해온 이들 진보이씨는 본관에서 호장직을 세습하다가 고려말에 이석李碩이 사마시에 급제함으로써 신분 향상을 이룬 가문이었다. 그의 아들 이자수李子脩가 다시 향공거인鄕貢擧人으로 명서업에 급제해 출사하게 되었고, 또 홍건적을 막은 공로로 전민을 하사 받고 송안군으로 봉군됨으로써 사족으로 성장할 수 있었다. 그는 사족으로 성장하는 동시에 본관을 이탈해 풍산현 마라촌으로 이거했고, 그의 아들 대에 이르러 주촌에 세거했다.17)

이들 진성이씨 가문은 당시 안동의 대표적 가문인 안동권씨, 의성김씨, 하회류씨 같은 거족과 혼인 및 사승 관계 등 인간적 교유를 통해 재지 기반을 안정적으로 유지할 수 있었다. 이 시기에 안동에서는 이족과 사족의 본격적 분화가 촉진되고 있었고, 1588년에 작성된 「유향소 구규」나 이정회가 주도해 1605년에 작성된 「신정십조新定十條」 등은 모두 기존 사족이 이족을 포함한 신흥세력을 견제하고자 한 것이었다.18) 특히 그는 문조인 퇴계와 사제 관계를 맺었다. 그가 15세 무렵인 1556년(명종 10년)에는 퇴계를 모시고 경류정에서 족회를 열면서 가르침을 받았다. 1563년(명

---

17) 李樹健, 『嶺南學派의 形成과 展開』, 一潮閣, 1995. 2장을 참고.
18) 정진영, 앞의 논문.

종 18년)에 부친인 참봉공의 상을 당했을 때는 모든 상제 절문을 퇴계 선생에게 자문했다. 그는 이후에도 수차 계상으로, 용수사로 혹은 농운정사로 출입하면서 퇴계의 가르침을 받았다. 그는 퇴계와의 그러한 밀접한 관계를 통해 안동 유림의 중심인물로 성장할 수 있었다. 또한 이 시기에 백담栢潭 구봉령具鳳齡, 약포藥圃 정탁鄭琢에 의해 조정에 천거된 후 본격적인 사환의 길로 접어들었다.

그가 서당의 터를 닦은 갑진년(1604년)은 그러한 사회적 활동을 마감하고 안동에 정착하기 시작한 직후에 해당한다.19) 그가 서당 설립을 준비하던 이 시기에는 현 내에 이미 상당수 서당이 운영되고 있었다. 을사년(1605년)의 기록을 보면 임하서당, 소마서당所亇書堂 등을 방문한 기록이 보인다.20) 병오년(1606년) 일기를 보면 그는 서당을 생활공간으로 겸하고 있었다. 정월 일기에서는 "종일 서당에 있었다終日在書堂", "식후에 서당을 다녀왔다食後往書堂" 등의 구절이 반복된다. 본가에서의 생활보다는 오히려 서당에 기거하는 기간이 길다. 그리고 서당에서 기재忌祭도 지내고21), 벌목과 전결의 일을 감독하기도 했다.22) 족인과 더불어 모임 장소로 서당을 활용하기도 했다.23) 심지어는 서당을 통해 장리長利를 분급하는 일까지도 했다.24)

그는 서당을 다양한 형태로 이용했다. 일기에서는 그가 서당에서 자주 침술을 행한 것을 기술하고 있다. 그는 사족으로서는 드물게 매우 다양한 재주와 취미를 갖고 있던 것으로 보인다. 그는 의술과 산학算學 그리고 창

---

19) 『松澗日記』卷3, 8月初 10日. "書堂開基."
20) 상동. 乙巳年 5月 14日.
21) 상동. 丙吾年, 正月 初 6日. "曉行忌祭于書堂"
22) 상동. 同年 2月 19日. "仍往書堂 見伐木 田結打算."
23) 상동. 卷4, 戊申年. "食後往書堂 與里中諸族會話."
24) 상동. 己酉年. "食後往書堂 分給長利還."

唱에 상당한 소양이 있었다. 그는 의술에 관한 한 당대에 인정받은 전문가였다. 그의 일기에서는 빈번하게 침술을 행하거나 치료를 하는 장면이 등장한다. 그는 반상을 구분하지 않고 주위의 모든 사람에게 의술을 베풀었다. 심지어는 노비에게도 침술을 행하는 파격적인 모습을 보여주고 있다. 예로 기묘년(1579년) 6월 25일 일기에서는 노비에게 침을 시술한 구절 등을 발견할 수 있다. 또한 동년 7월 7일자 기록에서는 서당에서 직접 의술을 가르치기도 했음을 알 수 있다. 이는 의술을 중인 역할로 치부하고, 엄격하게 반상을 구별하던 당시의 풍속을 감안한다면 실로 파격적인 것이었다. 또한 그는 산학에도 상당한 조예가 있었다. 정축년(1557년) 윤 8월의 기록을 보면 김원봉이 수차례에 걸쳐 그로부터 산학을 배우고 있었음을 볼 수 있다. 또한 갑신년(1584년) 2월에는 농한기에 동인들과 함께 노루잡이 사냥犯獐을 함께하기도 하고, 같은 해 11~12월 사이에는 의성과 성주 경저京邸에서 상당기간 "습창習唱"을 하는 이례적인 모습이 보인다. 그의 그러한 평소 언행이 서당 운영에도 어떠한 형태로든 영향을 주었으리라 짐작된다. 기유년(1609년) 이후 신병으로 인해 오랫동안 서당에서 와병 중이던 아들 벽璧에게 날마다 시침施鍼하는 그의 모습을 볼 수 있다.25) 뒤에서 상술할 '도학' 서당과는 성격이 판이한 모습이다.

 그의 교육 활동은 사적으로는 서당 공간을 최대한 활용했고, 공적으로는 진성이씨 대종손이라는 지위를 적절히 활용했다. 그는 퇴계 사후 도산서원을 방문해 퇴계 문집에 대한 고성告成회에 참가하거나 1601년에 옥동서원을 낙성하고 퇴계 선생의 위판을 봉안하는 의식 등을 주관하는 등 향론을 주도했다. 그는 안동 유향소의 좌수로서 서애와의 협의 하에 「향안」의 개록과 「향규」의 재작성을 주관하는 등 실제적으로 안동 사림을 주도했다. 그의 일기에서는 그가 무학당武學堂과 향사당鄕射堂으로 나아가 생

---

25) 졸저, 『서당의 사회사』, 태학사, 2013, 111~120쪽.

도들에게 시강試講하고 수령과 좌수, 별감, 학장들과 함께 사풍을 독려하는 모습을 볼 수 있다. 그는 이렇게 향회를 주도하는 일방, 문중의 결속을 위해서도 진력했다. 기록에는 족회族會에 관한 발언이 자주 발견된다. 예를 들어 마을 중심으로 족회26)와 강신회27)를 자주 설행했다. 1583년의 경우 족계에 참여한 인원은 모두 21명이며, 그중 진성이씨가 아닌 외손 자격으로 참여한 사람이 5명이었다. 1596년(선조 29년) 좌목에는 모두 18명의 계원이 참여하고 있다. 이것은 당시 서당의 인적 구성을 유추해볼 수 있는 매우 흥미로운 자료이기도 하다. 임자년 2월에는 서당에서 과거 준비를 위한 거접이 이루어졌는데, 이때 서당에 들러 유생을 독려한 인물이 족인인 진성이씨 이외에도 오경심吳景沈, 권중정權重正, 김헌金獻 등 타성 인물이 다수 보이고 있어 서당이 외손과 처가 등의 자제에게도 개방되어 있었음을 알 수 있다. 그러나 이 서당은 '도학'서당으로 자리 잡지 못했고, 그러한 이유로 후일 서원으로의 변신에 성공하지 못한 것처럼 보인다.

    그는 신해년(1611년) 이후 서당을 좀 더 체계적으로 운영하기 시작했다. 이를 위해 이 해 정월에 「당헌堂憲」을 정해 체계적 교육을 준비하기 시작했다.28) 이때부터는 별도로 사장을 두어 교육하고29), 초하루와 15일에는 학도들에게 직접 강독을 시키고30), 서당답書堂畓을 두어 재정을 튼튼히 했다.31) 특히 이 시기에 이르면 서당 운영 자금을 식리와 서당답으로 영위하고자 하는 노력이 적극적으로 드러난다.32) 짐작하건대 종래

---

26) 『松澗日記』, 丙吾年 5月 28日. "晴 曉參時祭 飮福後 又參族會."
27) 상동. 乙巳年, 5月 5日. "食後 里中會于亭子 講信", 丙吾年, 4月 14日. "食後往書堂 仍參里中講信會."
28) 卷4, 辛亥年, 正月, 7日. "吾後與正甫往書堂議定堂憲."
29) 상동. 閏 3月, 初 6日. "食後景承等 往書堂 見師長溫突役."
30) 상동. 4月 15日. "吾後往書堂 抽徒."
31) 상동. 4月 16日. "食後往見書堂畓役還."
32) 같은 해 11월 18일과 19일 일기 중 "計納書堂長利", "捧長利" 등의 기사가 나타난다.

의 '가숙' 형 서당에서 '문중' 중심의 서당으로 변모하기 시작한 것으로 이해된다. 기록에는 장리를 받아 왔다는 기록이나 노비 매득에 대해 삼촌 댁과 상의하는 사례도 발견된다. 그가 서당 운영에 그러한 경제적 수단을 동원한 것은 이제 서당 운영이 개인의 힘이 아니라 촌락 공동체 내부의 결집된 힘에 의해 움직이기 시작했음을 의미한다.

3) 16세기 교육의 분권화 추이와 안동서당

국가가 교육의 주도권을 장악하고, 성격을 규정한 조선 초기에 이어 16세기에 들어서면 사림 세력의 등장과 함께 교육에서도 획기적 변화가 나타난다. 교육이 차츰 일방적인 중앙 집권화로부터 분권적 형식으로 변모되었던 것이다. 사림 집단의 출현이 배경이 되었다. 종래의 훈구 세력과는 달리 각 지역에서 성장한 사림 세력은 유향소, 향약 등으로 독자적 정치 공간을 확보했을 뿐만 아니라 교육 영역에서도 고유의 교육 철학을 갖출 필요가 있었다.

특히 안동을 중심으로 한 예천, 봉화, 영주, 의성 등 이른바 안동 문화권에서는 새로운 형태의 교육 운동이 왕성하게 일어났다. 여러 자연촌을 중심으로 수많은 서당이 설립되고, 초기 서원이 활발하게 출현했다. 이 지역에서 이렇게 선진적인 교육 활동이 일어난 원인은 무엇일까? 결정적인 이유는 아무래도 신진 사림 세력의 대규모 출현과 퇴계라는 걸출한 도학자의 출현, 그리고 문중 단위의 탄탄한 경제력 등을 꼽을 수 있을 것이다. 특히 16세기 중엽의 안동은 문중을 지역 기반으로 한 사림이 독자적 교육 이념을 표방하기 시작했을 뿐만 아니라 새로운 형식의 교육 기구를 떠받쳐줄 경제적 기반도 함께 갖추고 있었다.

특히 주목되는 점은 경제적 기반이었다. 초기 서원과 서당의 설립과 운영에는 경제적 요인이 무시할 수 없는 변인이었다. 이 경제적 토대가 서원 설립을 통한 분권적 교육 구조의 성립을 가능하게 한 힘이었다. 교육에 대한 국가의 일방적 관리를 벗어나 사족 집단이 스스로의 교육 이념을 구현할 수 있던 현실적 힘의 상당 부분이 경제적 토대에서 비롯되었다. 안동 사족은 조선 초기 이래 운영되던 가숙 형태의 서당을 좀 더 체계적이고 집단적인 교육이 가능한 새로운 형태의 교육 기관으로 탈바꿈시키고자 했다. 가장 안정적인 모델이 바로 도산서당이었다.

안동 읍지인 『영가지』에는 16세기에 설립된 서당이 상당수 실려 있다. 그들 서당은 상당수가 후일 서원으로 이행, 발전된 경우가 매우 많다. 서당 설립을 주도한 인물은 모두 당시 안동의 지배 사족으로서 퇴계 문인이 다수를 차지했다. 예를 들어 풍악서당의 경우 가정嘉靖 계해년(1563년)에 생원 권경전 등에 의해 설립되어 사전을 획급 받고, 후일 류성룡 등에 의해 병산으로 이전했다가 병산서원으로 발전했다. 이때 퇴계 문인으로 서당을 설립한 인물로는 양정서당을 설립한 구봉령, 이계서당을 설립한 권대기, 경광서당을 설립한 권호문, 가야서당을 설립한 김언기, 구담서당을 설립한 김수일 등이 대표적 인물이었다. 이들은 모두 퇴계에게서 직접 배운 인물이었다. 또한 팔우서당을 설립한 배용길, 봉산서당을 설립한 이개립 등은 모두 학봉 제자로 역시 퇴계와 학맥이 맞닿아 있던 인물이었다. 이들 이외에 당시 사림을 사실상 주도하던 서애, 겸암, 학봉, 송암 등 퇴계의 고제들은 정사를 건립해 본격적인 경학 연구나 후학 양성 장소로 이용했다. 권호문의 청성정사나 한서정사, 김성일의 석문정사, 류성룡의 옥연정사 등이 이에 해당한다. 『영가지』에서는 이들 정사를 서당조에 포함시켜 서술하고 있다. 이들 정사는 인적이 한적한 장소를 택해 일종의 퇴휴退休 장소로 활용했고, 교육 장소로 활용되었더라도 지극히 제한적인 범위에서 극소수 사족만 대상으로 강학했다. 16세기에 안동 사림의 일반적 분위기는 제한된 소수의 명문자제를 대상으로 서당과 정사를 이용해 촌락 단위로 교육하는 것이 관례가 되었다.33) 즉 이 시기 안동 지역에서 서당 설립을 주도한 세력은 신분적으로 최상층 집단을 유지하고 있었고, 학맥 상으로는 퇴계학파의 중심 가문을 형성하고 있었다.

향촌 사회에 서당 설립이 본격화된 16세기에도 주도 세력 중에는 대규모 토지 소유자가 다수를 점했다. 예를 들어 의성김씨 김성일 가문이나 안동권씨 권호문 가문, 함양박씨 박승 가문 등은 공히 광대한 농장을 물적 토대로 해 혼반婚班과 사승師承 관계로 영남 지방에 공고한 재지 기반을 형성하고, 서당을 운영한 대표적 사례였다. 이들 중 부암서당과 금곡서당을 설립한 김성일 가문의 경우 임하, 수곡水谷, 대전大田, 청기靑杞 등의 지역에 최소한 700여 두락 이상에 달한 토지를 집적한 토지 소유자였고, 권호문 가는 전답 소재지가 세거지 소야所夜를 비롯해 안동군 서후면西後面 일대와 예안 이고개梨古介에 분포된 토지 점유자였다. 박승 가의 경우에도 서당 소속의 전답만도 100두락에 이르고 있었음을 감안할 때 경제력의 규모를 가히 짐작할 수 있을 것이다.34) 이들 가문들은 또한 당시 영남 지방의 명문 사족인 진성이씨, 풍산류씨, 광산김씨, 예천권씨 등과의 지속적인 혼인 관계를 통해 향촌 사회에 실로 막강한 영향력을 행사하고 있었다.

이들 명문 사족은 서당 교육을 통해 과연 어떤 문화적 가치를 획득하고자 했을까? 여러 자료를 상고해보면 이들 신흥 사족은 주자학을 안동 사회에 토착화시키는 것에 가장 큰 관심을 기울였다. 의성김씨의 경우 부계서당을 통해 『주자가례』와 『소학』이 제시하는 바의 예교를 향촌 사회에 그대로 실행하고, 학당에서는 민간의 습속이나 상인의 잡희雜戱는 금지시켰다.35) 성리학적 세계관과 합리성으로는 민간에서 유행하는 무속 문

---

33) 졸고, 「조선시대 영남 지역 교생신분과 평민층의 교육참여」, 『한국문화사대계』(영남대출판부, 2000), 463쪽.
34) 朴承, 『鶴川先生遺集』 卷2, 附錄, 遺事.
35) 졸저, 앞의 책, 120~145쪽.

화나 놀이 문화를 수용하기 어려웠던 것이다. 이들 사족 집단은 서당 교육을 새로운 성리학적 세계관을 내면화하고 확산시키는 통로로 삼고자 한 것이었다. 그들이 무격과 음사淫祀에 대해 단호한 태도를 취하고 있던 것도36) 기층문화의 주 담당 층인 농민을 겨냥한 것으로 판단된다. 그들 양반가에서 스스로를 농민으로 자부하는 태도나 학사學舍 설립을 관의 지원 없이 향내 백성의 공동체적 일체감 속에서 이루어지길 기대하는 것은 모두 재지 기반의 공고한 구축과 관련된 깃이었다. 16세기 초중반에 안동서당은 성리학적 이념으로 무장하고, 학연과 혼반을 통해 새로운 문화 공동체를 광범위하게 육성할 수 있는 가장 이상적인 교육 제도였다.

2   퇴계학파의 초기 성립 과정과 서당의 역할

1) 퇴계의 교육관과 도학 서당

퇴계는 도산서당을 그의 사상이 원숙기에 접어든 노년에 이르러 건립했다. 퇴계 사상의 핵심인 경敬 사상도 도산서당에서 완성되었다. 도산서당의 조성은 애초 문인들의 요청에 의해 시작되었다. 그가 이전에 사용하던 계상서당은 너무 협소해 더 이상 많은 후학을 양성할 수 없는 한계에 이르렀기 때문이다. 병진년(1556년) 봄부터 금응훈 등 문인들이 서재를 건립할 것을 요청했고37), 정사년(1557년) 봄에 퇴계는 마침내 경계의 아름다움에 끌려 서당을 건립하기로 했다.38) 퇴계는 출사 중에도 계속 서당 건립에 상당한 공력을 들였고, 서당은 1560년 11월에 완성되었다.39)

---

36) 『聯芳世稿』 卷2, 詩, 「廢城隍」.
37) 상동. 「答寓」. "書齋已懇諸人而罷之 烏川琴應壎輩 固欲小構終不能止 已排數間於南溪之南, 但矛衰倦如此 不能督成後生之業 如是終有何益耶."
38) 內集 卷2. "尋改卜書堂地 得於陶山之南有感而作二首."
39) 『言行通錄』 卷3, 蒙齋錄, 庚申 11月. "陶山書堂成 自是遇興輒往或至數月而返."

퇴계의 도산서당은 전대의 서당과는 확연하게 구별되는 몇 가지 특징을 갖고 있었다. 우선 퇴계는 도산서당을 통해 심학 공부를 심화시키고자 했다. 퇴계는 독서는 철저히 수양을 위한 방편이 되어야 함을 강조했다. 그가 백운동서원에서 강학하면서 가장 중점을 둔 것도 위기지학이었다.40) 퇴계는 성균관대사성에 임명되자 사학四學의 학생들에게 우리나라에서 도학이 일어나지 않는 이유가 무엇인가에 관한 이유를 질문했다. 그는 조선의 심학을 완성하고자 『전습록』과 『연평답문』 등을 독서하고41), 55년에 고향에 돌아온 다음 『천명도설』을 개수하고42), 『계몽전의』의 편찬에 착수했고43), 『사서삼경집의』를 수정 보완했다.

또한 『주자서절요』를 편찬하기 위한 기초 작업을 제자들과 자질들이 분담하도록 했다.44)

퇴계에 따르면 회재 이언적 이전에는 아직 이학에 대한 투철한 이해가 결여되어 있었다. 앞서의 교육에서는 내성적 성찰을 위한 참다운 위기지학이 없었다고 보았다. 퇴계는 회재가 망기당 조한보와 주고받은 태극논변을 통해 망기당의 노장적·선禪적 요소를 철저히 배제하고 유학의 본원을 천명한 사실을 지극히 중요시했다.45) 퇴계에게서 공부란 곧 이학이었다. 그리하여 도산서당을 통해 이학을 제대로 공부하는 선비를 양성하려

---

40) 『退溪先生文集』 卷1, 「白鹿洞書院示諸生」.
41) 앞의 책, 권43, 跋 "延平答問後語 滉讀晦菴先生四書集註, 或問, 見其所述師說之一二, 未嘗不歎其辭義精深, 旨味淵永, 而恨不得見其全書. 壬子. 來京. 幸與朴君希正相識, 始得所謂答問錄者二卷."
42) 『퇴계 선생속집』 권8, 천명도설.
43) 『退溪先生文集』, 「내집」, 권23, 「與趙士敬」.
44) 앞의 책, 권23, 書, 與趙士敬琴聞遠(丙辰). "每觀師友間所以相責相期之重如許, 乃知朋友之義如此. 其至老病昏憒, 恒不能竭力於此, 然愛之慕之. 何得因人之笑怒而暫輟也. 僉欲副寫, 非獨爲滉成此積願. 其必有感發於斯焉. 紙束. 所以備幅紙之不足者耳. 他留面究"(『주자서절요』의 자세한 간행 기록에 대해서는 정석태, 『退溪先生年月日條錄』 제2권 367쪽 참조).
45) 이우성, 『한국고전의 발견』(한길사, 2000), 100쪽.

고 했다. 퇴계는 조선전기의 주기론적 해석의 한계를 맹렬히 비판하면서 새로운 경 철학을 전면에 내세웠다. 그는 서화담과 같은 유기론적 공부론은 인륜과 도덕 문제에서 매우 취약한 모습을 보일 수밖에 없는 것으로 보았다. 그는 이학만이 '성성成聖'의 길을 열어 준다고 확신했다.

도산서당은 과거에 대비하는 제술 교육은 엄격히 금지시켰다. 교육이 과거에 매몰되지 않도록 엄격한 제한 조치를 둔 것이었다. 퇴계는 서당 교육의 목표를 성학聖學에다 두었다. 그는 공령문을 배우러 영천으로 가는 손자 안도安道에게 다음 시를 주었다.46)

가까이 있는 단 복숭아는 거들 떠 보지 않고
쓴 돌배 따러 온 산천을 헤매고 있구나.

퇴계의 그러한 도산서당을 도학적 서당으로 분류할 수 있을 것이다. 도학 서당의 씨앗은 그가 최초로 설립한 계상서당을 통해서도 나타난다. 퇴계가 계당 시절에 가장 심혈을 기울인 공부는 도통론을 확립하는 문제였다. 그는 「유탄有嘆」이라는 시를 통해 주자의 도를 자임하는 뜻을 드러내기도 하고, 육왕학과 불교에 대한 강한 저항감을 보였다. 그는 보편 이론으로서의 성리학을 조선사회의 특수한 조건 속에서 새롭게 재구성해보고자 했다. 그는 '심학적 공부론'이라고 할 수 있는 공부론을 계상서당과 도산서당을 통해 완성하고자 했다. 바로 이 점에서 도산서당은 여타의 향촌 서당이나 문중 서당과는 구별되는 '도학 서당'의 한 전형을 보여주고, 그러한 모습이 자연스럽게 후일 서원으로 변모하는 이념적 토대가 된 것이라고 할 수 있다.

---

46) 권오봉, 『예던길』 196~197쪽.

2) 심학 교육과 초기 학파의 성립

도산서당 설립이 가져온 보다 현실적인 변화는 퇴계학파 형성이 좀 더 체계화되고 조직화된 것이었다. 도산서당을 통해 인간의 본성과 윤리관에 대한 매우 철학적이며 실천적인 토론이 벌어졌다. 중심 텍스트는 『심경』을 포함한 이학서였다. 이런 연찬을 통해 도산서당은 제자 교육에 대한 새로운 교육 모델을 제시했고, 그물망 같은 사승 관계가 형성되었다. 그리하여 직전 제자를 중심으로 본격적 학파가 출현하게 되었다. 이 시기 제자 교육의 몇 가지 사례를 살펴보자. 1560년 봄에 배삼익이 입문해 『심경』과 『시전』에 대해 가르침을 받았다.[47] 11월에는 김취려金就礪(1526~?)가 한 후생과 함께 서울에서 가르침을 받기 위해 찾아 왔다.[48] 간재 이덕홍에게 다른 사람에게 기대지 말고 자득의 공부를 하라고 독려하면서 『대학』에 관해 집중적으로 가르침을 준 것도 이 시기 일이었다.[49] 김성일은 도산으로 와서 『주자서절요』를 읽으면서 교정하는 외에 『대학』과 『태극도설』 등을 함께 읽었다. 이때 스승 퇴계는 김성일이 『주자서절요』를 읽으면서 교정을 보고 있는데 진도가 대단히 느리며, 『송계원명이학통록』의 편찬을 거의 마쳐가는 데 손이 부족해 정사하기 어렵다는 고충을 토로하고 있다.[50] 김성일은 퇴계는 닭이 울면 일어나 『심경부주』를 한 번씩 읽었다고 그의 일상을 전하고 있다.[51] 김성일은 서당에서 성리학 이외에도 산학과 율학 등도 학습한 사실을 전하고 있다. 김성일은 처음에는 『서경』 요전의 기삼백 산법算法을 공부하다가 율서, 역서와 여러 산서 중 없

---

47) 『臨淵齋先生文集』 권5. "春 往拜退溪李先生之門 受詩傳 得聞爲學之要."
48) 『退溪先生全書』 권57, 「與安道孫」.
49) 앞의 책, 권3, 問目, 「上退溪先生」. "問. 德弘以合下不美之質. 雖日聞命. 或忘而不習. 或扞格而未曉. 伏惟裁敎如何. 先生曰. 爲學只在勤苦篤實. 無間斷刻志日强而業日廣矣. 切勿倚靠他人. 亦勿等待後日可也. 若曰今姑悠悠. 必待他日往陶山而後爲學. 則其立心已差他日雖往陶山. 亦不能爲學矣."
50) 앞의 책, 권20, 書, 黃仲擧.
51) 『退溪先生言行錄』 권1, 학문, 「독서」.

어지고 잊힌 것들을 공부했다.52)

　서당에서 퇴계는 정독과 숙독을 강조했다. 그리고 차례를 뛰어넘는 엽등獵等의 공부를 경계했다. 교과 과정을 보면 도산서당의 교육 수준이 매우 높았음을 알 수 있다. 퇴계는 정사성에게 『역학계몽』의 진도를 확인하고 독서는 범범汎汎하게 하지 말 것을 훈계했다.53) 그는 서당에서 지속적으로 심학서를 강의하고자 했다. 그는 『근사록』에 깊은 애정을 기울였다. 그는 『근사록』의 경우에는 의리가 정심해 초학자가 이해하기 어렵기 때문에 재주에 따라 가르칠 것을 당부했다.54) 그러나 그는 당시의 부형들이 『심경』과 『근사록』을 비판적으로 대하는 현상에 대해서는 개탄했다. 그는 "내가 『심경』을 강하는데 미안한 마음이 없지 않지만 이 책을 놓아두고 다른 책을 강의할 수는 없다"고 심학 공부에 대한 강한 의지를 드러내고 있다.55) 도산서당에서 인간에 대한 본체론적이며 심성론적인 토론이 활발하게 이루어졌음을 알 수 있다.

　도산서당의 또 다른 주요 기능은 서책 출간에 관한 조력이었다.56) 예를 들어 퇴계는 황준량이 관직 생활을 하는 도중 틈틈이 출판 사업에 대한 조력을 구했다. 그에게 보낸 서신을 보면 『심경』과 『근사록』의 문목에 대한 답변과 『송계원명이학통록』 중초본中草本의 편집을 완료하기 위한 숙의 과정을 볼 수 있다.57) 예를 들어 퇴계는 밀양부의 교수로 재직하던 배

---

52) 『退溪先生文集』 卷三十六, 書, 答琴聞遠乙丑. "金士純去月念後來寓. 冒極熱踰山來往. 質書傳疑義. 因究期三百算法. 又及律呂等算. 今垂畢矣. 此人敏而嗜學. 與之共業. 甚覺有益."
53) 『芝軒集』 芝軒先生年譜 年譜. "先生謂公曰. 啓蒙書畢讀否. 讀書不可汎汎看過. 不見趙士敬乎. 讀書必如此. 方有所得也"
54) 『退溪先生年譜補遺』, 임술. "多引易說 義理精深 初學猝然領解 故不先教學者 或因材施之."
55) 艮齋先生文集 卷6, 「溪山記善錄」. "又誨余曰. 今人之父兄. 每以讀. 爲非. 而有切責之者. 學者亦惕劢時務. 爲此學者少. 吳讀. 不得無未安之意."
56) 정만조, 정순우 외, 『도산서원과 지식의 탄생』, 글항아리, 90~93쪽.
57) 『退溪先生全書』, 「내집」 권26, 「답황중거」.

삼익에게도 오착이 심한 「주자년보」를 개간하도록 권유했다.58)

    퇴계는 도산서당의 책 입수와 구입에도 열의를 보였다. 이를 위해 당시 중국으로부터의 서적 구입이 상대적으로 용이한 서울과 부단히 교류하려고 했다. 당시 서울에 거주하던 김취려를 통해『성리군서性理群書』7책,『성리대전性理大全』,『가례』,『계몽啓蒙』2책,『율려신서보주律呂新書補註』1책,『성리제가해性理諸家解』2책,『율려신서해律呂新書解』2책,『추강냉화秋江冷話』1책,『역석의易釋義』1책 등을 반환한다는 서신을 보내기도 했다.59) 또한 기대승에게 자신이 지은 것이라고 간행된『용학석의庸學釋義』의 책판을 불태워 버리라며 서책에 관한 학문적 엄격성을 보여주었다.60)

    퇴계가 도산서당에서 보여준 도서에 대한 그러한 엄격성은 이후 도산서원의 학문적 전통이 되었다. 그리하여 도산서원이 광명실을 중심으로 도서와 출판을 학문적이고 체계적으로 관리하는 중심지로 자리 잡게 되었다. 퇴계 사후 도산서원은 경상도 일원은 물론 기호 지방의 교육 기관과도 활발하게 교류했다. 특히 인근에 있는 예안교원校院과는 상호 강회 등을 공동으로 주관하고 경서를 서로 교환했다.61) 청송향교에서 보낸 통문에는 도산서원에서 행하는『심경』판본의 간행 사업에 적극적 지지 의사를 표명하기도 하고62), 1899년에 상주향교에서는 계당溪堂 유주목의『전례

---

58)『退溪先生續集』卷伍, 書, 答裵汝友. "遠辱手字, 知迪皎淸暇, 爲慰且喜. 況老病糜伏, 事多恫汗. 不知稅駕之所也. 再蒙印寄年譜, 又重校改正之力. 皆賴公克就. 何幸如之. 但秦元定之秦字. 終不可曉. 然別人決無秦元定者. 且先生本葬於此地, 非自他處遷葬也. 疑蔡西山以某年某日, 遷葬於此. 以見先生與西山. 缺同志同道. 沒後亦同歸一原之意耳. 然則秦當改蔡. 爲得之. 如何如何."
59)『蒙齋先生年譜』, 辛酉.
60)『고봉집』제1권, 시.
61)「도산서원고문서」, (皮封)慶北禮安郡陶山書院士林僉座下 同月二十八日應講書籍. 擊蒙要訣. 四書. 伍經. 施賞. 應講. 經義問目. 詩論. 右四科壮元及入格者分等施賞經義問目以下是先送事. 序先儒有作六節看者. 有作四節看者. 而其分段仍欠詳密恐. 失朱子之本意其叚落之如何. 貫通之如何. 可得而聞歟.
62)「도산서원고문서」. "噫. 以先生愛好之書. 行是役於先生安靈之所者. 非偶然. 而全若鄒鄕後輩. 小共樂聞. 而爭欲周旋刊事之未者也. 若以財力所使. 有難措計. 則有一於此. 自各邑儒宮. 多少添助. 在所

유집全禮類輯』의 판각을 위한 도회道會에 도산서원의 참석을 요청하는 통문을 발송한 사례를 볼 수 있다.63) 또한 1901년에는 삼계서원 회중 명의로 회중에서 진행 중인 간행 사업에 도산서원이 동참해줄 것을 요청하는 통문이 발송되기도 했다.64) 서적 출판과 간행에 관한 도산서원의 이런 오랜 전통은 16세기의 도산서당에서 이미 발아했던 것이다.

3 ___ 16~17세기 초 안동 서당의 '서원'화 과정

앞서 말한 대로 16세기 중후반에 설립된 안동의 서당들은 계속 서당으로 잔류하거나 혹은 소멸하기도 하고, 상당수는 후일 서원으로 변모한다. 왜 그러한 분기가 일어났고, 원인은 무엇일까? 이 문제는 초기 서원의 성격을 밝히는 데서 매우 중요한 주제이다. 이제 이 문제에 관한 시론적 논의를 시작해보기로 하자. 우선 서원으로 변화하는 예는 도산서당을 위시해 후일 병산서원으로 변화하는 풍악서당, 이계서당, 경광서당 그리고 청성정사 등이 대표적인 경우이다. 반면 배용길의 팔우서당, 구봉령의 양정서당, 김언기의 가야서당 등은 서원으로 승격하지 못하고 잔류한 경우이다.

1) 경광서당과 성산서당의 승원

서당의 서원으로의 승원 문제는 앞으로 좀 더 종합적인 논의가 필요한 부분이다. 이 문제는 16세기의 도학 서당과 16~17세기의 서원의 생성

不已. 此則竊想不謀而同者矣."
63) 「도산서원고문서」. "以來月二十七日. 定道會于軍威南溪壇下. 伏願僉君子. 濟濟來會. 俾敦斯文 重事之地. 千萬幸甚. 右文通. 陶山書院. 己亥七月二十日尙州鄕校會中."
64) 「도산서원고문서」. "竊以爲今此刊錄. 卽是貴諭中. 一以寓不忘之忱. 一以爲對揚之意也. 安有分 義猥越之嫌耶. 伏望僉尊慮始改圖趂旬後. 齊駕會所. 得至竣事之地. 倖甚."

과정을 이해하는 중요한 경로의 하나이기 때문이다. 경광서당과 경광서원 그리고 성산서당과 청성서원 문제는 몇 가지 흥미로운 시사점을 제공한다. 경광서당은 직접 퇴계에게서 가르침을 받은 권호문65)이 인근 사족과 함께 설립한 서당이었다. 경광서당은 김성일 종택이 있는 서후면 금계리에 설립된 서당이었다. 1579년에 권호문이 신내옥, 남형, 권덕윤 등과 함께 후학 양성을 위해 건립했다. 남형66)과 권덕윤67)에 대해서는 뚜렷한 행적이 드러나지 않으나 일죽재 신내옥68)은 영월 출신으로 퇴계에게 수학하기 위해 거주지를 안동으로 옮긴 인물이었다. 이 서당은 그러다 거의 한 세기가 흐른 다음(1662년)에 경광정사로 이름을 바꿔 모습을 드러내게 되었다. 이를 통해 비록 서원으로 승원되지는 않았으나 꾸준히 사림의 향론을 결집하는 중심 역할을 수행했음을 알 수 있다. 그리고 경광정사로 개칭될 때 이미 백죽당 배상지, 용재 이종준, 경당 장흥효, 송소 권우를 제향하고 있었다.69) 당시에도 비록 명칭은 정사였지만 강당은 숭교당崇教堂, 동서재는 박약재博約齋와 경의재敬義齋, 누는 광영루光影樓 등으로 명명해 사실상 서원 기능을 담당하도록 했다. 이어 1687년에는 경광서원으로 승격되었다. 그러나 서당에서 정사로 그리고 후일 서원으로 승격될 때 애초에 경광서당 설립을 주도한 권호문, 신내옥 등은 향사 인물에서 제외되었다. 왜 이런 일이 일어났을까?

---

65) 본관은 안동. 자는 장중章仲, 호는 송암松巖. 안주교수安州教授 육杕의 아들이다.
66) 부는 남용신南用信, 아들은 성균관학유를 역임한 남진문南振門이다.
67) 본관은 안동이며 자는 자반子胖, 호는 금서헌琴書軒이다. 유학이다.
68) 본관은 영월이며 자字는 계이啓而, 호는 일죽재이다. 중곤仲坤의 아들로 태어나 퇴계 선생 문하에서 수업했다. 1558년에 진사시에 입격했고, 류운룡, 권호문 등과 교유했다. 출사하지 않고 도학에 전념했다.
69) 배상지는 호는 백죽당栢竹堂으로 고려 사복정司僕正이었다. 이종준은 무오당적戊吾黨籍에 들어 있다. 장흥효는 호는 경당으로 추향되었다. 권우는 호는 송소로 이계정사로 옮겨져 독향獨享되었다.

이 문제를 이해하기 위해서는 우선 설립 시기의 경광서당의 성격에 대해 알아볼 필요가 있다. 경광서당이란 당호는 주자가 말한 "지수는 물결이 없고 명경은 먼지가 없다"라는 글에서 채택했다. 즉 '경광'이라는 이름에는 학자로 하여금 물과 거울의 청명함을 취해 마음의 본체를 밝혀 "본원으로 복원하고자復其初" 하는 유학의 공부론이 지닌 이념이 내재되어 있었다.70) 당시 권호문이 작성한 기문에는 "유사들이 당을 지을 기금을 나눠 모금해 명년 봄에 당을 준공키로 하니 가운데는 당을 삼고 곁으로는 재를 삼았으며, 아래로 동서에 온돌방을 놓아 제생들로 거처케 하고 드디어 이름해 경광서당이라고 했다"고 기술하고 있다.71)

서당을 설립한 권호문은 퇴계의 같은 문하생인 유성룡이나 김성일이 관계로 진출한 것과 다른 인생행로를 걸었다. 그도 진사시에는 합격했으나 과거를 단념하고 청성산 아래 은거하면서 후학을 양성했다. 당대의 선비들도 그를 높게 평가했다. 퇴계는 그러한 그의 태도를 두고 "소쇄산림지풍瀟灑山林之風"이 있다고 했다. 친우였던 유성룡도 그를 강호고사江湖高士라고 칭했다. 또한 "일생의 사업을 논하자면, 백세의 스승이 됨직하다平論一生事, 堪作百世師"라고 높게 평가했다. 학봉은 "일찍이 퇴계 문하에 노닐었으며, 학문에 연원이 있었다早游溪門, 學有淵源"라고 했다. 그가 쓴 경기체가 「독락팔곡獨樂八曲」과 연시조인 「한거십팔곡閑居十八曲」이 처사로서의 그러한 그의 삶을 대변하고 있다.

---

70) 松巖先生文集 卷伍, 記, 鏡光書堂記 "朱子曰, 止水不波, 明鏡無塵, 今以鏡光名此堂者, 欲使學者取水鏡之淸明, 而明此心之本體也, 居是堂而講斯學者, 可不顧名而思義乎, 夫源泉本淸, 而流於汚則濁, 故以才膠救之則還澄, 鏡體本明, 而理於塵則暗, 故以水鉛磨之則復光, 人性本善, 而鮮不爲物欲之所蔽, 苟能滌舊染之汚, 而能復其初, 則如水之淸, 如鏡之光, 故敢以是爲來者告焉."

71) 松巖先生文集 卷伍, 記, 鏡光書堂記 "求嘉, 嶺表之儒藪, 俗尙敎育, 家習絃誦, 文風盛也, 自近歲, 士類愈奮勵, 慕家塾黨庠之制, 爭建隷業之所, 此崇學之端也, 隆慶三年, 士人南君衝, 權君德聞氏, 乃就辛上舍乃沃謀曰, 吾輩雖遅暮, 儒子可敎, 其可無藏修之室耶, 乃卜溪曲一隙地, 眞絶境也, 分司聚堂資, 期以明年春堂成, 中以爲堂, 傍以爲齋, 下一層東西, 又設燠房, 使諸生處焉, 遂名之曰鏡光書堂"

권호문이 안동 지역에서 중심 인물로 활동할 수 있던 원인 중의 하나도 그가 퇴계 가와 맺은 오랜 인연에서 기인한 것이 크다. 권호문의 탈속한 기풍이나 퇴계 문인로서의 위치가 그를 도맥의 중심축에 자리할 수 있도록 해주었다. 권호문 가계는 7대조 권인 때부터 안동에 세거한 한미한 가문이었다. 그러다가 그의 조부인 숙균叔均, 부친인 교수공 륙에 이르러 명문가로 성장하기 시작했다. 특히 그의 모친은 퇴계의 백형 잠潛의 딸이었다. 이것이 그가 퇴계 문인에서 중요한 자리를 차지하게 되는 한 원인이 되었다. 그는 15세부터 퇴계 선생에게 직접 훈도를 받았다. 20세 초반에는 퇴계 선생에게 나아가 여러 차례 수학하고 퇴계 선생과 김팔원, 김언기, 구봉영 등과 동지계를 결성하기도 했다.72)

　이러한 그의 이력으로 30대 초반에 이르자 제자들이 몰려들었다. 이 때도 강학 장소로는 주로 사찰을 이용했다. 그가 성산암에 머물 때는 하연河淵이 수학했고, 성산사城山寺에서는 권기73)가 배움을 청했다. 35세에 그가 과거 공부를 단념하자 보다 많은 학도가 모여 들었다. 37세에는 16세기의 조선 교육에 상당한 영향을 미친 『향교예집鄕校禮輯』을 교열하고 『동자례童子禮』를 편했다. 더욱 많은 학도가 모여들었다. 그는 퇴계의 교육 방법이기도 한 '편약근리鞭約近裏74)' 방식으로 학생을 교육했다. 그는 "아이들을 가르치는 것은 바로 자기를 밝히는 것"75)일 뿐이라는 태도로 교육에 임했다. 구두句讀를 바르게 하고, 간혹 역음譯音을 달아 주면서 학도를 받아 익힘을 중시했다. 하연, 권기, 박경중朴敬中, 진종주秦宗周, 금관

---

72) 『松巖先生年譜』.
73) 권기(1546~1624년)는 본관은 안동으로 호는 용만龍巒이다. 안동 읍지인 『영가지』 8권을 편찬했다. 저서로는 『용만선생문집』 2권이 있다.
74) 편약鞭約과 같다. 편벽근리鞭辟近裏는 채찍질해 안쪽으로 몰아 들어간다는 뜻이다. 木齋先生文集 卷八, 行狀, 松巖先生權公行狀. "退陶先生, 誘以鞭約近裏. 毋敢泛浮而騖於外."
75) 상동. "嘗曰. 蒙以養正 詎止蒙亨已也."

조금官操와 같은 인물이 몰려들어 수강했다. 연보에서는 교육이 이루어진 연어헌을 "도를 강론한 공간講道之所"이라고 말하고 있다.76)

당시 서당의 성격을 알려 주는 몇 가지 자료가 있다. 예를 들어 경광서당은 주자의 공부론을 조선사회에서 실험하고 적용하는 공간이었다.

> 오호라! 선비가 학문을 하는 것에서 '마음을 기르는 것養心'보다 귀한 것은 없다. 마음을 기르는 요체는 조용한 곳에 처하면서 독실하게 노력하는 것이니 공을 들이는 것보다 절실한 것이 없다. 그럼으로 예로부터 뜻이 있는 자는 혹 산방에서 독서하고 혹 임천에서 궁리해 성현으로 향하는 길을 따라 일상의 모든 일에 노력을 하는 것이니 이는 곧 모두 이 마음을 수렴하고 이 도를 밝히는 일인 것이다. 무릇 도의 큰 근원은 하늘에서 나와 마음에 갖추어져 있는 것이니 배움이 없다면 어찌 능히 이 도가 세상에 행해질 수 있게 하겠는가. 오늘날의 학자들은 이와 같지 않아서 도리의 정미함과 사물의 본원이 어디에 있는지 알지 못하고 한갓 구구히 기송에만 힘쓰고 이익과 재물에만 얽매인즉 어찌 학문을 하는 방법을 안다고 할 수 있겠는가. 마음을 존양할 수 있는가 없는가의 여부에 이 도가 행해질 수 있는가 아닌가 하는 사실이 달려 있다. 마음을 존양할 수 있은 즉 광명이 사방으로 퍼져 풍속을 환하게 할 수 있을 것이고, 진실로 존양함을 잊어버린다면 인욕이 야금야금 침범하고 천리가 갇혀 없어질 것이니 군자와 소인의 구분이 이로부터 나누어질 것이니 가히 힘쓰지 않을 수 있겠는가.77)

---

76) 졸저, 앞의 책, 2장.
77) 『松巖先生文集』卷伍, 記, 鏡光書堂記 "塢呼. 士之爲學. 莫要於養心. 養心之要. 莫切於靜處而篤功. 是以. 古之有志者. 或讀書于山房. 或窮理于林居. 便向聖賢路頭. 以做日用事業. 此皆收此心而明此道也. 夫道之大原. 出於天而具於心. 非學則安能明此道而行於世乎. 今世之學者不如是. 道理之精微. 事物之本原. 不知何在. 而徒區區於務記誦要利祿而已. 則豈知爲學之方云乎哉. 一心之養與不養. 而斯道之行不行係焉. 苟得其養. 則光明四達. 而照用有裕. 苟失其養. 則人欲昏蝕. 而天理牯亡. 君子小人之判. 自此

앞의 인용문은 성리학이 지향하는 심학 공부의 한 전형을 보여준다. 즉 교육 목표를 확고하게 하고, 학문으로 나아가는 순서를 명확하기 위해서는 주자의「백록동규」를 서당의 조례로 삼아야 하리라고 제안하고 있다.78) 경광서당의 학습 목표는 도산서당의 그것과 완전히 일치했다. 그리고 도선서당에서 생성된 새로운 물결이 여러 서당을 통해 확산되고 있음을 수 있다. 이 시기 도학 서당의 설립 목적은 '마음을 기르는 것養心'과 존양의 힘을 기르는 것에 있음을 명확하게 볼 수 있다. 공부의 최종 목표는 성현이 되는 것이었다. 사실상 후일 서원의 교육 목표와 아무런 차이를 볼 수 없다. 이것이 당시 도학 서당의 모습이었다. 당시의 도학 서당은 서원으로 승격하기 위한 과도기적이며 전 단계적 성격을 내포하고 있었다. 그리고 권기문은 시를 통해 성인의 세계로 나가기 위해서는 음의 세계보다는 양의 세계에 발을 딛고 있어야 함을 강조했다. 그리고 교육 목표를 확고하게 하고, 학문으로 나아가는 순서를 명확하게 하기 위해서는 주자의「백록동규」를 서당의 조례로 삼아야 하리라고 제안하고 있다.79)

    그러면 그를 포함한 설립자들이 서원의 제향 인물에서 누락된 것은 왜 일까? 남형과 권덕윤에 대해서는 향내에서의 뚜렷한 행적이 드러나 있지 않다. 다만 신내옥은 앞서 말했듯이 영월 출신으로 퇴계에게 수학하기 위해 거주지를 안동으로 옮긴 인물이었다. 1558년에 진사시에 입격했고, 류운룡, 권호문 등과 교유했다. 출사를 하지 않고 도학에 전념했다. 그의 문

而分. 可不勉哉."
78) 상동. "立教之條. 進學之序. 當以朱文公. 揭諸壁眉. 晨夕在目. 常自體認. 則立脚有定. 確然不撓. 洗盡俗習趨利之陋. 可得有造有德之效. 進足以致吾君而澤吾民. 退足以披後覺而厚末俗矣. 然後吾鄉文士之興. 無愧於無窮. 而吾賢友立堂之意. 永不孤矣."
79) 상동. "立教之條. 進學之序. 當以朱文公. 揭諸壁眉. 晨夕在目. 常自體認. 則立脚有定. 確然不撓. 洗盡俗習趨利之陋. 可得有造有德之效. 進足以致吾君而澤吾民. 退足以披後覺而厚末俗矣. 然後吾鄉文士之興. 無愧於無窮. 而吾賢友立堂之意. 永不孤矣."

집으로 『일죽재집』이 있으나 독립된 문집으로 간행되지 못하고 아들 신홍립辛弘立의 『추애집秋厓集』과 신의립辛義立의 『죽옥집竹屋集』을 함께 묶어 『낙양세고洛陽世稿』로 간행되었음을 볼 때 서원향사를 위한 유림의 동의를 구하기에는 어려움이 있었을 것으로 보인다. 16~17세기 중엽까지 안동서원에서의 향사는 피향자의 학문적 성취와 그에 대한 향내의 동의가 절대적으로 요청되었음을 알 수 있다.

그런데 흥미로운 사실은 1687년에 서원으로 승격될 때의 향사자들의 성격과 향사 기준이다. 먼저 향사 기준이 몇 갈래로 착종되고 있음을 볼 수 있다. 도학이나 학문의 성취 여부가 기준이 된 경우도 있고, 절의가 기준이 된 경우도 있었다. 주향인 배상지나 용재 이종준이 절의에 해당된다면 권우와 장흥효의 경우는 학행에 따른 것이라고 할 수 있었다. 그러나 이들 피향자 모두를 묶는 기준으로는 우선적으로 지역적 연고를 들 수 있었다. 이처럼 17세기후반에 이르러 도학 서당의 승원은 16세기 후반기의 그것과는 이미 차이를 보이기 시작하고 있었다.

이들 향사자들의 행적을 좀 더 자세하게 확인해보자. 배상지의 경우 목은 이색 문하로 나아가 수학한 인물이었다. 그는 고려에 절의를 지키기 위해 관직을 사양하고 일직현에 머물던 외조부 손홍량을 따라 안동 금계촌으로 이거한 절의의 인물이었다. 이종준은 무오사화 때 김종직 문인으로 몰려 국문 도중 사망한 인물로, 그의 묘소가 서원이 자리한 금계리에 자리하고 있었다. 권우의 경우 이 지역 출신으로 퇴계로부터 직접 『역학계몽』을 배웠고, 퇴계 사후에는 조목을 사사한 인물이었다. 경광서원 봉안 시에는 이상정이 직접 축문을 작성할 정도로 사림의 신망을 받은 인물이었다.[80] 이상정에 따르면 그의 위패는 부친인 권대기의 위패와 함께 이계서당에 있다가 다시 경광서원으로 이안되었다. 장흥효는 역학에 조예가

---

80) 『大山集』, 제46권, 「鏡光書院權松巢復享奉安文」.

깊은 인물로 특히 외손인 이휘일, 이현일을 통해 퇴계의 학통을 전한 인물이었다.

그렇다면 권호문의 경우에는 어떨까? 그에 대한 향사는 상산서원과 인연이 있는 청성서원을 통해 관철되었다. 권호문은 나이 53세가 되었을 때 향교의 석채례釋菜禮에 참가하고, 가잠家箴81)을 짓고, 주례와 향음의鄕飮儀 등을 작성하면서 향내의 교화 활동에 적극적으로 참여했다. 그해 8월에는 안동부사에게 성산에 있는 폐찰을 서당으로 만들어 유자 교육 공간으로 활용할 것을 요청했다.82) 그에 따르면 정치적 영향력이 있는 사람들은 사액을 받아 서원을 건립하기도 하나 크게 경영할 능력이 없는 사람은 사사로이 조그만 규모로 서당을 설립해 학도를 모으고 있다는 것이었다.83) 즉 사액을 받을 수 있는 정치적 능력이 없거나 큰 규모의 학교를 설립하기 어려울 경우 서원 대신 서당을 설립하고 있다는 것이었다. 이 시기 서당이 일정 부분 서원의 보조적 역할을 했음을 알 수 있다.84) 그는 서당의 전체적 구성을 마치 제향 공간이 없는 서원과 동일한 모습으로 꾸미고자 했다.85) 그는 그곳에서 스스로 학장이 되어 생도의 학업을 독려해

---

81) 가잠에는 부부지도夫婦之道, 부자지도父子之道, 형제지도兄弟之道, 노비를 부리는 도리使奴婢, 제사를 받드는 도리奉祭祀, 이웃을 사랑하고 존경하는 도리睦族隣 등 여섯 가지의 절목節目이 있다(「家箴跋」).
82) 「松巖先生年譜」. "上書府伯. 請以城山庵爲書堂. 先生以城山廢刹. 重修爲書堂. 使學徒爲羣居肄業之所."
83) 『松巖先生別集』 卷2, 書, 上觀察使書城山寺書堂. "某等謹百拜上言于監司相公閣下. 伏以方今上有○儒之. 主. 下多好學之士. 儒術大成於近古. 其肄業育材之所. 則非但崇餙其學校. 而頗或擇勝地. 立精舍. 次爲羣居講習之地. 爲政者亦或請於朝. 詔賜牓額. 稱爲書院者多焉. 自是列郡皆效. 雖未能大擧. 而私構小堂. 以聚學徒者. 在在咸然."
84) 졸저, 상동.
85) 『松巖先生別集』 卷2. "然境近村閭. 寺亦空閉. 歲已久遠. 半作頹破. 住鄰目此者. 孰不有惜哉. 此廢佛寺爲學舍之論所以發也. 況此寺之制. 左右有廡. 中之一堂. 令可以滌掃補葺. 其中宇爲明教堂. 左右廡爲東西齋. 則經營累年之學宮."

마침내 "글줄을 찾고 글자 수를 세는 수준尋行數墨"을 넘어서고, 성정을 닦게 해 왕정王廷을 떨치고 촌락 사회를 이끌어갈 인재를 육성하고자 했다.86) 이처럼 권호문은 폐찰을 보수해 16세기 향촌 사회에서 꿈꿀 수 있는 최고 수준의 교육이 서당을 통해 이루어지길 기대하고 있었던 것이다. 16세기의 서당은 '도학적 서당'이 도달할 수 있는 가장 안정된 상태의 교육 여건을 갖추고 있었던 것이다.

그런데 왜 그를 청성서원에 배향했는가 하는 점은 학사 김응조와 목재 홍여하의 글에서 단편적으로 나타난다. 그에 따르면 권호문은 평소 거주하던 청성산의 산수를 매우 좋아했고, 이에 사후 수십 년 뒤에 문인들이 무민재無悶齋 서쪽에 묘우廟宇를 세워 봄가을로 향사를 올렸는데, 그것이 청성서원의 전신이라는 것이다.87) 한편 청성서원에 봉안을 주도한 그의 문도 권기가 매우 주목할 만한 발언을 남기고 있다. 권기는 청성산을 퇴계의 청량산에 비유하면서 퇴계의 학통이 권호문에게 계승되고 있음을 말하고자 했다. 또한 권호문과 김성일을 함께 향사하고자 했으나 김성일은 이미 임천서원에 행사되었음으로 무산되었음을 안타깝게 생각하고 있다.88) 그들의 그러한 노력은 퇴계 도통의 한 가닥이 성산서당을 거쳐 청성서원으로 이어지고 있음을 강조하고자 한 것이었다. 즉 당시 안동의 서원 건립은 넓게 보면 퇴계학파를 강화해 향내에서의 영향력을 확대하고자 한 정치철학의 소산이기도 했다.

---

86) 상동. "學者輩可以朝令而夕聚矣, 豈不樂哉. 若閭下雖不身歷其地, 而心會於斯, 俾我一○之壬子, 會淸幽岑寂之處, 兼山水二樂之趣, 開中性情, 妙處功業, 日修而進進, 時習而亹亹, 或者其中有氣質純粹, 志應確實者, 篤勵薄問, 終能過得尋行數墨之人, 而不使工夫無零碎溪泊處, 則可以達而揚王庭, 窮而訓閭巷."
87) 상동. 金應祖撰, 「碣銘 幷序」.
88) 『龍巒先生文集』 권2, 잡저, 「靑城書院初享記事」.

2) 가야서당의 성격과 승원 문제

가야서당은 1561년에 김언기에 의해 와룡면 가야리에 설립된 서당이었다.[89] 선후는 명확하게 나타나지 않으나 퇴계의 도산서당과 같은 시기에 지어졌다. 학습 과정과 내용, 규모 등이 매우 유기적이고 짜임새가 있어서 이 지역 서당 중에서도 가장 체계적인 교육이 이루어지던 곳이었다. 그럼 과연 가야서당과 도산서당은 같은 성격의 서당으로 분류할 수 있을까? 당시 안동 지역에 설립된 많은 서원은 서원으로 이행 혹은 승원되었다. 그러나 가야서당은 많은 학자를 배출하면서 서원으로 변화하고자 하는 엄청난 노력을 했음에도 불구하고 결과적으로 실패했다. 그의 사후 제자들이 보덕단報德壇을 세우고 제사를 지내다가 용계서원龍溪書院을 건립했으나 조정의 방금 정책에 의해 훼철되었다.[90] 또한 이 용계서원을 가야서당의 후신이라고 보기에는 무리가 있다.

그러면 여타 퇴계 문인의 서당 중 다수가 서원으로 변신한 데 반해 가야서당은 왜 별다른 변화를 보여주지 않았을까? 답을 찾기 위해 우선 김언기의 학문적 연원을 추적해보자. 그의 학문은 광산김씨 문중의 가학에서 비롯되었다. 그는 퇴촌 김열과 담암 김용석이라는 가학적 배경을 갖고 퇴계 문하에 출입했다. 그는 유성룡, 구봉령, 권문해, 정탁 등 퇴계 문인의 핵심인물과 깊은 친교를 가질 정도로 학문적 권위를 인정받고 있었다. 그럼에도 불구하고 그는 권두경이 중심이 되어 처음으로 『계문제자록』을 작성할 때 퇴계 문인 반열에서 제외되었다. 그가 퇴계 사후 동주洞主 자격으로 퇴계를 주향으로 하는 여강서원의 건립에 참여하고 조목이 주도하는 『언행총록』의 편찬에 참여한 사실에 비추어보면 매우 이례적인 일이다. 다만 후일 이수정李守貞(1709~1795년)이 월천서당에 소장된 고문서 중

---

89) 일명 모재서당茅齋書堂이라고도 한다.
90) 『惟一齋實紀』, 增補, 「龍山書院保德壇庭碑銘」.

월천 자신이 직접 작성한 『동문제자록』에서 김언기 이름을 보았다고 증언하고, 이수연李守淵에 의해 작성된 『도산급문제현록』에서 비로소 문인으로 이름을 올리게 되었다.91)

김언기의 학문적 연원을 두고 왜 그렇게 혼재된 평가가 나타나게 된 것일까? 이 문제는 김언기의 학문 경향과 가야서당의 성격을 이해하는데 매우 중요한 단서를 제공할 수 있다. 기존 연구에서는 김언기가 『계문제자록』에 수록되지 못한 이유를 그가 처사로 일관된 삶을 살며 산림에 은거하면서 독자적 학풍을 형성한 데서 이유를 찾고 있다. 즉 그가 퇴계 문인들에서 제외된 배경에는 퇴계학파 내부에서 대두한 계파 간 역학 관계에 의해 그의 학맥을 잇는 계파에 대한 견제 내지는 학파의 결속을 도모하기 위한 사전 운동이 있었다는 분석이다.92) 당시 부백府伯이던 권문해에게 보낸 편지에서는 그러한 분석을 가능하게 하는 구절이 눈에 띈다.

> 오늘날 민간에서 왕왕 학사學舍를 경영하는 것은 실로 유의遺意라고 할 수 있고, 안동부 풍산현에 있는 풍악서원도 한 가지 사례라고 할 수 있습니다. 다만 그곳은 동리 사람들이 건립한 것이지 안동부 사람들이 함께 공부하는 장소가 아닙니다. 따라서 당초 서원이라 칭하고 조정에 누차 아뢰어 미흘사의 위전位田을 받은 것은 과한 조치였습니다. 이번에 안동부 사람들이 함께 상의해 서원을 설립하고 존현 강도講道의 장소로 삼고자 하는 것은 규획하는 바나 실행하는 일들이 어찌 작은 현의 마을 사이에 사사로이 설립한 서원과 비교할 수 있겠습니까? 마땅히 받은 전토는 여강서원으로 이속해야 할 것으로 보입니다. 대저 안동부에는 2개의 서원이 있는데 결단코 양 서원을 온전하게 부양하고 보호하지 못할 것입니다. 엎드려 바라옵건대 합하께서는 이 조항을 감사께도 보고해주시

---

91) 『惟一齋實紀』 권2, 附錄, 「行狀後叙」, 李守貞撰.
92) 설석규, 「유일재 김언기의 학풍과 학맥」, 『한국의 철학』 30호, 12쪽.

고 임금님께서도 듣게 하셔서 한 부府의 서원이 합해져 한 개의 서원으로 되도록 해주시길 바랍니다.93)

이 글은 여강서원으로부터 벗어나려는 풍악서원, 즉 후일 병산서원의 움직임에 대해 그가 동주 자격으로 강력하게 제동을 걸고 있었음을 알려준다. 그는 병산 쪽의 이탈 움직임에 대해 여강서원이 퇴계와 밀접한 연고가 있었다는 사실을 들어 극력 반대했다. 다만 풍악서원 측에 대립적인 자세를 보인 이유가 그의 독자적 학풍에서 비롯된 것인지는 의문시된다. 김언기는 가야서당을 통해 많은 인물을 배출했다. 문인록에는 189명의 인물이 실려 있다. 사방에서 생도가 운집해 모두 수용할 수 없을 정도였다고 한다. 많은 학생으로 인한 재정적 어려움으로 직접 땔감을 하는 고초를 겪자 부사도 관에 들어갈 인근의 시탄柴炭을 서당에 지급하도록 했다.94) 서당 문인은 안동뿐만 아니라 청송, 의성, 군위, 영주, 봉화, 영덕, 영양 등 이른바 안동 문화권 전체를 아우르고 있으며, 제자들의 사회적 진출도 활발했다. 남치리, 정사성 등을 도산서당으로 보내 학자로 대성시켰고, 옥산玉山 권위, 무의공武毅公 박의장, 오봉梧峯 신지제 등 무려 18명이 과거에 합격했다. 제자 중 임진왜란에 창의한 인물도 권우직權友直, 남의록南義祿 등 다수를 배출했고, 후일 각 서원, 사우에 제향된 인물도 10여인에 달했다. 그러한 사실로 미루어 볼 때 가야서당도 퇴계학이 영남 일원으로 확산

---

93) 『惟一齋實紀』, 「上府伯權草澗」. "今周里之間, 往往營學舍, 實其遺意而有地豊山縣 豊嶽書院. 乃其一也. 第其里人所建, 非一府人 所共藏修之所 則當初稱號書院. 申達朝廷, 至受彌屹寺位田, 過矣. 今者一府之人, 同議建院, 以爲尊賢講道之地 則其規畫處置之擧, 豈一少縣村周之間私所建者 所可幷也哉 謂宜移屬所受田土于廬江 盖府之地, 有二書院. 決不能扶護兩全之 其勢有不得不合也, 伏願閤下將此一欵. 幷 報監司, 轉聞玉宸, 使一府書院合而爲一." 같은 글이 의성김씨 세고世稿인 『연방세고聯芳世稿』의 「南嶽先生逸稿」에 「廬江書院呈文」이란 제목으로 실려 있어 후일 작자에 관한 논란이 있었다.

94) 『惟一齋實紀』 권2, 附錄, 「聞見錄」. "惟一齋先生日處書室, 課授生徒, 同門七十餘人, 遞執樵爨之役. 府使 李陽元聞之, 令書齋傀近柴炭之當入官者 屬之書齋以代樵 勞者三十餘年[出申梧峯之禔行狀]."

되는 매우 중요한 디딤돌 역할을 했음을 알 수 있다. 그러한 현상은 앞서 거론한 구봉령의 양정서당, 권대기의 이계서당, 권호문의 경광서당, 김수일의 구담서당 등 퇴계의 직전 제자뿐만 아니라 재전 제자인 배용길의 팔우서당, 이개립의 봉산서당 등에서도 공히 나타나고 있었다. 즉 안동권에 있던 퇴계의 직전 제자나 재전 제자는 그들이 설립한 서당을 통해 퇴계학파라는 학문 공동체의 밑바탕을 제공했다.

이렇게 가야서당이 퇴계학의 확산에 중요한 역할을 담당했음에도 불구하고 김언기가 예외적으로 『계문제자록』에서 제외되고, 이 시기 유사한 다른 서당과는 달리 그의서당이 서원으로 승원되지 못한 이유는 어디서 찾을 수 있을까? 이유를 알기 위해서는 우선 서당에서 구체적으로 어떤 교육이 이루어지고 있었는지를 살펴볼 필요가 있다. 지금 남아 있는 행장에서는 그곳에서의 교육 방법을 비교적 자세하게 찾아볼 수 있다. 우선 눈에 띄는 점은 교육 과정을 엄격하게 하고, 성기成己와 성물成物의 교육 목표를 지향하는 도학 서당의 모습을 지니고 있음을 볼 수 있다.

생도를 가르칠 때는 교과 과정을 엄정하게 했다. 다만 구두句讀만 우선하지 않고 정미한 뜻을 반복해 가르쳤다. 다만 사화詞華만 숭상하지 않고 의리의 나뉨을 세밀하게 분석했다. 효제와 충신에 근본을 두고, 사친과 사군의 도리를 알도록 했다. 나아갈 길을 바로 잡아서 성기와 성물의 공부를 달성하도록 도왔다. 회초리를 드는 대신 기운을 북돋아 곡진하게 가르쳐 길을 열어 주었다. 강에서 비롯해 바다에 이르듯이 순서에 따라 나아가도록 책려했다. 과송課誦의 여가에는 제생을 인도해 당에 올라 성현들의 심오한 뜻을 궁구하고, 고금의 득실을 토론하며 문로를 개척하도록 했다. 강의가 파한 후에는 엄숙단정하게 앉아 조용히 마음을 가라앉히고 의미를 완미하며 궁구하도록 한다. 감흥이 일면 지팡이를 끌며 소요하고, 시를 읊조리고 자적自適해 자유스러운 마음이 티끌세상을 벗어난 듯했다. 학자로서 성취를 이룬 사람은 단지 좋은 가르침에 의뢰될 뿐만 아니라 또한 관감觀感의 사이에서 얻는 바가 많은 것이다.95)

위의 내용을 보면 가야서당에서는 퇴계가 강학하던 도산서당과 매우 유사한 형식의 교육이 이루어졌음을 알 수 있다. 이 서당에서의 교육은 초학 아동보다는 청장년의 유자를 대상으로 한 것으로 판단된다. 거의 서원 교육과 유사한 모습을 갖추고 있었다. 단순한 궁리 공부보다는 자연 속에서 함양, 성찰하는 심학 공부를 강조하고 있는 것이다. 과송의 여가에는 성현들의 심오한 뜻을 궁구하고, 고금의 득실을 토론하며 문로를 개척하도록 하고, 강의가 파한 후에는 조용히 마음 가라앉히고 의미를 완미하며 궁구하는 노력 등은 도학 서원에서의 강학 활동과 별 차이가 없다. 이 시기 그는 김부필, 송권호문과 함께 가야서당에서 『근사록』을 읽었다는 기록이 나타난다. 당시로서 『근사록』은 서원의 원생들조차 읽기 힘든 본격적인 성리학서였음을 감안할 때 가야서당의 학습 수준이 상당했음을 짐작할 수 있다.96) 가야서당이 높은 평가를 받았다는 것은 구봉령이 아들을 가야서당에서 수학하게 한 데서도 알 수 있다.

중온 김언기의 서재에 가 있다는 말을 들었는데, 『춘추』는 다 마치고 『중용』을 배우려는 것이냐? 세월은 빨리 흐르고 젊은 날은 다시 오지 않는다. 너희들

---

95) 『惟一齋實紀』, 「行狀」. "訓誨生徒, 嚴立課程, 不惟句讀之是先 而反復乎精微之旨. 不惟詞華之是尙而剖析乎義利之分. 本之孝悌忠信, 使知事親事君之道, 正其趣向, 俾達成己成物之功. 以提撕代夏楚諄諄啓迪, 先河後海, 循序策進 課誦之暇 引諸生升堂. 講究聖賢之蘊, 討論今之得失, 以開拓其門路. 講罷, 儼然端坐, 沉潛翫索 遇興則杖屨逍遙諷詠自適, 慨然有出塵之想. 學者之有所成就者 不但善誘之是賴, 亦多有得於觀感之間矣."
96) 졸저, 『서당의 사회사』, 태학사, 2013, 2장.

은 반드시 도사행陶士行의 말을 찾아보고 마땅히 짧은 시간도 아껴야 된다. 서울에 들어가면 과거에 응시하지 않을 수 없으니 과거공부도 아울러 하는 것이 어떠냐? 이백의 시 같은 것과 고문 같은 문장을, 혹시 소화시킬 시간과 잠을 쫓는 잠시라도 한두 번 두루 읽으면 역시 다행이겠다. 그 밖의 전후의 『가례』는 또한 절목을 궁구해 지식을 확충하는 것이 매우 중요할 것이다. 절실히 필요할 것 같다. 대체로 학문에 부지런히 힘쓸 때는 반드시 먼저 마음을 닦아서 다른 길로 가지 않게 해 학문으로 채운 연후에 거의 날마다 발전하는 효과가 있을 것이다. 만약 구두句讀에만 골몰해 성현이 공부한 과정을 궁리하지 않으면 다만 정신을 피폐시킬 것이니 결국 무슨 희망이 있겠느냐. 아울러 반드시 자세히 생각해야 한다.97)

위의 글에서 주목되는 점은 서당의 교육 수준이 매우 높았다는 점이다. 학생은 『춘추』는 이미 마치고 『중용』을 공부하면서 『가례』를 학습하는 단계에 있었다. 여기서 주목되는 점은 서당에서 사실상 과거 공부를 병행하고 있었던 점이다. 이와 함께 이백의 시와 고문을 함께 공부할 것을 추천받고 있다. 가야서당에서 다수의 과거 합격자를 배출할 수 있던 것은 그러한 현실적이고 절충적인 학습법에 기인한 것이 아닌가 한다. 이 시기 과시를 준비하던 청년들은 네다섯 명씩 무리를 지어 가야서당뿐만 아니라 함께 산사에 머물며 거접하는 관례가 있었던 것으로 보인다.98)

가야서당이 과거 준비를 병행하고 시문을 함께 공부하는 학습 문화를

---

97) 『栢潭集』 8권, 書, 「寄誠胤書」. "聞往在仲晶書齋云. 豈畢麟經. 而欲學中庸否. 光景忽忽. 盛年不再. 汝輩須徵陶士行之言. 當惜分陰可也. 入京則不可不赴試. 擧業幷理何如. 詩如李白. 文如古文. 或於下食之時. 或於破睡之頃. 一再讀遍. 亦幸亦幸. 其他前後家禮. 亦幷考究節目. 以廣知識. 似爲切要. 大槪勤學之時. 必先養其心志. 不趨於他逕. 而輔之以學問. 然後庶幾有日進之效. 若徒汨沒於句讀. 不究聖賢之工程. 則徒弊精德神. 竟亦何望. 並須細思之."

98) 『栢潭集』 제8권, 書, 「寄誠胤書」. "不知占着何寺. 同栖幾人. 所讀何書. 若過四伍人. 則未免紛紛. 或多廢業. 不可不分處也."

지녔던 점은 도산서당 같은 도학 서당의 형태와는 다소 구별되었다. 또한 그의 학문적 경향성이 도학보다는 문학 쪽에 가까웠다는 평가[99]도 가야서당의 성격을 결정하는 데 중요한 요인이 된 것으로 판단된다. 즉 이 시기 서당에서 서원으로의 순조로운 이행은 다음 몇 가지 사항과 밀접한 관련이 있었던 것으로 보인다. 우선 퇴계 문인들에 의해 피향被享 인물이 도통을 계승한 적전 인물로 이의 없이 수용되어야 했다는 사실이다. 따라서 해당 서원이 도학 서당으로서의 위치를 굳건히 차지하고 있었느냐의 여부가 가장 중요한 변수가 되었던 것으로 보인다. 권두경이 중심이 되어 처음으로『계문제자록』을 작성할 때 그가 퇴계 문인 반열에서 제외되었던 점은 시사하는 바가 크다. 그가 초기에 퇴계 문인에서 제외된 데는 퇴계학파 내부에서 대두한 계파 간 역학 관계가 배경이 된 측면이 있었다. 또한 그의 학문적 경향성이 도학보다는 문학 쪽에 가까웠다는 세간의 평가도 가야서당의 순조로운 승원에 일정한 제약으로 작용했을 것이다.

4   결어

16세기 중후반에 안동 지역을 중심으로 퇴계 문인들에 의해 설립된 일련의 서당은 교육사적 의미가 매우 크다. 전대의 서당들이 혈연적 연대성에 기반한 '가숙형' 서당이었다면 퇴계 학단이 설립한 이 시기의 서당은 새로운 사림 세력의 출현을 가능하게 한 이념 지향의 '도학 형' 서당이었다. 물론 이들 도학 형 서당도 문중 단위의 경제적 지원이나 학연이나 혼반에 근거한 인적 구성을 보여주기는 하나 학습 내용이나 강학 방식이 성리 철학에 바탕을 둔 '심학적 공부론'에 근거하고 있었다. 또한 이들 서당들의 설립과 운영에 관여하는 인물들은 안동 문화권 중에서도 상층 양반

---

[99] 설석규, 상게 논문, 15쪽.

층을 출신 기반으로 향내에 막강한 영향력을 가진 세력이었다.

　이들 도학 서당은 퇴계의 토착화된 조선 심학을 급속도로 영남 일원과 조선사회 전반으로 확대시켰다. 이들 도학 서당은 퇴계 고유의 경 철학과 이에 기반한 공부론을 서당 교육의 제일 원리로 삼고 위기지학에 근거한 사림 문화를 형성해나가기 시작했다. 그러한 이념적 지향성으로 인해 이 시기의 도학 서당들에서는 자연스럽게 서원으로의 승격 작업이 활발하게 이루어지기 시작했다. 특히 본고에서는 이 시기 도학 서당이 계속 서당으로 잔류하거나 도태되는 경우와 서원으로 승원되는 경우의 변별 기준에 주목해 보았다. 본고에서는 그러한 사례를 경광서당과 성산서당, 가야서당의 사례를 통해 시론적으로 탐색해보았다. 초기 기준은 역시 퇴계의 도학관이나 도통 이념에 얼마나 충실했는가를 질문하는 사림 공론이었고, 17세기 중엽 이후에는 향사의 지역적 연고와 함께 절의나 학문 같은 좀 더 다양한 현실적 기준이 적용되기 시작했다.

6장

퇴계학파의 서당 경영과 서당관
- 이황, 조목, 김성일, 류성룡, 이상정을 중심으로

이남옥

1 머리말

일반적으로 서당은 훈장에 의해 초등 교육이 이루어지는 공간으로 알려져 있다.1) 18세기 제작된 〈단원풍속도첩〉 중 「서당」은 조선후기 서당을 그린 대표적인 그림이다. 이 그림에서 김홍도는 서당을 훈장이 어린아이들을 가르치는 공간으로 묘사하고 있다. 또 일제 강점기에 이루어진 서당 교육을 일반화한 선행 연구로 인해 서당을 초등 교육 공간으로 인식하게 되었다. 그러나 이는 조선후기 서당의 모습과는 차이가 있다.2) 조선후기 서당이 어린아이 교육을 위해서만 설립된 것은 아니었다. 이황, 조목, 김성일, 류성룡 등 명유名儒가 심신 수양과 제자를 직접 가르치는 공간으로 활용했으며, 사서 수준의 경학經學을 가르치고 과거 준비를 시키기도 하는 공간이었다.

따라서 서당을 어린아이들에게 『소학』이나 『동몽선습』 정도를 가르

---

1) 이만규李萬珪 지음, 『다시 읽는 조선 교육사』, 살림터, 2010, 243쪽; 이만규의 『조선교육사』는 1947년에 상권이, 1948년에 하권이 출간되었고, 이후 여러 차례 재간행되었다. 본고에서는 가장 최근인 2010년 살림터에서 재간행된 『다시 읽는 조선 교육사』를 인용하도록 하겠다.
2) 정순우, 『서당의 사회사』, 태학사, 2013, 7~8쪽.

치는 초등 교육 기관으로 보기보다는 다양성을 내포한 교육 기관으로 바라보는 것이 타당할 것이다. 이에 대해서는 이미 선행 연구들이 다양하게 밝히고 있다.3) 동몽 서당과 달리 명유가 경학을 가르치는 고제高弟 서당이나 도학 형 서당의 존재가 확인되는데, 이황의 도산서당, 조목의 월천서당, 김성일의 석문정사와 옥병서재, 류성룡의 원지정사와 옥연정사 등을 대표적인 예로 들 수 있다.4)

16세기에 안동 지역에는 20여 개 서당이 존재할 정도로 문풍이 진흥된 지역이었으며, 1546년(명종 1년)에 이황이 낙향한 이후 계상서당과 도산서당을 건립해 강학 공간으로 활용하면서 수많은 원근의 학자들이 출입했고 주변 지역에 학문적 영향을 미쳤다. 계상서당과 도산서당이 이황의 생애나 공부와 관련해 연구되거나5) 건축학적으로 연구되거나6) 교육학

---

3) 이만규 이후 서당에 대한 본격적인 연구라고 할 수 있는 都部學의『近世朝鮮教育史研究』(雄山閣[東京], 1969)에서는 여전히 조선시대 서당을 안거, 지역 교화, 과업취재科業取才, 서원 예비 교육 등을 위한 초등 교육 기관으로 서술하고 있다. 그러나 이성무는「『近世朝鮮教育史研究』書評」(『韓國史研究』4, 1969)에서 고제 서당의 존재를 통해 조선후기 서당이 모두 초등 교육 기관일 수 없다는 반론을 제기했으며, 이병휴 역시「麗末鮮初의 科業教育, 書齋를 中心으로」(『역사학보』67, 1975)에서 조선전기 서당 중 고제 서당과 같은 모습이 보이는 서당이 있으므로 초등 교육 기관만으로 볼 수는 없다고 주장하고 있다.
4) 조선후기 서당은 학습 수준, 설립 주도 집단, 설립 지역 등을 기준으로 구분할 수 있는데, 동몽 서당은 어린아이들을 대상으로 하는 초등 교육 기관이며, 경학 교육 서당은 사서 수준의 경학을 가르치고 과거 준비를 하는 교육 기관이며, 도학 형 서당은 명유가 심신 수양과 함께 제자들을 직접 가르치는 공간이라고 할 수 있다[정순우, 앞의 책, 13쪽 7번 각주].
5) 안병걸,「도산서원」,『서원, 한국사상의 숨결을 찾아서』, 2000; 정석태,「溪上 일대의 퇴계 관련 주요 건축물들에 대한 위치 고증」,『大東漢文學』29, 2008; 황병기,「도산서당의 조성과 퇴계의 공부론」,『안동학』13, 2014; 金泰煥,「溪堂 流失 事件과 退溪 晩年의 溪上 幽居」,『유교사상문화연구』58, 2014.
6) 김동욱,「퇴계의 건축관과 도산서당」,『건축역사연구』5, 1996; 이상해,「도산서당과 도산서원에 반영된 퇴계의 서원 건축관」,『退溪學報』110, 2001; 김연호,「도산서당의 입지와 도산서원의 배치에 대한 고찰」,『退溪學論集』3, 2008; 박정해,「陶山書堂과 傳統 立地環境」,『退溪學과 傳統文化』51, 2012.

적 측면에서 연구7)되는 등 많은 선행 연구가 이루어진데 반해 조목, 김성일, 류성룡이 경영한 서당은 크게 주목받지 못해 왔다. 그러나 조목, 김성일, 류성룡은 이황의 고제로 계상서당과 도산서당을 빈번히 출입하면서 학문을 전수받았는데, 이 과정에서 역시 이황의 서당관으로부터 영향을 받지 않았을까?

본고는 기존의 연구 성과를 바탕으로 이황의 계상서당, 도산서당뿐만 아니라 이황의 제자인 조목, 김성일, 류성룡이 경영한 서당을 분석함으로써 16세기 퇴계학파에서 설립하고 경영한 서당의 건립 목적과 서당의 성격을 규명해 보고자 한다. 나아가 18세기 경상도 지역 서당 운영과 이상정의 서당관을 검토함으로써 이황 이래 퇴계학파의 서당관이 어떻게 계승되었는지를 살펴보도록 하겠다.

2   16세기에 안동 지역 서당의 현황과 이황의 서당 경영

16세기에 안동 지역에는 약 20여 개의 서당이 존재했다.8) 서당(15건), 정사(6건), 서재(1건)로 다양한 명칭을 붙이고 있으며, 어린아이들을 가르치는 초등 교육 기관인 동몽 서당의 성격을 지니고 있는 서당(8건)과 명유가 심신 수양 및 제자들을 가르치기 위한 공간적 성격을 지니고 있는

---

7) 안경식, 「教育空間을 향한 退溪의 視線」, 『教育思想研究』 22, 2008; 박균섭, 「도산서당 연구: 교육 공간의 구조와 성격」, 『한국학연구』 39, 2011; 이인철, 「교육 공간으로서 도산서당과 인성 교육」, 『교육철학』 56, 2015.

8) 1608년(선조 41년)에 권기가 류성룡의 명에 따라 편찬한 『영가지』는 16세기에 안동 지역 서당의 현황에 대해 검토할 수 있는 사료로 중요한 가치를 지니고 있다. 『영가지』 권4에는 향교, 단묘壇廟, 서원과 함께 서당에 관한 내용을 수록하고 있는데, 이 『영가지』에는 풍악서당, 청성정사, 한서정사 등 22개의 안동 지역 서당에 관한 내용을 수록하고 있다. 다만 『영가지』는 현재 안동시에 편입된 예안 지역에 대해서는 서술하고 있지 않아 계상서당, 도산서당, 월천서당에 대한 내용은 누락되어 있다.

도학 형 서당(9건)도 혼재했다. 따라서 16세기에 안동 지역 서당은 다양한 성격을 지니고 있었다고 할 수 있다. 이 서당들을 학습 수준과 설립 주도 집단 등으로 구분해볼 수 있다.9)

먼저 학습 수준에 따라 이들 서당을 분류해보면, 현 사람들이 어린아이들을 가르치기 위해 설립한 면제서당과 같은 동몽 서당(4건)이 있으며, '후진을 배출하기 위해 설립했다'라고 하거나 '원근의 학자들이 몰려들었다'라고 표현해 어린아이들만이 아닌 과거를 준비할 정도의 실력을 갖춘 사람을 가르치는 공간인 경학 교육 서당과 동몽 서당의 경계에 있는 이계 서당과 같은 서당(4건)도 있다. 또한 참봉 이한이 자제를 가르치기 위해 설립한 서간서당과 현감 정사성이 자제들을 훈회訓誨하기 위해 설립한 지양서당은 집안 자제 교육을 위한 서당이므로 일종의 가숙서당이었다. 그러한 서당은 교육이 우선시된 서당이라고 볼 수 있다.

※ 학습 수준에 따른 16세기에 안동 지역 서당 분류
○ 동몽 서당(4건): 양파서당, 지양서당, 면제서당, 구담서당.
○ 동몽 및 경학 교육 서당(4건): 이계서당, 서간서당, 가야서당, 봉산서당.
○ 도학 형 서당(9건): 청성정사, 한서정사, 석문정사, 겸암정사, 원지정사, 옥연정사, 팔우서당, 양정서당, 경광서당.

한편 명유가 인적이 드물고 경관이 수려한 곳을 택해 세속에서 물러나 휴식을 취하면서 학문을 닦으면서 학자들을 직접 가르치던 도학 형 서당(9건)도 있는데, 권호문이 은거한 청성정사나 김성일이 퇴휴 장소로 삼은

---

9) 16세기에 안동 지역 서당은 권기 저, 김세한 역, 『국역 영가지』, 안동군, 1991, 286~302쪽의 내용을 정리해 작성했으며, 『영가지』를 자료로 16세기 안동 지역 서당을 연구한 시도는 정순우의 「초기 퇴계학파의 서당 운영」(『정신문화연구』 85, 2001)에서 먼저 이루어졌음을 밝힌다.

석문정사 등이 이에 해당한다.

다음으로 설립 주도 세력에 따라 이들 서당을 분류해보면, 권경전이 상소해 학전을 하사받은 경험이 있는 풍악서당과 같은 관 주도 서당, 마을 사람들이 어린아이들을 가르치기 위해 설립한 양파서당 같은 마을 조합 서당, 생원 김언기가 후생을 훈도하기 위해 설립한 가야서당 같은 유지 독영 서당이 있다. 이외에 참판 류경심, 목사牧使 장천보, 찰방 김수일, 진사 이중립, 사인士人 이종선 등이 어린아이들을 가르치기 위해 설립한 구담서당은 사족들이 연합해 설립한 서당이므로 사족 연합 서당이라고 할 수 있다.

※ 설립 주도 세력에 따른 16세기에 안동 지역 서당 분류
○ 유지 독영 서당(8건): 청성정사, 한서정사, 석문정사, 이계서당, 서간서당, 지영서당, 가야서당, 봉산서당.
○ 관 주도 서당(1건): 풍악서당.
○ 마을 조합 서당(2건): 양파서당, 면제서당.
○ 사족 연합 서당(1건): 구담서당.

16세기에 안동 지역 서당의 상당수는 퇴계학파 인물이 건립했다. 양정서당을 건립한 구봉령, 이계서당을 건립한 권대기, 경광서당을 건립한 권호문, 가야서당을 건립한 김언기, 구담서당을 건립한 김수일, 석문정사를 건립한 김성일, 옥연정사를 건립한 류성룡, 겸암정사를 건립한 류운룡 등은 이황의 제자였다. 또 팔우서당을 건립한 배용길, 봉산서당을 건립한 이개립 등은 김성일의 제자였다.10) 이들은 각자의 학문 성향에 따라 전수받은 이황의 학문을 심화시켜 나갔으며, 각자의 개성에 따라 서당을 경영했다.

10) 정순우, 「초기 퇴계학파의 서당 운영」, 『정신문화연구』 85, 2001, 51~52쪽.

한편 16세기에 안동 지역 서당의 상당수가 퇴계학파에 의해 도학 형 서당으로 건립되었는데, 이는 어디에서 기인한 것일까? 이황의 제자들은 계상서당과 도산서당을 빈번히 출입하면서 학문을 전수받았고 이 과정에서 역시 이황의 서당관으로부터 영향을 받지 않았을까? 먼저 이황의 서당 건립과 경영에 대해 살펴보도록 하겠다.

이황은 1546년에 퇴계 동쪽 바위 옆에 양진암을 지었다. 이보다 앞서 온계 남쪽 지산芝山 북쪽에 작은 집을 지었으나 인가가 인접해 조용하고 아늑하지 못했다. 이 때문에 이황은 이때 퇴계 아래 집을 빌려 살면서 퇴계 동쪽 바위 옆에 작은 암자를 짓고 '양진養眞'이라고 이름 했던 것이다.11)

관冠 버리고 옛 마을로 돌아가	投冠旋舊墟
좋은 벼슬에 얽매이지 않는다네.	不爲好爵縈
초가집 아래 참됨 기르니,	養眞衡茅下
착하다 절로 이름났으면 하네.	庶以善自名

― 도잠陶潛, 『고문진보古文眞寶』 전집,
「7월 밤에 강릉으로 가는 길에 짓다七月夜行江陵途中作」

'양진'이란 도잠(365~427년)의 시 「7월 밤에 강릉으로 가는 길에 짓다」에서 유래한 것으로, 도잠은 이 시에서 전원 생활의 그리움을 나타내고 있다. 이 시기 이황도 벼슬을 버리고 고향으로 돌아가 학문에 정진하고

---

11) 『退溪集』, 「退溪先生年譜」 권1 46세조. "二十伍年.【明宗大王元年.】丙吾.【先生四十六歲.】…… 築養眞菴于退之東巖.【先是, 構小舍於溫溪之南芝山之北, 以人居稠密, 頗未幽寂. 是年, 始假寓于退溪之下數三里, 於東巖之旁作小菴. 名曰養眞. 溪俗名免溪, 先生以退改免, 因自號焉.": 이후 「퇴계 선생연보」에 대한 번역은 권오돈, 권태익, 김용국, 김익현, 남만성, 성낙훈, 안병주, 이동환, 이식, 이재호, 이지형, 하성재(공역), 「퇴계 선생연보」, 민족문화추진회, 1968년을 참조.

자 했다.

1534년(중종 29년)에 문과에 급제한 이황은 승문원권지부정자를 시작으로 호조좌랑, 홍문관부수찬 등을 역임했는데, 1543년(중종 38년)에 병으로 사직을 청한 이후 계속 관직에 나가려 하지 않았으며, 특히 1546년 장인 권질과 부인 권씨의 상을 치르면서 고향으로 내려왔고12), 이때 자신의 학문 공간을 마련했다.

다만 양진암은 학문을 정진하기에 미흡해 다시 새로운 곳을 찾아 나섰다. 먼저 하명동霞明洞 자하봉紫霞峯 아래 땅을 얻어 집을 짓다가 끝내지 못하고, 다시 죽동竹洞으로 옮겼으나 또 골이 협소하고 시내가 흐르지 않아 계상溪上에 자리를 정했다. 세 번을 옮겨 살 곳을 정한 것이다. 1550년(명종 5년) 2월에 퇴계 서쪽에 자리를 잡고 한서암을 지었으며, 당은 '정습靜習'이라고 이름 했다. 그리고 그곳에서 글을 읽기 시작했는데, 이때부터 배우러 오는 선비가 많아졌다.13)

시내 위에 비로소 살 곳을 정하니　　　　　　溪上始定居
흐르는 물에 임해 날마다 반성함이 있으리　　臨流日有省
　　　　　　　　　　　― 이황, 『퇴계집』 권1, 「퇴계」

하지만 얼마 후 한서암을 철거해 퇴계 북쪽에 작은 당을 옮겨지었다.14) 이곳이 바로 계상서당이다. 이황은 이곳 계상에서 책을 보관하고

---

12) 『퇴계집』, 「퇴계 선생연보」 권1 46세조. "二十伍年.【明宗大王元年.】丙吾.【先生四十六歳.】二月. 乞假還鄕, 葬外舅權公礩. ○ 伍月. 病未還朝, 解職. ○ 七月. 夫人權氏卒."
13) 『퇴계집』, 「퇴계 선생연보」 권1 50세조. "二十九年庚戌.【先生伍十歳.】…… 二月. 始卜居于退溪之西.【先是, 得地霞明洞紫霞峯下, 營室未畢. 又遷于竹洞, 又以洞狹隘, 且無溪流, 乃卜於溪上. 蓋三遷而定居焉. 構寒栖菴, 堂名靜習, 讀書其中. 有詩曰, '身退安愚分, 學退憂暮境, 溪上始定居, 臨流日有省.' 自是, 從遊之士日衆."

마음을 수양하기 위해 세 번이나 자리를 옮겼지만 번번이 비바람으로 인해 훼손되었다. 그리고 결정적으로 이곳이 너무나 한적해 호연지기를 기르기에는 적합하지 못하다는 생각을 갖게 되었고15) 새로운 곳을 찾았으니, 바로 도산이다.

이황은 "앞에는 강과 들이 내려다보이고, 깊숙하고 아늑하면서도 멀리 트여 있으며, 산기슭과 바위들은 선명하고, 돌우물은 물이 달고 차서, 참으로 은거할 만한 곳이다"라면서 도산을 수양처로 정했다.16) 그리고 용수사 승려 법련에게 도산서당의 건축을 직접 부탁했으며17) 또 당시 조정에 나가 있는 자신을 대신해 이문량과 조목에게 부탁해 도산서당이 잘 지어지도록 법련을 지도 감독케 했다.

가정 6년 정사년[1557]에 선생께서 도산 남쪽에 서당 터를 얻으셨다. ……
마침내 이곳에 서당을 옮겨 짓고자 했는데, 승려 법련이 일을 맡겠다고 청했다.
집이 만들어지기 전인 무오년[1558] 7월에 선생께서 부름을 받아 도성으로 들어가셨지만 서당 설계도屋舍圖子 1부를 그리셨다. 벽오 이장[이문량]에게 편지를 써서 그로 하여금 법련을 지휘해 서당을 짓도록 하셨다. 또 조사경趙士敬[조목]에게 편지를 써 '도산정사 건축은 만년의 가장 관심 있는 일이다. 연로리蓮闍梨[법련]가 용감하게 스스로 담당했으니, 내가 돌아갈 것을 기다리지 말고 집을 짓기를 바란다. 내가 듣건대 법련이 죽었다고 하는데, 이런 일이 있는가?'

---

14) 이황, 『퇴계집』 권2 「清明溪上書堂.【二首○ 撤寒棲, 移構小堂於溪北. 次老杜韻』」; 정순우, 앞의 책, 102~103쪽.
15) 이황, 『퇴계집』 권3 「陶山雜詠.【幷記】」. "始余卜居溪上, 臨溪縛屋數間, 以爲藏書養拙之所. 盖已三遷其地, 而輒爲風雨所壞. 且以溪上偏於闃寂, 而不稱於曠懷. 乃更謀遷."
16) 이황, 『퇴계집』 권3 「도산잡영.【병기.】」. "得地於山之南也. 爰有小洞, 前俯江郊, 幽敻遼廓, 巖麓悄蒨, 石井甘洌. 允宜肥遯之所."
17) 이황, 『퇴계집』 속집 권2, 「贈沙門法蓮.【幷序.】」. "余於陶山南谷, 欲搆精廬, 令龍壽寺僧法蓮幹其事."

라고 하셨다. 법련이 죽은 이후에는 정일(淨一)이 계속해서 건축했다.18)

그런데 도산서당 건축을 담당하던 법련이 갑자기 죽어 정일이 일을 계승했고, 1557년 3월에 터를 마련한지 약 3년 8개월 만인 1560년(명종 15년) 11월에 도산서당의 본 건물을 지었으며19) 1561년(명종 16년) 3월에 절우사까지 지었다.20) 당은 3칸인데, 헌은 '암서', 재는 '완락'이라고 이름 했다. 그리고 이 암서헌과 완락재를 합쳐 '도산서당'이라고 편액했다. 또 도산서당 서쪽에 정사를 건립했는데, 8칸으로 헌은 '관란', 재는 '시습', 요는 '지숙'이라고 이름 했다. 이를 합쳐 '농운정사'라 편액했다.21)

대체로 도산서당은 이황이 거처하면서 수양하는 공간이었고, 농운정사는 제자들이 공부하는 공간이었다. 그런데 이 공간만으로는 이황의 문인을 모두 수용하기에는 부족했다. 이에 따라 1561년에 이교(李㝚, 1531~1595년), 조목, 금보(琴輔, 1521~1585년), 김부의, 금응협, 금응훈, 김부륜, 금난수 등의 제자들은 스승 이황에게 농운정사 옆에 독서와 학습 장소로 쓰기 위해 건물을 짓겠다고 하니, 이황은 뜻을 좋게 여겨 허락했다.22) 그

---

18) 琴蘭秀, 『惺齋集』 권3, 「陶山書堂營建記事」. "嘉靖六年丁巳, 先生得書堂基址於陶山之南. …… 遂欲移建書堂於此, 而有浮屠法蓮者, 請幹其事, 而未及結屋. 戊吾七月, 先生赴召入都, 寫屋舍圖子一本. 書與碧梧李丈, 使之指授蓮僧而結搆焉. 又與趙士敬書曰, 陶山精舍之卜, 最是晩來關心事, 連閣梨勇自擔當, 不待吳歸而欲事營葺. 今聞連僧化去, 有此魔事云云. 法蓮死後, 淨一者繼而營建."

19) 『퇴계집』, 「퇴계 선생연보」 권1 57세조. "三十六年丁巳,【先生伍十七歲.】三月. …… 得書堂地于陶山之南."; 같은 책 60세조. "三十九年庚申,【先生六十歲.】…… 陶山書堂成.";『퇴계집』 권3 「陶山雜詠」에는 "自丁巳至于辛酉, 伍年而堂舍兩屋粗成, 可棲息也"라고 해 5년만인 1561년에 완성된 것으로 서술하고 있는데, 이는 정우당과 절우사를 포함한 도산서당의 건축을 말하는 것이며, 연보에서는 도산서원의 본 건물만 대상으로 '성成'이란 표현을 쓴 것으로 보인다.

20) 『퇴계집』, 「퇴계 선생연보」 권2 61세조. "四十年辛酉,【先生六十一歲.】…… 三月. 築節友社."

21) 『퇴계집』, 「퇴계 선생연보」 권1 60세조. "三十九年庚申,【先生六十歲.】……陶山書堂成. 自是又號陶翁. 堂凡三間, 軒曰巖栖, 齋曰玩樂. 精舍七間, 名曰隴雲."

22) 금난수, 『성재집』 권3, 「도산서당영건기사」. "辛酉, 李君美與趙士敬, 琴上任, 金愼仲, 琴夾之, 壎之, 金惇敍及蘭秀, 約構數間齋室於隴雲之側, 以爲讀書肄業之所. 先生嘉其意而許之. …… 其後始事

런데 이교가 일을 크게 벌이는 바람에 이를 중단시켰다. 얼마 뒤 정사성이 이들과 함께 그곳에 집을 짓고 '역락재'라고 이름했다.

이상으로 도산서당의 강학 공간은 마련되었다. 이때부터 이황은 계상서당과 도산서당을 오가며 수양하고 강학했다. 다만 앞서 살펴본 바와 같이 계상서당은 공간이 매우 조용했기 때문에 도산서당이 완성된 이후에는 개인적 수양 공간의 의미가 더 컸다고 할 수 있다. 또한 도산서당에서도 암서헌과 완락재가 있는 도산서당은 이황 개인의 수양 공간으로 그리고 농운정사와 역락재는 제자들이 공부하는 공간으로서의 의미를 가졌다. 이황이 서당을 설립한 가장 큰 의미는 조용한 곳에 거처하면서 수양하려는 것이었으나 문인들에 대한 교육 역시 중요한 것이었다.

1570년(선조 3년) 5월에 이황은 도산서당에서 『역학계몽』을 강학했으며, 9월에는 『역학계몽』과 함께 『심경』을 강학했다. 20세 때 『주역』을 읽고 뜻을 강구하느라 먹고 자는 것을 잊어버려 평생의 고질병을 얻을 정도로 고생한 이황은 1557년에 『주역』의 입문서 격인 『역학계몽』에 자기 견해를 붙인 『역학계몽전의』를 저술해 학생들의 공부에 도움을 주고자 했다.

또 젊은 시절 한양에 유학할 때 처음으로 『심경』을 읽고 이를 사서나 『근사록』에 뒤지지 않는 글이라 생각했다. 때문에 문인 이덕홍에게 "나는 『심경』을 얻고 나서 비로소 심학의 근원과 심법의 정밀하고 미묘함을 알았다"라고 할 정도로 이 책을 존숭했다. 그리고 정민정程敏政(1445~1499년)의 주석이 달린 『심경부주附註』를 새벽마다 암송했다. 만년의 이황이 가장 강조한 두 책을 도산서당에서 강학한 것이다.

계상서당과 도산서당은 이황 자신의 수양을 위해 건립했지만 이후 이황의 학문이 전해지는 주요 공간으로 활용되었다. 이에 따라 이황의 고제

諸人, 與鄭士誠, 搆齋於前日所擬之地, 名曰亦樂齋."

조목, 김성일, 류성룡 등은 계상서당과 도산서당을 빈번히 출입하면서 학문을 전수받았고 이후 각자의 사정에 따라 자신의 서당을 경영하게 되었다.

3   조목, 김성일, 류성룡의 서당 경영과 그 특징

1) 조목의 월천서당

1590년(선조 23년)에 67세의 조목은 월천서당을 보수했다. 월천서당은 본래 조목의 아버지 조대춘趙大春(?~1573년)이 1540년(중종 35년)에 집안 아이들의 독서를 위해 세운 가숙서당이었다.23)

조목은 이황의 고제로, 15세 때인 1538년(중종 33년)에 이황 문하로 나아가 수학했다.24) 그는 청량산, 석대암, 안동횡사, 백운동서원 등을 돌아다니며 독서했고, 이황에게 『맹자』, 『연평문답延平問答』, 『심경』 등의 책에 대해 질의했는데, 이황은 이런 조목을 높이 평가했다. 특히 경서의 구두와 석의釋疑에 대한 부분은 탁월했다.

27세 때인 1550년(명종 즉위)에는 이황에게 『맹자』 양혜왕梁惠王 상편의 곡속장觳觫章 '불인기곡속약무죄이취사지不忍其觳觫若無罪而就死地'의 구두句讀 문제를 질의했다. 곡속 다음에 나오는 '약'이라는 글자를 세상에서는 뒤에 있는 '무죄이취사지無罪而就死地'에 붙여서 구두를 끊어 '불인기곡속不忍其觳觫, 약무죄이취사지若無罪而就死地'로 보고 있었다. 그렇게 되면 '두려워서 벌벌 떠는 것을 차마 보지 못하겠다. 마치 죄 없이 사지로 나가는 것과 같구나'라고 해석된다.

반면 조목은 앞에 있는 '불인기不忍其'에 붙여서 구두를 끊어 '불인기곡속약不忍其觳觫若, 무죄이취사지無罪而就死地'로 보았다. 그렇게 되면 약

---

23) 趙穆, 『月川集』 권5 「重修書室記」. "庚子年間, 先君創立三間屋, 半瓦半草蓋, 爲兒等讀書之所."
24) 조목, 『월천집』, 「월천선생연보」 15세조. "始受業于退溪李先生之門."

자는 곡속을 형용사로 만들어 '두려워서 벌벌 떠는 것을 차마 보지 못하겠다. 죄 없이 사지로 나가는구나'로 해석할 수 있다. 해석상에는 큰 차이가 없는 것처럼 보이지만 문법적으로는 약이란 글자의 품사를 결정하는 큰 차이가 있었다. 세상에서 통용되는 대로 구두를 끊게 되면 약은 뒤의 문장인 '무죄이취사지無罪而就死地'를 부사절로 만드는 접속사가 되며, 조목대로 구두를 끊게 되면 약은 곡속을 형용사로 만드는 조사가 된다.

이러한 조목의 질의에 대해 이황은 대단히 옳다고 여겼고, 이후로도 경서의 구두와 석의에서 조목의 질의로 인해 개정된 것이 많았다. 이로 인해 이황은 문인들이 경서의 구두와 석의에 대해 질의할 때면 반드시 조목에게 물어보라고 할 정도로 조목의 경학을 높이 평가했다.25)

이황이 도산서당을 건립하자 조목 역시 머물며 강론했는데, 특히 『심경』에 대해 논해 「심통성정도心統性情圖」, 「심학도」 등 『성학십도聖學十圖』를 개정하는 데 도움을 주었다.26) 이황은 문인 이덕홍에게 "나는 『심경』을 얻고 나서 비로소 심학의 근원과 심법의 정밀하고 미묘함을 알았다"라고 할 정도로 『심경』을 강조했다. 이 무렵 이황은 『심경』을 강학했고, 1566년(명종 21년)에 「심경후론後論」을 저술할 만큼 강조했다. 이 때문에 조목 역시 이 시기 『심경』에 집중했던 것이다.

이황이 낙향한 이후에는 스승을 배종陪從해 부용산, 취미봉翠微峯, 자하봉紫霞峯 등을 오르며 지근거리에서 모셨던 조목은 1570년(선조 3년)에 스승 이황이 서거하자 장례를 치르고 도산에 이황을 모시는 상덕사와 도

---

25) 조목, 『월천집』, 「월천선생연보」 29세조. "質經書于退溪先生.【梁惠王上篇戰觫下若字, 世皆接下無罪七字爲句, 先生乃上接戰觫三字爲句, 退溪先生以爲極是. 凡經書句讀釋義, 因先生稟質, 改正者亦多. 退溪先生每於門人質疑時, 必曰當示趙士敬云云.】."
26) 조목, 『월천집』, 「월천선생연보」 42세조. "六月. 上退溪先生書, 論, 稟改人心道心精一執中圖. ○ 八月. 上退溪先生書, 論心學圖求放心一節及諸章註說."; 43세조. "伍月. 上退溪先生書, 論程林隱心統性情圖."

산서원의 건립을 주도했다. 그러한 일이 일단락되자 조목은 자신의 학문 공간을 마련했다.

조목은 1579년(선조 12년)부터 월천서당에서 여러 학생과 더불어 강학을 시작했는데, 이때부터 멀고 가까운 지역의 학자들이 앞 다투어 달려와 배우기를 청했다.27) 이로 인해 강학 공간의 확장이 필요해 서당 규모를 넓힐 수밖에 없었다.

결국 조목은 1590년에 서당의 문과 창, 당과 방의 제도를 모두 갖추고 동쪽 처마를 덧대 책을 보관하는 장소를 넓혀서 독서 공간뿐만 아니라 장서 공간을 확장했다.28) 장서 공간의 확장은 조목의 장서벽藏書癖으로 인한 것이었다. 조목은 어려서부터 장서벽이 있어 친구 중에 이를 아는 사람은 책을 사거나 구하거나 인출하거나 반사頒賜 받으면 조목이 요구하지 않아도 보내주었다. 이때 조목 소장 서책을 선대부터 소장한 것부터 합해 계산해보니 1,400여 권이 되었다.29) 따라서 장서를 보관하기 위해서도 서당의 확장이 불가피했다.

월천서당에 이황은 '월천서당'이라 제題해 주었고, 이문건은 '시재是齋'라고 써주었다. 조목은 이 두 편액을 당과 재 양쪽 문미門楣에 나누어 걸고, 이황과 이문건을 존경하는 마음을 나타냈다.30)

조목은 강학할 때 처음에는 반드시 『소학』과 『대학』을 가르쳤다. 그는 『소학』은 여러 경전의 핵심이니 만약 『소학』을 통달하게 되면 성인이 될 수 있으며, 『대학』에는 수기치인의 공부가 있으니 『대학』을 공부해 깊

---

27) 조목, 『월천집』, 「월천선생연보」 56세조. "與諸生, 于月川書堂.【自是, 遠近學者爭趨請學】."
28) 조목, 『월천집』 권5 「중수서실기」. "今年秋, 始具門窻堂房之制, 附益東簷, 以廣藏書之閣."
29) 조목, 『월천집』 권5 「중수서실기」. "余自早歲, 頗有書癖, 或買得, 或求得, 或印出, 或蒙意外頒賜, 親舊中知余意者, 不待求而送之, 今秋, 檢會塵上所藏, 合先世所傳, 蓋千四百有餘卷矣."
30) 조목, 『월천집』 권5 「중수서실기」. "以先師所題月川書堂三大字及星山李黙齋所書是齋二大字, 分揭於堂齋兩楣間, 皆所以起退慕而寓深思也."

은 속뜻까지 모두 알게 되면 천하뿐만 아니라 나머지까지도 알 수 있게 된다고 했다. 그리고 이 두 책에 통달하면 나머지 경학 역시 잘 알게 된다고 하면서 이 두 책을 강조했다.『대학장구』를 기본으로 집주를 연구하고 『대학혹문』을 참고해 일일이 분석하고 세밀하게 나누어보아 조리가 분명하고 널리 통한 뒤에 그만두어야『대학』에 대해 정확히 이해할 수 있다고 보았다.

월천서당에서 강학을 했다.【이때부터 멀고 가까운 지역의 학자들이 앞 다투어 달려와 배우기를 청했다. 반드시『소학』과『대학』을 처음 가르쳤다. 항상 말씀하시길 '『소학』은 여러 경전의 핵심이다. 만약 이 책을 통달할 수 있다면 성인이 될 수 있으니, 근본은 이 책에 있다'라고 하셨다. 또 말씀하시길 '수기치인의 공부는『대학』에 있다. 이것을 공부해 깊은 속뜻까지 모두 알게 되면 비단 천하뿐만 아니라 나머지에까지도 이르게 된다. 나머지 경학은 저절로 잘 알게 된다. 교학자敎學者는 반드시 먼저『대학장구』를 일삼고 겸해 [『대학장구』의] 집주를 연구하며『대학혹문』을 참고해 일일이 분석하고 세밀히 나누어보아 조리가 분명하고 널리 통한 이후에 그만두어야 한다'라고 하셨다.】31)

『대학』을 연구할 때 조목이『대학장구』를 기본으로 집주와 혹문을 연구해야 한다고 한 것은 스승 이황과 마찬가지로 당시 조선에 전래된 양명학을 배척하려는 의도에서였다. 뿐만 아니라 박람강기보다는 독실篤實한 이치 탐구를 위주로 한 그의 학문 성향을 반영하고 있는 말이기도 했다.

조목은 학문하는 순서에서『소학』과『대학』을 강조했고, 이 역시 강

---

31) 조목,『월천집』,「월천선생연보」56세조. "與諸生, 于月川書堂.【自是, 遠近學者爭趨請學, 必以爲始敎. 常曰, '乃諸經之機栝. 苟能通透是書, 作聖. 根基在此矣.' 又曰, '修己治人之功在. 做工於此, 極盡底蘊, 則不但之天下而有餘. 其他經學, 自可迎刃而解矣. 其敎學者, 必先事章句, 兼治集註, 參以或問, 臺分縷析, 以至曲暢旁通而後已'】."

학 순서에 반영되었다. 이로 인해『소학』과『대학』이 두 책을 제일 먼저 읽고 다음에『논어』와『맹자』그리고 삼경을 읽어야 한다고 했다.『소학』은 모든 경전의 핵심이고,『대학』은 수기치인의 내용을 담고 있었기 때문이다.『대학』의 핵심은 지행 두 글자에 불과한데, 격물과 치지는 지에 속하고, 성의誠意, 정심正心, 수신修身은 행에 속하며, 치국, 평천하는 행의 이치를 미루어 나가는 것이라고 했다.32)

앞서 살펴본 바와 같이 조목이 월천서당에서 강학을 시작하자 멀고 가까운 지역 학자들이 몰려들어 공간의 부족함이 느껴져 1590년에 서당을 보수하고 확장했으며, 1591년(선조 24년)에는 월천서당 앞에 꽃과 나무를 심은 섭취원涉趣園을 만들었다.33) 가숙에서 시작한 월천서당이 점차 강학 공간으로 탈바꿈해가는 과정이었던 것이다. 나아가 월천서당은 조목의 안식처 역할까지도 했다. 조목 사후 그의 묘가 월천서당에서 불과 50여보 밖에 떨어져 있지 않은 곳에 있었던 것도 그러한 이유에서였다.

2) 김성일의 석문정사와 옥병서재

1587년(선조 20년) 3월에 50세의 김성일은 석문정사를 신축하는 일을 시작해 8월에 공사를 마쳤다. 석문정사는 안동부 서쪽에 있는 청성산의 낙동강 가에 위치해 있었는데, 이때 그곳을 얻어 장소의 그윽함을 사랑해 집을 짓고 거기서 늙을 생각을 했다.34) 이곳은 사실 김성일의 친구 권호문의 땅이었다. 김성일은 권호문과 청성산을 유람하고 그곳의 정취가

---

32) 조목,『月川文集』附錄,「月川先生言行草記」(권오영,「월천 조목의 언행과 학문성향」,『국학연구』28, 2015, 254~255쪽에서 재인용).
33) 조목,『월천집』,「월천선생연보」57세조. "築涉趣園.【園在書堂前. 植花樹其中. 杖藜逍遙】."
34)『鶴峯集』부록 권1,「年譜」50세조. "三月. 營石門新築.【亭在府西靑城山洛水上. 巖壑瑰奇. 波潭淨綠. 眞絶境也. 先生至是始得之. 愛其幽迥. 將築室爲終老計. 有短律記其勝】."; 이후『학봉집』관련 번역은 정선용(역),『학봉전집』, 한국고전번역원, 2000 참고.

인상 깊어 권호문에게 땅을 떼어줄 것을 요청했고35) 권호문이 이를 받아들여 김성일은 그곳에 석문정사를 짓게 되었다.36) 권호문 역시 청성산에 청성정사를 짓고 은거할 정도로 그곳을 사랑했다.37)

정자 서쪽에 돌 두 개가 마주 바라보며 서 있는데, 골짜기가 휑하니 뚫려 있어 마치 모양이 문과 같았기 때문에 석문이라고 이름 했다. 석문정사의 방은 하나이며, 환하게 밝았고, 시렁에는 책이 가득했다. 김성일은 그곳에서 단정하게 앉아 있으면 처음에 먹은 마음과 부합되어 그곳에서 계속 거처할 생각을 했으며, 이때 사색해 수양하는 공부가 더욱 충실해졌다.38)

김성일은 대장부로 세상에 태어나 대도大道를 듣지 못하고 술에 취해 꿈속을 헤매다 죽는다면 매우 부끄러운 일이라고 했다. 그러면서 자신은 다행히 일찍이 이황 문하에 들어가 의지할 곳을 얻었지만 학업을 끝마치지 못하고 관직으로 나아가 늙어버려 근심이라고 했다. 이 때문에 김성일은 석문정사를 짓고 조정에서 물러나 조용하고 경치 좋은 곳에서 편안하게 지내면서 이황이 남긴 학문을 계승하려고 했다.39)

---

35) 『소학』 권4, 「答權章仲【好文】」. "春暮欲回轍, 星山一面, 可肯許我否?"
36) 李栽, 『학봉집』 부록 권4, 「石門精舍重修記」. "權松巖先生鳶魚軒, 在精舍下. 蓋權先生先已作主人, 與先生約分山一半云."
37) 權紀 著, 金世漢 譯, 『國譯 永嘉誌』, 1991, 286쪽; 권호문은 청성정사의 당을 인지당仁智堂으로, 재를 무민재无悶齋로 이름 했다.
38) 김성일, 『학봉집』 부록 권1, 「연보」 50세조. "是月, 石門精舍成.【亭西畔有二石對峙, 嶔敧若門, 故扁以石門. 一室明瑩, 圖書滿架, 端居其中, 喜符初心, 而玩索持養之工, 至是愈密. 後雖迫於恩召, 強起從仕, 而久於朝, 非其志也】."; 『학봉집』 부록 권2, 「行狀」. "丁亥秋, 得地於府西靑城之山洛水之上. 巖壑環奇, 波潭淨綠, 愛其幽迥, 築室而扁之曰石門精舍. 一室明瑩, 圖書滿架, 端居其中, 喜符初心, 頹然有終老之志. 後雖以恩命敦迫, 強起出仕, 而久於朝, 非其意也."
39) 『학봉집』 부록 권3, 「言行錄」. "先生嘗慨然歎曰, '丈夫生世, 未聞大道, 生死於醉夢中者, 可恥之甚也. 幸以早得依歸, 未能卒業, 絆縻名韁, 坐成遲暮, 每一念及, 愒然汗下也.' 乃卜築石門精舍, 永擬退休. 優游於閒靜之地, 專心於學問之功, 以尋先師之遺緖, 乃其志願也."; 崔晛, 『訒齋集』 권13, 「鶴峯先生言行錄」. "先生嘗慨然歎曰, '丈夫生世, 未聞大道, 生死於醉夢中者, 可恥之甚也. 幸以早得依歸, 未能

김성일은 1568년(선조 1년)년에 증광시 병과 23위로 급제해 가을에 승문원부정자로 관직 생활을 시작했다. 이후 정언, 나주목사, 부제학 등을 역임했다. 관직에 진출한지 얼마 되지 않은 1570년(선조 3년)에 스승 이황이 서거했고, 관직 진출로 인해 학문으로부터 멀어졌다는 생각 때문에 김성일은 늘 조용한 곳을 찾아 수양하려고 했다.

　김성일은 계상서당과 도산서당으로 나아가 이황에게 『서경』, 『역학계몽』, 『대학』, 『태극도설』, 『주자서절요』 등에 대해 의문 나는 점을 질문하는 방식으로 학문을 전수받았다. 그의 학문은 기본적으로 내적 수양에 치우쳐 있었는데, 이에 대해 이황은 경敬과 의義, 사思와 학學을 함께 하는 방식으로 어느 한 면에 치우치지 않도록 말해주었다.40) 그러한 학문 전수 과정은 김성일이 조정에서 물러나 자기 서당을 경영하면서 여러 문인에게 전해지게 되었다. 특히 석문정사는 앞서 살펴본 바와 같이 내적 수양을 원하는 자기 성향과 알맞은 곳이었다.

　청성산에 집을 지었는데, 낙동강을 내려다볼 수 있었다. 석문정사라 편액하셨다. 그곳에 단정히 앉아 유유자적하게 자득自得하는 즐거움을 갖고 계셨다. 후생 중에 수업을 청하는 사람이 있으면 반드시 그들을 위해 반복해 온 마음을 기울이고 본말本末을 자세히 가르치셨으며, 매번 의義와 리利를 분별하는 것을 첫 번째 의리로 삼으셨다. 일찍이 검劍을 여러 아들에게 나누어주시면서 '나쁜 생각이 일어날 때면 한칼에 잘라버리라'라고 하셨다.41)

卒業, 絆縻名韁, 坐成遲暮, 每一念及, 惕然汗下也. 乃卜築石門精舍, 永撝退休, 優遊於閑靜之地, 專心於學問之功, 以尋退陶之遺緖, 乃其志願也."

40) 권오영, 앞의 논문, 2000, 5~6쪽; 李滉, 『退溪集』 권30, 「答金士純」. "如來喩向裏用功振勵自新八箇字自好. 但不知所謂用功者何力, 自勵者何勵. 愚以爲莫要於敬義夾持, 思學相資也."

41) 鄭經世, 『학봉집』 부록 권3, 「神道碑銘【幷序】」. "築室靑城山, 俯瞰洛水, 扁之曰, '石門精舍'. 端坐其中, 有悠然自得之樂. 後生有請業者, 則必爲之反覆傾倒, 竭其兩端, 而每以判別義利, 爲第一義. 嘗以劍分授諸子曰, '願汝輩當惡念起時, 便一劍兩段耳.'"

김성일은 배우기를 청하는 사람이 있으면 반드시 자기 능력을 다해 되풀이해 설명해 본말에 대해 자세히 가르쳤는데, 매번 의義와 리利를 분별하는 것을 첫 번째로 삼았다. 그리고 여러 아들에게 검을 나누어주면서 "나쁜 생각이 일어날 때를 만나면 한칼에 잘라 버리기 바란다"라고 했다. 이는 의義와 리利가 혼재되어 있는 상황을 분별해 의義에 입각해 처신하도록 한 것이며, 리利를 탐하는 욕망을 단칼에 끊어내기를 바랐기 때문이다.

김성일은 석문정사 같은 서당뿐만 아니라 장소를 가리지 않고 학생들에게 강학했다. 특히 1580년(선조 13년)에는 아버지 김진金璡(1500~1580년)의 상을 당해 여막 살이를 하면서도 원근에서 배우려고 오는 자가 있으면 억지로 막지 않고 강학했다. 이는 주희가 어머니 상중에도 한천寒泉에서 강학한 고사를 따른 것이다.42)

한편 김성일은 사족의 자제들만을 위해 강학했던 것은 아니다. 54세 때인 1591년(선조 24년)에 김성일은 임하현 동쪽 낙연落淵의 남쪽 언덕에 옥병서재를 지었다. 그곳 역시 산으로 둘러싸여 있으며 물이 휘돌아가서 유절幽絶한 자취가 있었다. 김성일은 앞서 석문정사와 마찬가지로 풍경이 좋고 세상과 단절되어 조용한 곳을 장수 강학처로 생각했다. 다만 석문정사에 비해 이곳 옥병서재는 이 지역 몽학의 학업을 익히기 위한 장소로 사용할 목적으로 지어졌다.

낙연 남쪽 언덕에 옥병서재를 지었다.【언덕은 장육원藏六原이라 칭해지며, 선유정 북쪽에 위치하고 있고 강 너머로 서로 바라보고 있다. 산으로 둘러싸여

---

42) 『학봉집』 부록 권1, 「연보」 43세조. "八年庚辰.【先生四十三歲.】…… 閏月. 丁先考判書公憂. …… 七月二十九日. 葬判書公于景出山先夫人墓前.【(補)遠近學子, 有來從者, 亦不强拒. 蓋從朱子寒泉之意也】."

있으며 물이 휘돌아 가서 유절한 자취가 있다. 선생께서는 일찍이 장수할 뜻을 갖고 계셨는데, 이때 이르러 현인縣人들에게 명해 재물을 모아 집을 짓도록 했다. 이는 몽학의 학업을 익힐 장소를 마련하기 위해서였다】."43)

김성일은 풍경이 좋고 세상과 단절되어 조용한 곳에 서당을 지었다. 석문정사가 본인의 장수를 위주로 한 공간이었다면 옥병정사는 어린아이들에게 가르침을 주기 위한 공간이기도 했다. 김성일의 학문은 서당에서의 강학을 통해 전해지게 되었다.

3) 류성룡의 원지정사와 옥연서당

류성룡은 1562년(명종 17년)에 형 류운룡과 함께 계상서당과 도산서당으로 나아가 수개월간 머물며 이황에게 『근사록』 등을 수업 받았다.44) 이때 류운룡이 이황에게 "지금 『대학』을 수업 받고 싶지만 먼저 『근사록』을 수업 받기를 청합니다"라고 하니, 이황이 좋아하면서 『근사록』의 첫 번째 부분인 「태극도설」을 전수해주었다. 그리고 가르침에 임해 "진실로 이 책에서 힘을 얻는다면 어떤 책인들 읽지 못하겠는가?"라고 했다. 이에 류운룡은 "『역학계몽』 같은 책도 읽을 수 있겠습니까?"라고 하니, 이황은 "자기에게 절실한 곳에 공들이지 아니하고, 현묘玄妙한 상수象數를 먼저 하게 되면 결국 이는 등급을 뛰어넘는 것일 뿐이다. 독서의 핵심은 성현의

---

43) 『학봉집』 부록 권1, 「年譜」. 54세조 "(補)築玉屛書齋于落淵之南岸.【岸稱藏六原, 在仙遊亭北, 隔江相望. 山環水回, 有幽絶之趣, 先生嘗有藏修之志, 至是令縣人聚資作舍, 爲蒙學肄業之所】."
44) 『서애집』, 「서애선생연보」 권1 21세조. "四十一年壬戌.【先生二十一歲.】 …… 九月. 謁退陶李先生于陶山. 留數月, 受等書. 自是, 潛心性理之學, 講明踐履, 必以聖賢爲指歸, 李先生大加稱賞. ○後先生嘗訪金鶴峯於金溪, 鶴峯謂先生曰, '吾輩從老先生久矣, 未嘗有一言奬許, 公一見先生, 而先生卽曰, 此人天所生也. 他日所樹立必大.' 公何以得此於師門乎?" 又嘗謂人曰, 「西厓, 我之師表」 先生亦嘗稱鶴峯以爲吳所不及, 其交相推重如此】."

말씀을 먼저 보고 자기 몸과 마음에 돌이켜 직접 자세히 살피는 것일 뿐이다. 의심이 나면 질문하고 길이 보이면 밝혀야 하니, 이 또한 깨달음으로 인도해 서로 도움이 될 것이다"라고 했다.45)

이황은 이때 류운룡, 류성룡 형제에게 기본 텍스트로『근사록』을 전수하면서 성리학에 전념하도록 했다. 이때부터 류성룡은 성리학에 전념하면서 실천적인 것을 강구해 반드시 성현을 목표로 삼았다. 또 이즈음 김성일을 만나 교류하기 시작했고, 동학일 뿐만 아니라 정치적 동지로 인연을 계속 이어갔다.

류성룡은 1566년(명종 21년)에 문과에 급제해 승문원권지부정자에 임명되어 관직 생활을 시작했다. 이후 이조좌랑, 상주목사, 병조판서, 이조판서, 영의정 등을 역임할 정도로 활발한 정치 활동을 이어갔다. 다만 그러한 정치 활동으로 인해 같은 퇴계 문하의 조목이나 김성일에 비해 강학 활동은 두드러지게 나타나지 않는다. 그럼에도 틈나는 대로 조정에서 물러나 강학할 공간을 마련하고자 했다.

1571년(선조 4) 가을에 류성룡은 낙동강 서쪽 언덕에 서당을 세우려고 하다가 땅이 협소해 그만두었다. 그리고 이 지역을 자기의 호로 삼았는데, 그것이 바로 '서애西厓'이다.46) 류성룡과 직접 관련된 16세기의 안동 지역 서당은 풍악서당, 원지정사, 옥연서당 이렇게 3곳이었다.

풍악서당은 풍산현 북쪽 일리一里에 있다. 1563년(명종 18년)에 세워졌는데, 생원 권경전 등이 상소해 학전을 하사 받았다. 그러나 이후 류성

---

45)『겸암집』,「겸암선생연보」권1 24세조. "四十一年壬戌.【先生二十四歲.】九月. 與文忠公謁退溪先生, 留溪上書齋數月, 受等書. 先生稟曰, '今欲受, 請先受.' 退溪先生曰, '最好.' 遂授「太極圖說」. 臨教從容曰, '苟於此書得力, 則何書不可讀乎?' 先生又稟曰, '如『啓蒙』一書, 亦可受讀否?' 答曰, '不於切己處用功, 而先推玄妙象數, 終是躐等. 讀書之要, 先觀聖賢之言, 又反身心體察去, 有疑可質, 有路可明, 亦可以開尊相益.'"

46)『서애집』,「서애선생연보」권1 30세조. "欲作書堂于洛水之西厓, 以地狹不果.【因以西厓自號】."

룡이 이 서당이 길가에 있어 장수처로 합당하지 않다고 해 사람들에게 권해 병산으로 옮기도록 했다.47) 그리고 류성룡 사후 풍악서당에 사당을 세워 병산서원으로 바뀌게 되었다.48) 하지만 류성룡 생전에 그의 강학과 관련해 밀접한 연관성은 보이지 않는다. 원지정사와 옥연서당 역시 후학 양성 공간보다는 자기의 심신을 수양한 도학 형 서당으로 보인다.

원지정사는 1576년(선조 9년) 1월에 완성되었다.49) 원지정사는 하회 옥연 남쪽에 있었는데, 절벽이 앞에 마주하고 있으며, 오른쪽에는 화악花岳이 왼쪽에는 원지산이 있어 승경지라고 할 수 있었다.50) 류성룡은 1573년(선조 6년) 7월에 부친 류중영의 상을 당해 고향으로 내려왔는데51), 여러 가지 사건으로 시끄러운 조정을 떠나 원지정사에서 은거하면서 강학할 생각이었던 것으로 보인다. 이는 1575년(선조 8년) 9월에 탈상했으나 조정에서 관직이 내려와도 나아가지 않았던 점에서 그것을 짐작해 볼 수 있다.52) 이 시기 조정에서는 훗날 동서분당의 원인으로 작용하는 심의겸沈義謙(1535~1587년)과 김효원(1532~1590년) 사이의 갈등이 증폭되어 조정이 둘로 갈라지고 있었다.53)

---

47) 權紀 著, 金世美 譯, 『國譯 永嘉誌』, 安東郡, 1991, 286쪽.
48) 『서애집』, 「서애선생연보」 권2. 1614년조. "四十二年甲寅四月丁亥, 奉安位版於屛山書院, 行釋菜禮.【院在河隈上流伍里許. 豊山縣舊有豊岳書堂. 先生以堂在官道傍, 不合藏修之所, 諭本縣學子, 移建于此. 至是儒生立祠其側."
49) 『서애집』, 「서애선생연보」 권1 35세조. "四年丙子.【先生三十伍歲.】…… 遠志精舍成.【在村北江岸上. 凡伍間. 有記."
50) 권기, 『영가지』 권4. "遠志精舍.【在河回玉淵之南. 絶壁對其前, 花岳峙其右, 遠志山鎭其左, 最占湖山之勝. 西厓柳成龍所構】."
51) 『서애집』, 「서애선생연보」 권1 32세조. "神宗皇帝萬曆元年癸酉.【先生三十二歲.】…… 七月辛卯. 丁觀察公憂. …… 八月. 奉襯南下. 十二月甲申. 葬于天燈山金溪之原, 是日返哭于河隈."
52) 『서애집』, 「서애선생연보」 권1 34세조. "三年乙亥.【先生三十四歲.】九月. 服闋. ○ 拜弘文館副校理, 辭不赴. ○ 冬. 拜吏曹正郞, 又辭不赴."; 李玄逸, 『愚伏集』 권20 「有明朝鮮國輸忠翼謨光國忠勤貞亮效節協策扈聖功臣 大匡輔國崇祿大夫 議政府領議政兼領經筵弘文館藝文館春秋館觀象監事 世子師 豊原府院君西厓柳先生行狀」. "常以春犀過隆, 仕官奪志, 爲平生恨. 名其堂曰遠志, 以見其微意."

1578년(선조 11년)에 류성룡이 지은 「원지정사기遠志精舍記」에서 '원지'의 뜻과 함께 이 정사를 지은 뜻을 살펴볼 수 있다. 원지정사는 모두 5칸으로 동쪽은 당이고 서쪽은 재였다. 집을 다 짓고 나서 편액을 '원지'라고 했는데, 이유를 적지 않자 어떤 사람이 이유를 묻자 류성룡은 이렇게 말했다.54)

원지는 본래 약 이름으로 일명 소초小草라고도 한다. 옛날 진晉나라 사람이 사안謝安에게 묻기를, "원지와 소초는 하나의 물건인데, 어째서 이름이 두 개인가?"라고 했다. 어떤 사람이 말하길, "[산에] 있으면 원지요, 나가면 소초가 된다"라고 하니, 사안이 부끄러운 기색이 있었다. 내가 산에 있을 때는 본래 원지가 없었으나 나아가서는 소초라도 된 것은 당연한 것이다. 이는 서로 비슷한 점이 있다. 또 의가醫家에서 원지遠志로 오로지 심기心氣를 다스려야 능히 혼탁과 번민을 풀어 줄 수 있다고 한다. 나는 여러 해 전부터 심기에 병이 들어 매번 약을 먹을 때마다 번번이 원지를 사용했다. [그러므로] 공을 감히 잊지 못한다. 이것을 유추해 뜻을 끌어오면 마음을 다스린다는 말 또한 유자儒者들이 항상 하는 말이다. 이와 같은 뜻이면 재호齋號로 삼을 만하다.55)

그는 "원遠은 가까움이 쌓인 것이고, 지志는 마음이 가는 바이다. 상하 사방의 공간[宇]과 예부터 지금까지의 시간[宙]은 원遠이라고 할 수 있다.

---

53) 『宣祖實錄』 권9, 선조 8년 10월 24일 무자 1번째 기사.
54) 류성룡, 『서애집』 권17, 「遠志精舍記」. "築精舍于北林. 凡伍間. 東爲堂. 西爲齋. 由齋北出. 又轉而西. 高爲樓. 以俯江水. 旣成. 扁其額曰遠志. 湖山登望之美不識焉. 客疑其義."; 이후 「원지정사기」 번역은 은정희, 박희창, 정동호(공역), 『서애집』 2, 민족문화추진회, 1977를 참고.
55) 류성룡, 『서애집』 권17, 「원지정사기」. "遠志. 本藥名. 一名小草. 昔晉人問謝安曰, '遠志小草一物. 而何爲二名?' 或曰, '處爲遠志. 出爲小草.' 安有愧色. 余在山固無遠志. 出而爲小草. 則固也. 是有相類者. 又醫家以遠志. 專治心氣. 能撥昏蕩煩. 余年來患心氣. 每餌藥輒用遠志. 其功不敢忘. 因推類而引其義. 治心之說. 亦儒者常談. 如此敷義. 皆可爲齋號."

그러나 내 마음은 모두 갈 곳을 얻었고, 갈 곳을 얻었기 때문에 즐기는 바[玩] 있고, 즐기기 때문에 즐거운 바 있고 즐겁기 때문에 잊는 바[忘] 있다. 잊는다는 것은 무엇인가? 집의 작음을 잊는 것이다"라고 했다. 따라서 원지정사의 '원'은 공간과 시간의 멂이며, '지'는 조정에서 벗어나 은거하면서 강학하는 것을 말한다. 때문에 도잠의 시에서 "마음이 세속에서 멀어지니 땅이 절로 궁벽해지네"라는 구절을 인용해 은거할 뜻을 내비쳤다.56)

그러나 이 원지정사는 마을과 멀리 떨어져 있지 않아 생각만큼 고요하고 그윽하지 못했다. 그런데 북쪽 못을 건너서 돌벼랑 동쪽에 기이한 곳이 있어 그곳에 다시 옥연서당을 짓게 되었다.57) 그곳은 앞에는 호수의 광경을 안고 뒤로는 높은 언덕을 지고 있으며 오른쪽에는 붉은 벼랑이, 왼쪽에는 흰 모래가 있는 곳이다.58) 류성룡이 원한 고요하고 경관이 수려한 곳이라고 할 수 있었다.

그때 탄홍이라는 승려가 건축을 자원하고 재원[粟帛]을 부담해 1576년에 짓기 시작했다. 이로부터 10년 만인 1586년(선조 19년)에야 건물이 완성되었다. 옥연서당은 총 5개 공간으로 구성되어 있다. 당이 2칸인데 '감록瞰綠'이라고 이름 했고, 이 당의 동쪽에 거처하는 공간을 2칸 두었는데 '세심'이라고 이름 했으며, 재 북쪽에 건물을 지키는 승려들을 위한 공간을 두고 '완적'이라고 이름 했다. 또 동쪽에 재 2칸을 두어 찾아오는 붕

---

56) 류성룡, 『서애집』 권17, 「원지정사기」. "遠者, 近之積也. 志者, 心之所之也. 上下四方之宇, 古往今來之宙. 可謂遠矣. 而吳之心皆得之焉, 之焉故有所玩. 玩焉故有所樂, 樂焉故有所忘. 忘者何? 忘其室之小也. 淵明詩曰, '心遠地自偏.' 微斯人, 吳誰與歸. 是爲記. 戊寅四月朢前一日書."
57) 『서애집』, 「서애선생연보」에는 '옥연서당'으로, 『영가지』에는 '옥연정사'로 되어있다.
58) 류성룡, 『서애집』 권17, 「玉淵書堂記」. "余旣作遠志精舍, 猶恨其村墟近, 未愜幽期. 渡北潭, 於石崖東, 得異處焉. 前挹湖光, 後負高阜, 丹壁峙其右, 白沙縈其左."; 이후 "옥연서당기" 번역은 은정희, 박희창, 정동호 공역, 『서애집』 2, 민족문화추진회, 1977를 참고.

우를 위한 공간을 만들었고, 재 서쪽에 2칸짜리 작은 헌軒을 두어 '애오愛吾'라 이름 했다.59)

남쪽 물 한 굽이는 [내] 은거할 곳	南河一曲是菟裘
푸른 물 붉은 절벽 가까이 작은 누각 있네.	碧水丹崖近小樓
강 남쪽을 향해 어부에게 묻지 말라.	莫向江南問漁父
안개 자욱하고 날은 저무니 사람들은 서글프네.	煙波日暮使人愁

— 류성룡, 『서애집』 별집 권1, 「정사잡영精舍雜詠」

그렇다면 류성룡은 왜 '옥연'이라고 이름 했을까? 정사가 위치한 그곳은 강물이 흐르다가 그곳에 이르러 깊은 못이 되는데, 물빛이 깨끗하고 맑아 옥과 같기 때문에 '옥연'이라고 했다. 옥의 깨끗함과 못의 맑음은 모두 군자가 귀하게 여기는 것이며, 사람들이 본받고자 하는 것이었다.60) 옥연서당은 원지정사보다도 더 조용하고 경관이 수려한 곳으로 류성룡은 조정에서 물러나 그곳에서 자연과 더불어 지내고자 했다. 1599년(선조 32년)에는 형 류운룡과 함께 옥연에서 배를 타고 유람하기도 했다.61)

결국 류성룡과 관련된 원지정사와 옥연서당은 모두 류성룡이 조정에서 물러나 강학했던 장소로 볼 수 있다. 다만 류성룡은 이들 장소에서 학

---

59) 류성룡, 『서애집』 권17, 「옥연서당기」. "有山僧誕弘者, 自薦幹其役, 資以粟帛. 自丙子始, 越十年丙戌粗成. 其制爲堂者二間, 名曰瞰綠, 取王羲之仰眺碧天際, 俯瞰綠水隈之語也. 堂之東, 爲燕居之室二間, 名曰洗心, 取易繫辭中語, 意或從事於斯, 以庶幾萬一爾. 又齋在北者三間, 以舍守僧, 取禪家說名曰玩寂. 東爲齋二間, 以待朋友之來訪者, 名遠樂, 取自遠樂乎之語. 由齋西出爲小軒二間, 與洗心齋相比, 名曰愛吾, 取淵明吾亦愛吾廬之語."
60) 류성룡, 『서애집』 권17, 「옥연서당기」. "合而扁之曰玉淵書堂. 盖江水至此, 匯爲深潭, 其色潔淨如玉故名. 人苟體其意, 則玉之潔凈之澄, 皆君子之所貴乎道者也."
61) 『겸암집』, 「겸암선생연보」 권1 61세조. "二十七年己亥.【先生六十一歲】…… 九月甲寅. 與文忠公乘舟遊玉淵."

생을 가르치기보다는 자기 학문을 연마하는 데 힘을 쏟은 것으로 보인다.

4 ____ 18세기 경상도 지역 서당 운영과 이상정의 서당관

퇴계학파의 정맥을 이은 이상정은 월록서당, 모산서당, 농연서당聾淵書堂 등의 기문을 지었는데, 이 기문에서 그의 서당관을 엿볼 수 있다. 16세기에 이황, 조목, 김성일, 류성룡 등이 인동 지역에서 경영한 서당은 장수 강학처로 활용된 것과 달리 이후 경상도 지역에서 운영된 서당은 대체로 집안 혹은 마을에서 자손을 위해 만든 과거시험 준비 공간이었다. 하지만 이상정은 서당에서 기초를 닦아 장성하게 되면 도체를 밝히고 적용을 알맞게 하게 되므로 서당의 존재 의의가 크다고 했다.62) 본 장에서는 월록서당, 모산서당, 농연서당에 대한 이상정의 기문을 통해 18세기 경상도 지역의 서당 운영에 대해 검토하면서 이상정의 서당관을 살펴보도록 하겠다.

1) 월록서당

월록서당은 조덕린趙德鄰(1658~1737년)의 후손인 조운도趙運道, 조술도趙述道, 조진도趙進道 형제가 집안사람 및 이웃과 의논해 마을의 자제들이 함께 종유해 안에서 독서하고 학업을 강구해 진보가 있기를 바라는 마음에서 세운 것이었다. 또 조운도 형제는 조덕린과 같은 선조와 세대가 점점 멀어지고 사는 곳이 궁벽해 자제와 후손들이 보고 본받는 바가 없어

---

62) 李象靖, 『大山集』 권44, 「茅山書堂記」. "父兄之爲子弟謀者其用心可謂勤矣. 夫書堂, 卽古者黨庠家塾之制, 所以羣居肄業, 以作成人才. 幼學爲壯行之基, 窮養爲達施之本. 培根達支, 爲明體適用之學者於是而資焉, 則其義顧不大與."; 이상정 저, 김성애 역, 『대산집』 8, 한국고전번역원, 2009. "서당은 옛날 당상黨庠과 가숙의 제도이니, 여럿이 거처하면서 학업을 익혀 인재를 만들어내는 곳이다. 어려서 배우는 것이 장성해 행하는 기초가 되고, 곤궁할 때 함양하는 것이 현달해서 시행하는 근본이 되는 것이다. 뿌리를 배양하면 가지가 창달하듯, 도체를 밝히고 적용을 알맞게 하는 학문을 하는 것은 어려서 배우는 것에 바탕을 두고 있으니, 서당의 의의가 도리어 크지 않은가."

서 스스로 떨치지 못할까 염려했고, 이에 이상정에게 부탁해 자제와 후손들을 이끌어 줄 수 있는 방법을 물었다. 이상정은 과거에 급제하고자 문장을 공부하기보다는 학문의 체용을 모두 갖추기를 바라는 마음에서 이렇게 말했다.

> 어려서 물 뿌리고 비질하며 응답하고 대답하는 것과 육예六藝의 방법을 익히고, 자라서 이치를 궁구하고 마음을 바로잡으며 자신을 온전히 하고 남을 착하게 하는 방법으로 나아가야 한다. 그리하여 배워서 [지식을] 모으고 물어서 [사물을] 분별해 의리의 자취를 넓히며, 체험하고 [사려를] 온전히 길러서 실천하는 실제를 지극히 해야 체와 용이 완전해져서 어느 한쪽으로 치우치지 않고 본말이 다 갖추어져 선후의 차질이 없게 된다.63)

어려서는 마당에 물 뿌리고 비질하며 어른의 질문에 응답하고 대답하는 쇄소응대灑掃應對의 기본예절과 예용禮容, 음악, 활쏘기, 말 타기, 글쓰기, 수학의 예악사서어수禮樂射御書數의 기본 지식을 익히고, 자라서는 이치를 궁구하고 마음을 바로 잡으며 자신을 온전히 하고 남을 착하게 할 수 있는 수기치인 방법으로 나아가야 한다고 했다. 그리고 지식 습득뿐만 아니라 의리의 분별과 실천의 중요성을 강조해 체와 용이 완전해지도록 강구하는 것이 서당이 나아갈 길이라고 했다.

2) 모산서당

모산서당은 1771년(영조 47년)에 남상천南相天(1706~?) 주도로 세

---

63) 이상정, 『대산집』 권44, 「月麓書堂記」. "幼而習於灑掃應對與夫六藝之術, 長而進乎窮理正心成己淑人之法. 學聚問辨, 以博其理義之趣, 體驗完養, 以極其踐履之實, 體用全而不倚於一偏, 本末該而不躓於後先."

워졌으며, 이상정은 제자인 이춘부李春溥(?~?)의 요청으로 모산서당 기문을 작성했다.64) 모산서당은 본래 천계연간天啓年間(1621~1627년)부터 남애 부연釜淵 가에 있던 면제서당面提書堂에서 기원한다. 이 면제서당은 약 50년 뒤에 사천으로 옮겨 타양서당沱陽書堂으로 이름을 바꾸었고, 19년 뒤에 모산茅山 곡구谷口로 옮겼으며, 다시 22년 뒤에 남쪽으로 수십 걸음 나간 곳으로 장소를 옮겼다. 그리고 다시 49년이 지난 1771년에 모산의 산허리에 터를 잡아 옮기고 마침내 모산시당이리고 이름 했다.65) 4차례나 장소를 옮겨 드디어 좋은 장소를 찾은 것이다.

이상정은 사람이 중대한 윤리를 갖고 있기 때문에 만물 중에 가장 신령하다면서 이치를 밝히지 않으면 깊은 경지로 갈 수 없고, 실천하지 않으면 자기 것으로 할 수 없다고 했다. 따라서 철저하게 연구하고 끝까지 찾아들어가 기미의 즈음에 미혹되지 않게 하며, 체험하고 경험해 동정動靜의 순간에 해이하지 않게 해야 한다고 했다. 나아가 경敬으로 유지해 [마음이] 둘 셋으로 나뉘지 않게 하며, 성誠으로 지켜서 [행동이] 교만하고 거짓됨이 없도록 하여야 한다고 했다.66)

이상정은 서당에서 지식을 철저하게 탐구할 것뿐만 아니라 그것을 실천할 것을 요구하고 있는 것이다. 그리고 과거시험 준비는 선비가 정신을 쏟을 일은 아니지만 나라에서 인재를 뽑는 유일한 방법이기 때문에 이에 임하지 않을 수 없다면서도 사리를 잘 분별해 급하고 먼저 해야 할 일 즉

---

64) 이상정, 『대산집』 권44, 「茅山書堂記」. "縣監南公相天氏實幹是役, 嘗攜余一宿其中. 今李君春溥要余記, 則南公已不在矣, 爲之俛仰一涕."
65) 이상정, 『대산집』 권44, 「모산서당기」. "縣之有面提書堂, 肇自皇明天啓, 在南至釜淵之上. 後伍十餘年, 移于斜川之洑, 易號爲沱陽. 景玉山人李公實紀其事. 後十九年, 移于茅山之谷口, 又後二十二年, 移就其南數十武. …… 又後四十九年辛卯, 卜茅山之腰而移焉, 遂易以今號."
66) 이상정, 『대산집』 권44, 「모산서당기」. "人之得於天而最靈於萬物者, 以其有倫常之重, 而不先明理則無以造其娛, 不踐其實則無以有諸己. 學問思辨而篤行之, 所以明理而反諸躬者也. 鑽硏窮索而不迷於幾微之際, 體驗履歷而不懈於動息之頃. 持之以敬而勿貳參, 守之以誠而無矯僞."

내 자신을 위한 공부을 해야 한다고 했다. 그렇게 된다면 과거 공부를 하더라도 해될 것은 없다는 것이 이상정의 생각이었다.67) 당시 서당이 과거를 준비하기 위한 공간임을 인식했으나 이를 과거 공부를 위한 공간만이 아닌 수양 공간으로 활용해야 한다는 것이다.

3) 농연서당

농연서당은 1754년(영조 30년)에 최흥원崔興遠(1705~1786년)이 세운 것이다. 최흥원은 봉림대군鳳林大君의 사부인 최동집崔東㠍(1586~1661년)의 5대손으로 최동집이 집을 짓고 은거한 곳이 없어진 것을 안타깝게 여기고 여러 집안사람과 더불어 옛 터에 집을 짓고 농연서당이라 편액했다. 그리고 자제들이 이곳에서 글을 읽고 학업에 전념하는 공간으로 활용하도록 했다.68) 최흥원의 아들 최주진崔周鎭과 조카 최항진崔恒鎭이 스승 이상정에게 기문을 요청해 작성되었다.

이상정은 최흥원이 정구 문하에 종유해 군자의 도를 듣고 존심存心과 극기 공부에 종사해 후세에 전할 만한 좋은 말씀과 아름다운 행실이 있었을 텐데 이에 대해 알 수 없기 때문에 성현의 가르침을 통해 농연서당에 필요한 글을 적는다고 했다.69)

---

67) 이상정, 『대산집』 권44, 「모산서당기」. "至若科擧之業, 非儒者之所汲汲. 然國家取士之法, 只有此一路, 惟在審夫緩急先後之分, 使其外之輕者, 毋得以奪乎內. 誘之小者, 毋得以移其重, 則雖從事於擧業而亦不能爲吳害矣."
68) 이상정, 『대산집』 권44, 「聾淵書堂記【丙戌】」. "往在崇禎庚辰, 臺巖崔公以孝廟潛邸師傅, 陪質于藩館, 旣在途而不及, 則築室於此而隱約以終其身. 顧今百年之後, 遺蹟蕩然無復存者矣. 甲戌春, 來孫興源汝浩甫慨然思有以修之, 與諸族人拓舊址營小屋, 屋凡三間, 東二間爲齋, 曰洗心, 西一間爲軒, 曰濯淸, 後爲僧寮若干楹, 合而扁曰聾淵書堂. …… 汝浩甫奉老多病, 不能常處其中, 使子弟讀書攻業."
69) 이상정, 『대산집』 권44, 「농연서당기【병술】」. "夫以先先生早遊之門, 得聞君子之道而以存心克己爲學, 其嘉言懿行, 必有可傳於後者, 而今不可幸而得, 則惟有從事於古昔聖賢之訓, 以泝尋其門路耳."

무릇 명明과 성誠을 함께 나아가고 경敬과 의義를 모두 세우라는 것은 주 선생[주희]의 「백록동부白鹿洞賦」의 글이며, 또 미발未發에서 존양存養하고 이발已發에서 성찰하라는 것은 「악록서원기嶽麓書院記」의 내용이다. 여호汝浩[최흥원]께서 이 학문에 이미 힘썼으니 어찌 만년의 공부에 이에 더욱 힘쓰지 않았겠는가? 또 이를 미루어 자제들과 후학들을 가르쳐 여기에 전념해 다른 길로 섞이지 않게 한다면 명과 성이 극진해지고 지와 행을 함께 나아가며 존과 성이 지극해지고 동과 정에서 서로 함양될 것이다.[70]

이상정은 최흥원의 학문에 대해 직접 알 수 있는 도리가 없기 때문에 주희가 "명과 성을 함께 나아가고 경과 의를 모두 세우라"라고 한 「백록동부」와 "미발에서 존양하고 이발에서 성찰하라"라고 한 「악록서원기」의 글을 인용해 농연서당에서 공부하는 집안의 자제들과 후학들에게 가르치도록 했다. 그러한 학문에 전념한다면 이치를 밝히는 명과 이 이치를 행동으로 지켜나가는 성이 극진해져서 지와 행이 함께 나아가게 되며, 희로애락으로 발하기 전에[未發] 성性을 보존하고 발한 이후에[已發] 절도節度에 맞았는지 성찰하는 것이 지극해져서 발한 후인 동 상태와 발하기 전인 정 상태에서 서로 함양하게 될 것으로 보았다.

결국 이상정이 농연서당 기문에서 말하고 있는 학문의 지향은 당시 일반적인 서당에서 행해지고 있던 동몽에 대한 강학 혹은 과거시험을 준비하는 교육이 아니라 함양성찰涵養省察하는 도덕적 수양이었던 것이다.

---

70) 이상정, 『대산집』 권44, 「농연서당기【병술】」. "夫明誠兩進, 敬義偕立, 朱先生之賦白鹿也. 存養於未發, 省察於已發, 又所以記岳麓也. 汝浩甫旣用力於此學, 盍以是益加晚暮之工. 又推而教其子弟與其來學者, 專意於此而不雜以他歧, 則明誠盡而知行兩進, 存省至而動靜互養."

4) 이상정의 서당관

월록서당은 조운도, 조술도, 조진도 형제가 주도해 집안과 지역 사람들의 연합으로 설립된 '사족 연합 서당'이며, 모산서당은 고을 현감인 남상천 주도로 설립된 '관 주도 서당'이며, 농연서당은 최흥원 주도로 집안 강학처로 설립된 '문중 서당'이었다. 이 서당들은 모두 '경학 교육 서당'으로 과거시험을 준비하는 공간으로 만들어졌다. 한편 월록서당과 농연서당은 선조에 대한 경모敬慕 공간으로 활용되어 서원의 제향 기능을 일부 했다고 볼 수 있다.

〈표 1〉 18세기 경상도 지역 서당의 분류

이름	설립 주체	설립 시기	분류		비고
			학습 수준	설립 주도 집단	
월록서당	조운도, 조술도, 조진도 형제	18세기	경학 교육 서당	사족 연합 서당	동몽 교육도 실시
모산서당	남상천	1771년 (영조 47)	경학 교육 서당	유지 독영 서당	17세기에 세워진 면제서당에서 기원
농연서당	최흥원	1754년 (영조 30)	경학 교육 서당	문중 서당	최동집에 대한 경모의 의미 포함

이상정은 각 서당의 설립 주체와 사제 관계 등 개인적 관계로 인해 기문을 작성했다. 이 기문에서 이상정은 당시 서원의 설립이 과거시험을 준비하기 위한 것임을 인정하면서도 장수 강학처로 활용되기를 바랐다. 그리고 서당은 지식 전달과 습득이 이루어지는 공간일 뿐만 아니라 더 나아가서는 함양성찰의 도덕적 수양을 목표로 정진하는 공간이 되어야 한다고 했다. 그러한 이상정의 서당관은 이황 이래 이어진 퇴계학파의 서당 건립 및 운영 취지와도 일맥상통한다.

앞 장에서 살펴보았듯 이황은 계상서당과 도산서당을, 조목은 월천서당을, 김성일은 석문정사와 옥병서재를, 류성룡은 원지정사와 옥연서당을 설립하고 운영하면서 자신의 학문과 인격을 수양하는 장수 강학처로 활용하고자 했으며, 때로는 찾아오는 제자들의 학문을 성취시키는 공간으로 활용했다. 18세기 경상도 지역에서 일반적으로 서당을 동몽 교육이나 과거시험을 준비하는 공간으로 운영했지만 퇴계학파의 정맥을 이은 이상정은 일반적인 서당 운영 방식에 문제를 제기하고 퇴계학파의 서당관을 전승하려 한 것이다.

5 맺음말

18세기에 그려진 김홍도의 풍속화 속 이미지처럼 서당은 훈장에 의한 초등 교육 공간으로 알려져 있다. 훈장이 어린아이들을 가르치는 동몽 서당이 없었던 것은 아니지만 조선후기 서당은 이보다 더 다양한 존재 양상을 보인다. 이들 서당은 학습 수준에 따라 초학 아동만 대상으로 하는 '동몽 서당', 사서 수준의 경학을 가르치고 과거 준비까지 하는 '경학 교육 서당', 그리고 명유가 직접 가르치던 '도학 형 서당'으로 나눠 볼 수 있으며, 설립 주도 집단에 따라 '사족 연합 서당', 동족 부락 중심인 '문중 서당', 마을 유지가 독자적으로 운영하는 '유지 독영 서당', 관권에 의해 설립된 '관 주도 서당' 등으로 나눠볼 수 있다.

16세기에 안동 지역 서당은 대체로 퇴계학파와 밀접한 관계가 있었다. 이계서당을 설립한 권대기, 경광서당을 설립한 권호문, 가야서당을 설립한 김언기, 구담서당을 설립한 김수일, 석문정사를 설립한 김성일, 옥연정사를 설립한 류성룡 등은 이황의 제자였다. 또 팔우서당을 설립한 배용길, 봉산서당을 설립한 이개립 등은 김성일의 제자였다. 그들은 각자의 학문 성향에 따라 전수받은 이황의 학문을 심화시켜 나갔으며, 각자의 개성에 따라 서당을 경영했다.

이황은 1534년에 문과에 급제해 10여 년간 관직 생활을 하다가 1546년에 장인 권질과 부인 권씨의 상을 치르면서 고향으로 내려왔는데, 이때부터 자신의 학문 공간을 마련하기 위해 노력했다. 그 일환으로 계상서당과 도산서당을 설립했다. 이 서당의 입지 조건으로 이황이 가장 중요하게 생각한 것은 바로 조용하고 아늑한 공간이었다. 벼슬을 버리고 학문에 정진하고자 했기 때문이다.

다만 계상서당은 너무 한적해 호연지기를 기르기에 적합하지 못했기 때문에 다시 도산서당을 건립하게 되었다. 계상서당이 마련되고부터 이황에게 수업을 받기 위해 전국에서 많은 학생이 몰려들었고, 도산서당에는 그들을 위한 공간이 마련되었다. 서당에서는 이황 자신의 수양뿐만이 아니라 문도들에 대한 교육이 이루어졌다. 1570년에 도산서당에서 『역학계몽』과 『심경』의 강학이 이루어졌는데, 이는 만년의 이황이 가장 강조한 두 책이었다.

계상서당과 도산서당은 이황 자신의 수양을 위해 설립되었지만 이후 이황의 학문이 전해지는 공간으로 활용되었다. 그리고 그의 사후 도산서당은 도산서원으로 변모하게 되었다. 이황의 고제 조목, 김성일, 류성룡 역시 각자의 개성에 따라 서당을 경영했다.

조목은 1590년에 월천서당을 보수해 건물의 구성을 제대로 갖추도록 한 다음 장서 공간을 확보했다. 이 월천서당은 본래 조목의 아버지 조대춘이 1540년에 집안 아이들의 독서를 위해 건립한 것으로 조목이 월천서당에서 강학하면서 인근의 학자들이 모여들었고, 이로 인해 규모를 넓히게 된 것이다. 조목은 월천서당에서는 『소학』과 『대학』을 강조했는데, 역동서원에서 『심경』을 강학한 것과는 대비되는 것이었다.

조목은 『소학』을 여러 경전의 핵심으로 보고 만약 『소학』을 통달하게 되면 성인이 될 수 있으며, 『대학』에는 수기치인의 공부가 있으니 『대학』을 공부해 깊은 속뜻까지 모두 알게 되면 천하뿐만 아니라 나머지까지도 알 수 있게 된다고 했다. 즉 『소학』과 『대학』을 학문의 기본으로 본 것이다. 따라서 월천서당을 어린아이들을 가르치는 공간은 아니지만 학문의 기본을 다지는 공간으로 보았던 것이다.

김성일은 1556년에 이황 문하에 나아간 이래 계상서당과 도산서당을 오가며 학문을 전수받았다. 『서경』, 『역학계몽』, 『심경』, 『대학』, 「태극도설」, 『주자서절요』 등을 읽었으며, 내적 수양에 전념했다. 그러한 학문 경향에 대해 이황은 김성일에게 수양 방법으로 경敬과 사事를 제시하면서 실천 방법으로 의義와 학學을 함께 강조했다.

1568년에 문과에 급제해 조정에 출사했고 2년 뒤인 1570년에 스승 이황이 서거하자 조용한 곳을 찾아 수양하려고 했다. 이는 이황이 벼슬을 버리고 학문에 정진하려고 한 것과 같다. 이에 따라 친구 권호문에게 요청해 땅을 분할 받아 안동부 서쪽에 있는 청성산에 석문정사를 건립했다. 그곳은 조정에서 물러나 휴식을 취하면서 수양하는 공간으로 조성된 곳이었지만 수업을 받고자 하는 문인들에게 강학하는 공간이기도 했다.

1591년에는 임하현 동쪽 낙연의 남쪽 언덕에 옥병서재를 건립했다. 이곳 역시 석문정사와 마찬가지로 풍경이 좋고 세상과 단절된 조용한 곳이었다. 그러나 이곳은 이 지역 어린아이들을 가르치기 위해 마련한 곳으로 석문정사와는 차이가 있었다.

류성룡은 1562년에 이황 문하로 나아가기 이전에 가학으로 『대학』, 『맹자』, 『중용』, 『춘추』 등을 공부했다. 그는 형 류운룡과 함께 계상서당과 도산서당을 오가며 이황에게 『근사록』 등을 수업 받았다. 김성일이 이미 『역학계몽』과 『심경』 등을 읽은 것과는 다르게 그들에게는 『근사록』

의 첫 번째 부분인 「태극도설」을 가르쳐주면서 절실한 곳을 먼저 공부하도록 권했다. 류성룡은 1566년에 문과에 급제해 조정에 출사했고, 이후 활발한 정치 활동을 이어가면서 조목이나 김성일에 비해 강학 활동이 두드러지게 나타나지는 않는다. 그럼에도 틈나는 대로 조정에서 물러나 강학할 공간을 마련하고자 했다.

원지정사와 옥연서당이 바로 그것이다. 류성룡은 1576년에 하회의 옥연 남쪽에 원지정사를 완성했으나 마을과 멀리 떨어져 있지 않아 생각만큼 고요하고 그윽하지 못했다. 이에 다시 공간을 마련하고자 했다. 이 옥연 건너편 돌벼랑 동쪽에 자신이 원한 고요하고 그윽한 공간을 발견한 그는 그곳에 옥연서당을 지었다. 탄홍이라는 승려가 건축을 자원해 재원을 부담했고 1576년에 짓기 시작해 1586년에 완성되었다. 옥연서당에는 붕우들이 찾아오면 머물 수 있는 '원락재'를 두기는 했으나 강학을 위한 공간은 찾아볼 수 없다. 즉 류성룡은 원지정사와 옥연서당을 조정에서 물러나 수양하는 공간으로 만들었던 것이다.

결국 이황, 조목, 김성일, 류성룡 등 퇴계학파는 기본적으로 세속으로부터 떨어져 조용하고 풍광 좋은 곳에 서당을 세워 장수 강학처로 활용하고자 했다. 다만 각자의 사정에 따라 차이가 있을 뿐이었다. 관직 생활을 한 이황, 김성일, 류성룡은 모두 조정에서 물러나 강학처로 서당을 활용했는데, 이황과 김성일이 문인에게 학문을 전수하는 공간으로 서당을 활용한 반면 류성룡은 자신의 수양을 주요 목적으로 서당을 건립한 차이가 있었다. 한편 조목은 기존의 가숙 서당을 확장해 문인들에게 학문의 기본을 다지는 공간으로 활용했다. 이처럼 이들은 각자의 상황과 학문적 성향 및 개인적 취향에 따라 서당을 경영했던 것이다.

그러한 전통은 퇴계학파의 정맥인 이상정에게도 이어졌다. 18세기에 경상도 지역 서당은 일반적으로 동몽 교육이나 과거시험을 준비하는 공간으로 운영되었는데, 이상정은 그러한 운영 방식에 문제를 제기하고 장수강학처로서의 서당 운영을 강조했다. 그는 이황 이래 전승된 퇴계학파의 서당관을 충실히 계승하려했던 것이다.

참고 문헌

1. 원전
『謙菴集』, 『大山集』, 『西厓集』, 『宣祖實錄』, 『惺齋集』, 『永嘉誌』, 『月川文集』, 『月川集』, 『退溪集』, 『鶴峯集』

2. 번역서
權紀 著, 金世漢 譯, 『國譯 永嘉誌』, 安東郡, 1991.
권오돈, 권태익, 김용국, 김익현 등 공역, 「퇴계 선생연보」, 민족문화추진회, 1968.
김성애 역, 『대산집』 8, 한국고전번역원, 2009.
정선용 역, 『학봉전집』, 한국고전번역원, 2000.
박희창, 선병한, 임정기, 장재한 등 공역, 『서애집』 2, 민족문화추진회, 1977.

3. 연구서 및 연구 논문
權五榮, 「鶴峯 金誠一과 安東지역의 退溪學派」, 『韓國의 哲學』 28, 2000.
권오영, 「월천 조목의 언행과 학문성향」, 『국학연구』 28, 2015.
김동욱, 「퇴계의 건축관과 도산서당」, 『건축역사연구』 5, 1996.
김언호, 「도산서당陶山書堂의 입지立地와 도산서원陶山書院의 배치配置에 대한 고찰」, 『退溪學論集』 3, 2008.
金泰煥, 「溪堂 流失 事件과 退溪 晚年의 溪上 幽居」, 『유교사상문화연구』 58, 2014.
金昊鍾, 「西厓 柳成龍과 安東, 尙州 지역의 退溪學派」, 『韓國의 哲學』 28, 2000.
박균섭, 「도산서당 연구: 교육 공간의 구조와 성격」, 『한국학연구』 39, 2011.
박정해, 「陶山書堂과 傳統 立地環境」, 『退溪學과 傳統文化』 51, 2012.
안경식, 「敎育空間을 향한 退溪의 視線」, 『敎育思想硏究』 22, 2008.
안병걸, 「도산서원」, 『서원, 한국사상의 숨결을 찾아서』, 2000.
이만규 지음, 『다시 읽는 조선 교육사』, 살림터, 2010.
이병휴, 「麗末鮮初의 科業敎育, 書齋를 中心으로」, 『역사학보』 67, 1975.
이상해, 「도산서당과 도산서원에 반영된 퇴계의 서원 건축관」, 『退溪學報』 110, 2001.

이성무, 「『近世朝鮮敎育史硏究』 書評」, 『韓國史硏究』 4, 1969.
이인철, 「교육 공간으로서 도산서당과 인성교육」, 『교육철학』 56, 2015.
정석태, 「溪上 일대의 퇴계 관련 주요 건축물들에 대한 위치 고증」, 『大東漢文學』 29, 2008.
정순우, 「초기 퇴계학파의 서당 운영」, 『정신문화연구』 85, 2001.
정순우, 『서당의 사회사』, 태학사, 2013.
황병기, 「도산서당의 조성과 퇴계의 공부론」, 『안동학』 13, 2014.